思想觀念的帶動者

文化現象的觀察者

本土經驗的整理者

生命故事的關懷者

心靈工坊 PsyGarden

Holistic

探索身體，追求智性，呼喊靈性

攀向更高遠的意義與價值

是幸福，是恩典，更是內在心靈的基本需求

企求穿越回歸眞我的旅程

BECOMING MYSELF

A Psychiatrist's Memoir

歐文・亞隆回憶錄

成為我自己

鄧伯宸——譯

歐文・亞隆（Irvin D. Yalom）——著

各方佳評

八十六高齡仍然看病、讀書、寫作的精神科醫師回顧其多采多姿的一生，其才華、智慧、達觀、不凡的際遇與成就，令人驚艷！難怪他瀟灑豪邁地說「這樣的人生何妨再來一趟！」

——賴其萬　和信治癌中心醫院醫學教育講座教授兼神經內科主治醫師

在《團體心理治療的理論與實務》一書亞隆教我們如何成為治療師，在這本書他教我們如何成為不平凡的治療師。

——張宏俊　桃園療養院精神科醫師

讀者在心理治療大師亞隆於遲暮之年寫就的這本自傳中，除了能看見他一貫坦誠與深度的特質外，也可以從他對自身重要關係的反思中，學習正視個人生命的存在課題。

——蔡昌雄　南華大學生死所助理教授

歐文・亞隆的作品深思內省，說服力十足，喜歡他的讀者一定會愛上這本書：深入記錄了他的人生、感情，以及開啟充實人生的鑰匙。

——Kirkus評論（*Kirkus Reviews*）

一如所有的讀者，我也常感到好奇，作者不僅能把工作與生活照顧得面面俱到，優游其中，還能文思泉湧，著作等身，這樣一身神奇的本事究竟是如何練就的。終於，答案揭曉了。《成為我自己：歐文・亞隆回憶錄》一書出版，其多采多姿、引人入勝、發人深省，作者的一生及他走過的年代盡在其中。絕佳好書！

——**亞伯拉罕・佛吉斯，醫學教授、暢銷作家**

《雙生石》作者（*Abraham Verghese, auther of Cutting For Stone*）

在《成為我自己：歐文・亞隆回憶錄》的壓軸篇章，歐文・亞隆宣稱自己是個「新手老人」，對於這一點，我有話要說：「拜託喔！——無論哪一方面，你無不在行，這方面的表現同樣精彩。」說到人類心靈的探索，無論重要性或成就，舉世首推歐文・亞隆，好一本無話不說、發人深省的回憶錄！

——**丹尼爾・梅納克爾** 小說家，電影《治療》原著作者（Daniel Menaker, author of *The Treatment*）

歐文・亞隆，一個精神科醫師，其思有如哲學家，其文有如傑出的小說家。《成為我自己：歐文・亞隆回憶錄》不僅具體呈現了一位出類拔萃人物精彩的一生，同時也閃耀著人生及生活智慧的光芒。

——**蕾貝卡・高德斯坦** 作家、哲學家，《柏拉圖上Google：為何哲學總是在》作者（Rebecca Newberger Goldstein, author of *Plato at Googleplex: Why Philosophy Won't Go Away*）

身為歐文・亞隆多年來的大粉絲，我尤愛《成為我自己：歐文・亞隆回憶錄》。這本書，他深入自己的人生走了一趟……記錄了他的和我們的時代，我們期待好久了，值得一讀再讀。

——**傑伊・帕里尼** 詩人與小說家，電影《為愛起程》原著作者（Jay Parini, author of *The Last Station*）

目錄

contents

目錄
contents

目錄
contents

【推薦序1】

一日浮生，生活點滴皆轉機

丁興祥／輔仁大學心理系教授

人生無常，了然見性

人生無常，意義是人賦予的，選擇意義有失有得，這就是自由。生活的點點滴滴，省思感悟，抉擇行動，即是存在的開顯。

人生時時刻刻皆可為轉機。《成為我自己：歐文・亞隆回憶錄》娓娓道來，生活中的吉光片羽、一段往事、一些人際交往、一些人生的感悟及選擇，形塑了這本回憶錄，也成就了亞隆的一生。誠如亞隆在文中所述，記憶（回憶）並非如實的「真相」，往往是想像的重構。早年生活，真相云云，其本質不僅脆弱且變動不居。生命故事、回憶錄、自我敍說，所追溯的往事，常是選擇性的。記憶也就是這麼一回事，其不真確遠遠超出我們的想像。然而，這正是我們惦念的世界，記得某事、某人，用「故事」賦予其意義，「故事」便不是如實的。這所謂的不如實，卻使生命有了更為豐富的廣度及深度，進而使生命也有了溫度。讀亞隆的這本回憶錄，不僅使人感到歷歷在目、心有戚戚焉，而且熱淚盈框。

亞隆如此說故事

讀一本傳記或回憶錄，不只是去看他說了「什麼」，也更可進一步看他是「如何」說出這個故事的。往事並不如煙，透過記憶及回憶，「過去」的事得以「再現」。然而這種「再現」，是經過當事人選擇的，透過某種「視角」，經由某種「詮釋」而成的。因此，傳記是一種詮釋之後的故事。回首當年，選擇性說出某些事，經由情節安排，建構了自己的「傳記」，也同時建構了「自我」。那麼亞隆是「如何」說出自己的故事的？

亞隆的回憶錄不同於傳統編年式安排事件的形式，而是由四十篇散文組成。大致依時間順序，描述一個在美國華盛頓特區貧窮、動盪的移民社區雜貨店的小男孩，一路從孤獨、格格不入、在圖書館勤奮自學，進而一步步求學走上專業生涯，又經由自身之抉擇，走向存在治療，逐漸成為舉世知名的學者，其描述多以事件人物感懷為主，揭露生命中一段段的往事。

自傳文本中最先出現、描述的一段回憶，往往是關鍵的。早年的回憶，揭示了當事人生活中的主要關懷，一個人一生風格最令人滿意的指標，往往與在自傳或回憶錄中最先呈現的早期記憶有關。而這本回憶錄，最先出現的回憶是亞隆在十歲左右，對一位鄰家女孩銜著她喊道：「哈囉，痲疹。」接著被這位女孩的父親抓住訓了一頓，等到父親訓完，那女孩卻細聲細氣對亞隆說：「要不要一起來玩？」亞隆回答：「還是不要吧……」，落荒而走。這段故事，到了八十五歲，還讓亞隆在惡夢中醒來，希望女孩能原諒他。穿過記憶的長廊，這件事影響了亞隆，他後悔於自己「未能從別人觀點」體認這個世界。這與亞隆後來走上精神醫療，進而走向存在治療，可能有相當的關連。

除了早期的回憶之外，回憶錄的結尾往往會顯示出當事人對一生的評價。八十五歲的亞隆，仍然認為自己是「新手老人」，仍退而不休，在看病人。看著牆上展示一九四〇年代——他童年時代的華盛頓特區的家族留影、艾利斯島的難民照片，他想像那個不開心的小男孩、難民的眼睛……，亞隆經由一生的探索、分析、重建自己，而內心深處卻永遠都有處理不了的淚水和痛苦。如今回首，覺得自己沒有悔憾，這也是他經常要求病人去探索的議題。而自己覺得「如此人生？再來何妨！」彷彿在說人生雖然有苦有淚，波浪折折，在因緣際會下不斷的選擇、放棄，但最後無悔。

生命中的心靈頓悟

亞隆的一生，看似平順，其中仍有不少的重大轉捩點。人生經歷的意義通常出現在遇到困境時，陷入困境會出現「心靈頓悟」（Epiphany）。丹津（Norman K. Denzin）認為個人遇到問題及困境，並顯露出性格特徵的這一刻，常常表明人生活中的重大轉折點，有些重大的「心靈頓悟」現象。丹津稱之為「主顯節」或「心靈頓悟」。

回顧亞隆的一生，依其自述，在十四歲搬家後有了不一樣的生活環境，以及在十五歲遇到了瑪莉蓮（未來的妻子）等，這些「關鍵事件」的確改變了亞隆的一生。

但亞隆成為精神科醫師後，為何會轉向？尤其是學術方向的改變？而亞隆怎樣從一位心理治療師，一位學者，走入人群成為一位作家？這個轉向，可以說是亞隆後半生重要的關鍵事件，也是他的「心靈頓悟」時刻。

亞隆自述：「人生走到某個時候，我的寫作從研究取向的學術論文與書籍，轉移到為一般讀者所寫的心理治療文章，追索此一轉變，要從一本內容十分不同，書名異乎尋常的書說起，那是《日漸親近》（*Every Day Gets a Little Closer*）。在這本書裡，我拋棄量化的調查語言，嘗試把自己當成一個說故事的人，學習那些我一生都在讀的書。當時，完全沒有想到，自己會透過四本小說和三本故事集，教授心理治療。」自此之後，亞隆成了「說故事」的人。

說故事的心理治療

身處學院中的教師往往為了升等或獲得終身教職，受到學院的要求而不能自主，還為此投入相當的精力。在這種「外在」的要求下，也忘了「自己」的存在。亞隆之所以能擺脫這種桎梏，與他在六〇年代後期已獲得史丹佛大學的終身教職有關，而他自己渴望成為作家的願望也再度甦醒。這時的亞隆已四十歲，正值「中年轉換期」，開始懷疑自己過去的成就及選擇，希望能「重新設定」。《日漸親近》這本書是與一位患者合作，彼此交換療癒後的心得筆記，最後是以小說形式出版。在這本書，亞隆開始了不一樣的治療方式。他寫日記，只朗讀給自己聽。去他的資料、事實、數據，此時只有文思流轉。這一段治療經驗行將「走入讀者的心靈」，而不是埋沒於無人聞問的病歷單或錄音帶，亞隆認為，這一切都值得了。這是專業方向的抉擇，也是人生的「心靈頓悟」。他追尋到更為詩意的聲音——自己的聲音，也將自己的關注轉移到人生「無常」的現象，將自己治療焦點導向了「存在」的世界觀，建構了另一種專業的認定——存在心理治療，成為了我們現在所認識的歐文·亞隆。

自我回憶錄宛如生命詩學

亞隆以生活中點點滴滴的回憶，片片斷斷地以散文隨筆方式書寫著自己的生命故事，經由書寫（重構），尋常的事件也會變得較為詩意，是一種創作。

回憶錄或自我敍説是自己對自身生命的探索。透過生命書寫的過程，給出了一個生命的「新」形式，這種新的形式是一種創造的，一種詩意的建構，一種再説或寫故事的過程，而「自我」從中形塑。這即是一種「自我詩學」，也就是對個人生命的過去，給出一種形式，以及意義的、建構的及想像的過程。

自我的生命故事，不只是「自我詩學」，也是人類生命的建構，可以是一種「生命詩學」。兩者是相通的。而「詩」是透過作家（自身）的想像與意念而產生的，這便與想像力有關。哲學家方東美曾言：「藉著創造的幻想，發為燦溢的美感以表現人生的，就是詩。」「詩」可以興，「詩」較「歷史」更具普遍性及可能性。「詩」彷彿提示了「更高的真實」。「詩」可以用來表達生命的「夢想」，生命經由自身的創造及書寫結合成美的詩篇。

亞隆透過聽故事、說故事及寫故事，完成了他一生的「夢想」。開啟了「存在」的心理學，在這本書中，亞隆在生命書寫中訴說著自己的「生命感悟」，讀者也可以透過自身的想像與之對話。「詩」的生命是生生不息的，讀者可在這本傑作中獲取自己的「心靈頓悟」，讀本書可以用一種「互為主體」式的讀法，一種對話式的閱讀。可以「無限親近」（日日更接近），但又「幾乎當下」（當下交會／頓悟）。自身之靈魂（故事）在傑作（作者的故事）中冒險，或可了然見性。

【推薦序2】

如何走向死？

王浩威／作家、精神科醫師

1.

對每個人來說，隨著年齡增長，死亡自然就會逐漸貼近我們，由不得選擇。

二〇一七年十月初，我到舊金山南邊的帕羅奧圖（Palo Alto）探望我的老師湯瑪士・克許（Thomas Kirsch），他剛剛才從加護病房出院回到家裡。

更早的七月，我也曾經到舊金山兩個禮拜，當時他精神好極了，我趁機和他約了前後十個小時、正式面對面的分析。回來兩、三個禮拜後，他因為肺炎立刻由急診轉到史丹佛大學的加護病房，幾乎就沒辦法出院了。

十月這次，我前後去了他家兩次。第一次精神還挺好的，他送我一隻阿拉斯加石頭刻的加州熊，這是他一向放在過去診間書桌上的幾個收藏之一。當時就有一些傷感，好像是清楚死亡將至，開始用沒說出來的形式來道別。

過了兩天，幾位台灣來的心理治療師一起再去探望他。那一天他的精神就差許多了，幾乎都是在嗜睡的狀況。我們一群人頗傷感的，離開他家以後想找個地方坐坐。一位目前在心理研究所（Mental Research Institude，MRI）工作的夥伴，帶我們到他的機構參觀。

這個機構是一個傳奇，許多當時還只是三、四十歲，但後來成為心理治療大師的人物，對於當年被精神分析所壟斷的心理治療如何有不同的出路，曾經在這裡一起激盪各自不同的想法。他們的想法十分有革命性，也充滿原創力，因此開啟起了七〇年代以後各式各樣的心理治療，其中包括人本心理治療、家族治療、短期心理治療，還有歐文・亞隆的存在心理治療和團體治療。

參訪的那一天應該是星期天，整個單位的空間並不太大，遠遠看去反而比較像是一幢汽車旅館。兩層樓高的建築，像是四合院一般的正方形結構，我們上上下下四處參訪。有些房間還在進行著治療，所以沒辦法進去；而可以進入的房間則有不同的擺設。你可以看到大大的單面鏡，古老的錄音設備，想像那些大師們年輕的時候是如何在這裡激烈地討論所謂的「治療」是怎麼一回事。

我們看著圖書室裡的歷史照片，其中有幾張是結構派家族治療大師米紐慶（Salvador Minuchin）來這裡參加會議的照片，當時他還那麼的年輕，如今卻也聽說狀況不好，住進加護病房了。後來沒多久，十一月一日到東京參加亞洲家族治療會議時，就聽到他在前一天去世的消息。而我的老師，在我們離開後沒幾天，更早的十月二十二日，也很安詳地走了。

2.

死亡的陰影是這樣地無所不在，然而那一天我們走在這個機構裡，陽光依然十分的加州，光影和清翠的綠蔭灑遍了每一個角落。

亞隆也曾經來過這裡，和大家一起熱烈地討論。當時他已經在史丹佛大學了，是一個決定離開精神分析而走向團體治療和存在治療的憤怒中年人。

帶領我們參觀的朋友說起了亞隆，說他這陣子正在開刀，好像是兩邊的膝關節都同時換了人工關節。這位和亞隆有間接關係的朋友說，可惜他去醫院了，否則我們可以問看看，說不定可以去拜訪。我自己則提到他快要完成的回憶錄，已經幾次的延宕，應該這個月就要出版了。

其實同樣的對話，許多年以前到帕羅奧圖時，老師湯瑪士．克許也曾經提過。亞隆和克許兩個人在住院醫師時期就是前、後期的同門師兄弟，後來又都是從東岸來到西岸，同樣是落腳在這一個漂亮的小城，也就又恢復了聯絡。湯瑪士．克許已經表示，剛剛當住院醫師的時候，當時還相當投入正統精神分析的亞隆，曾經苦口婆心勸他不要走榮格學派：「一定是沒辦法升遷的。」這一段話湯瑪士．克許寫到他的回憶錄《我的榮格人生路：一位心理分析師的生命敍說》裡，只是我忘了書裡面是否有直接寫出來，這個人就是亞隆。

因為如此，湯瑪士．克許知道我對亞隆的熟悉以後，問我要不要去拜訪他。

二〇〇七年，美國心理治療最重要的雜誌《心理治療圈內人》（*Psychotherapy Networker*），公布了一份針對美國心理治療師所做的調查，關於在過去四分之一世紀裡他們心目中最有影響力的心理治療師，結果前十名依次是：人本治療的羅傑斯（Carl Rogers）、認知行為治療的貝克（Aaron Beck）、結構派家族治療米紐慶（Salvador Minuchin）、團體治療兼存在治療的亞隆（Irvin Yalom）、對台灣影響甚深的體驗派家族治療的薩提爾（Virginia Satir）、理情療法艾理斯（Albert Ellis）、精神分析家族治療的鮑文（Murray Bowen）、去世多年依然影響力十足的榮格（Carl Jung）、傳奇的催眠治療師米爾頓·艾瑞克森（Milton Erickson），以及以「愛情實驗室」聞名的家族治療師高特曼（John Gottman）。

這一份名單公布後，當然是惹來許多爭議，包括榮格名列第八，佛洛伊德竟名落孫山。而一直沒有積極傳授子弟、建立自己門派的歐文·亞隆，卻是憑著自己的寫作，包括學術性的團體治療和存在主義治療，以及許多本相當迷人的文學性作品，而擁有這麼大的影響力，確實也是出乎大家的意料。

不過，對我來說，老師湯瑪士·克許的拜訪建議確實是相當誘人。不只因為亞隆的文學作品如此膾炙人口，也因為他的團體治療教科書是我在住院醫師時代所熟讀的，更因為他的存在主義心理治療的著作影響著我自己一直以來的心理治療工作。當時，對於這樣的提議，我膽怯了。面對心目中的偶像，反而有著不知如何從頭問起的焦慮。

2015年作者與亞隆視訊對話

然而，二〇一五年五月，突然有了一個機會，上海十分傑出的一個心理機構，糖心理，邀請我參加一場對話。這也就是亞隆在這本回憶錄的最後提到的，他和華人地區三個精神科醫師的網路訪談。包括上海同濟大學的趙旭東教授、蘇州廣濟醫院的前院長李鳴教授，再加上我，四個人做的一場訪問兼對話。在那一場網路視訊裡，同步參加的人幾乎達到二十萬人。

當年錯過的拜訪，沒想到在網路的時代完成了。

3.

對我來說，歐文．亞隆的這一本回憶錄其實是在寫著他如何面對自己的死亡。這樣的書寫，當然不是像前面的作品《凝視太陽：面對死亡恐懼》那樣地直接描寫。亞隆其實是透過他對自己生命的回顧，書寫自己的死亡。在四十篇的文章所組成的這一本回憶錄裡，每一篇文章都是切入了他生命當中對自己特別重要的不同主題。透過回首自己生命歷程，在沒有寫出來的結尾裡，開始延伸到即將來臨的死亡。

後來我在網路裡，讀到一篇刊在《大西洋雜誌》（*The Atlantic*）的訪問稿，剛好就是他在醫院剛剛完成膝關節手術以後所接受的採訪，文章的標題就叫〈如何死〉。

那些還沒有擁有自己想要生命的人，即使到了晚年，還是可以改變生命的優先順序

的。「即便是斯克魯奇（Ebenezer Scrooge，狄更斯小說《小氣財神》裡的那一位有錢而吝嗇的老頭）也是如此。」當護士拿給他三錠藥片，他這麼說。

對於存在心理治療所談到的死亡，都是對生命深層的肯定。改變永遠都是有可能。親密關係也可以是自由的。存在本身是珍貴的。「我討厭『離開世界』這一個念頭，離開這個美好的世界，」亞隆這麼說著……

他相當同意演化生物學家道金斯（Richard Dawkins）在《伊甸園外的生命長河》的說法，十分東方哲學的概念，這一生只不過是宇宙千萬年歷史裡，忽然光線照到的一小小片段而已。

亞隆對於死亡的理解，是和他對好好活過的想法並行。「讓我回顧我自己這一生，我的成就已經遠遠超過自己當初的期待，我也沒有什麼是遺憾的了。」他說這句話的時候，十分平靜。他繼續說著，然而人類「有著內在的衝動想要一直活下去，一直生存下去。」他停頓了一下：「我不喜歡看到生命這樣離去。」

亞隆的失落感是真誠的。

在這一本回憶錄沒有寫到的部分，卻是心理治療圈裡面盛傳的一個故事，就是存在主義心理治療創始人之一羅洛．梅（Rollo May）在面臨死亡之前，其實是相當掙扎的。在那一個階段，是亞隆陪著他度過的。

年輕的時候，當亞隆決定遠離他認為不符合人性的佛洛伊德精神分析時，對他產生啟蒙一般震撼的是羅洛．梅編的《存在》（*Existence*）這本書。後來亞隆搬到西岸，羅洛．梅也剛好定居在西岸。亞隆開始找羅洛．梅幫他做分析，而且維持了一段相當長的時間。沒想到，到了羅洛．梅的晚年，這樣的分析反而開始逆轉了。據說，身為弟子的歐文．亞隆，是以提問的方式來為老師羅洛．梅做心理治療。

這一段歷史，宅心仁厚的亞隆並沒有寫進本書來為自己增添光彩。而真正的情形究竟是怎麼樣，我自己也沒有看到可信的資料。

然而，死亡是我們永遠的課程，一個如此豐富而永無止境的課程。

二〇一七年在洛杉磯舉辦的「心理治療的演化」大會（The Evolution Conference of Psychotherapy 2017）上，作為大會演講者的亞隆，將這一場演講作為自己的告別，據說也在台上不知不覺潸然落淚了。

如何死，如何走向死亡，我們這樣思索著，生命卻也不斷地繼續往前蜿延前進。

寫於二〇一八年一月五日

【推薦序3】

亞隆醫師的四十段微電影

黃龍杰／中崙諮商中心臨床心理師

這本書的每一小節都是一段微電影，由歐文．亞隆主演，從小，及壯，到老。亞隆醫師回憶數十年的親友、師生、醫病關係，雖然借用《一日浮生》的眼光來說，都像浮光掠影，但又如此回味無窮。甚至穿插了少數片段，他想像身為治療師，和徬徨少年時的自己對談。從這個角度看來，更像是時空穿越劇了。

但這本書不但是亞隆醫師的穿越劇，也是我的穿越劇，勾起我的一段回憶。兩年多以前，我接到一位久違十年的個案來電，想約我會面再續治療。一見面，我最意外的是，她居然從包包拿出一本黑色封面的書，《生命的禮物》，說是二〇〇三年我推薦的讀物。我確定她認真讀過，因為整本書夾著約四十處標籤的眉批，都是檢討我當年在諮商中「該做卻沒做好的事」——當然是以亞隆醫師為標準。我真是驚訝（該說是驚嚇）到說不出話來。回家後我一一拜讀了她的眉批三次，認真反省了自己。

慶幸十年後的重逢，我們都看到了彼此的成長和改變，也能釐清當年第一季的諮商為何硝煙瀰漫劍拔弩張，還好那兩年的療程對她大有功效。重逢後我們又進行了第二季兩年多的療程。新的對手戲，我們有如老友般以一個擁抱開始，也以一個擁抱結束，知道彼此受到亞隆醫師多大的啟迪，我們都變自在了。她從失落和創傷裡走了出來，我也從教條和拘謹裡走了出來。

在台灣的心理助人圈裏，亞隆醫師的粉絲眾多，每次在有關創傷性失落的「安心培訓」裡推薦他的書，尤其是心理治療小說，總有不少猛點頭的年輕臉孔。私下更是議論紛紛：「你有看過他的自傳影片嗎？」「我超喜歡《愛情劊子手》的！」我個人則是特別喜歡《診療椅上的謊言》。不但題材特殊，布局更是出人意表，根本是一流的懸疑小說，最後幾章真是過癮到捨不得讀完。

為了寫這篇序，我打電話給幾位二十多年前的老同事，想拼湊我對亞隆醫師最早的記憶。我模糊記得，一九九〇年代在台北市立療養院任職的那十年，看過亞隆醫師的團體治療示範帶，也參加過他的著作的讀書會。我先找到了退休的葉玉汝護理長，她想起來和陳登義醫師在急診室的讀書會。我又找到了湯華盛醫務長，證實陳登義醫師在《生命的禮物》一書導讀中提到的，他一九八四年到洛杉磯進修，接觸到人際互動取向的團體治療回國後，就以亞隆醫師的書作為年輕醫師和心理師的教材。最後找到陳醫師本人，他則提到陳珠璋教授早他一年出國，也把亞隆模式帶回台大精神科的故事。

我當年就是這個訓練傳統的眾多受惠者之一，而且多年來向個案和同業推薦亞隆醫師一本又一本的的新作。撫今斯昔，這微妙的漣漪效應不知影響了多少人？事實上，在這段小小的考古過程中，我還想起一件遺忘已久的事，我也和謝珮玲、楊大和等十多位心理師合譯過《團體心理治療的理論與實務》這本巨作，我負責的是治療性因素那一章，真是幸何如之！

讀亞隆醫師的這本《成為我自己：歐文・亞隆回憶錄》，當然會想起卡爾・羅傑斯（Carl Rogers）的經典之作《成為一個人》（*On Becoming a Person*）。雖然兩位都被視為人本關係學派的大師，但亞隆醫師喜歡透露自己的心思意念，以你我當下的互動就地取材，給個案參考。而羅傑斯博士儘管令人如沐春風，在我記憶所及的治療錄影帶和逐字稿裡，似乎只專注反映個案的心思意念，促進其悟性成熟，相對超然不少。這種有我和無我的差異，形成兩種最高水準的有趣對比。但恕我戲言，他們比起SOP控的認知行為治療，和情感禁慾如苦行僧的精神分析，都有人情味多了！

容我分享個人讀這本書的私家祕訣。亞隆醫師的成長和遊歷多在美國、歐洲，對華人讀者不免有所隔閡。如果您願意細嚼慢嚥，不妨一邊上網，神遊自傳中提及的地名和風景（感謝google！讚嘆google！），看看他出生的華府街頭、喬治華盛頓大學、他太太讀過的衛斯理學院，甚至石溪公園（真漂亮，就像台灣的溪頭！）約翰・霍普金斯、史丹佛大學醫院等。圖文並茂，隨作者娓娓道來的心靈導遊，讓我們如眼見親履，胸懷何止百十載、千萬里！

謹以此紀念雙親，露絲與班傑明・亞隆（Ruth & Benjamin Yalom），
與姊姊琴尼・羅斯（Jean Rose）

01 同理心的誕生

凌晨三點醒來，擁枕而泣，輕手輕腳，深怕吵到瑪莉蓮，起身進入浴室，擦乾眼睛，按照五十年來自己給病人的吩咐：閉上眼睛，重溫心裡的夢，寫下夢中所見。

我大約十歲或十一歲，騎腳踏車經過一條長長的山路往下，離家沒有多遠，見到一個女孩，名叫愛麗絲，坐在她家門口，看起來大我一些，儘管滿臉的紅斑點，人卻是滿好看。經過她面前，衝著她，我喊道：「哈囉，痲疹。」

猛然間，一個男人，一副超級魁梧強壯的體格，往我的腳踏車前一站，一把抓住我的把手將我停了下來。問都不用問，我知道，是愛麗絲的爸爸。

他對我吼道：「嘿，你，叫什麼名字來著。你給我好好想一想，要是你還能思考的話，然後回答我的問題。想一想剛才你對我女兒說的話，告訴我，愛麗絲會怎麼想？」

我嚇得答不出話來。

「說呀，回答我。你是布魯明岱爾家的小孩吧（我父親開家雜貨店，店名布魯明岱爾商場，許多顧客都以為我們就叫布魯明岱爾），怎麼看你也是個聰明的猶太。所以呀，說呀，猜猜看，你那樣說，愛麗絲心裡會怎麼想。」

我發抖，怕得舌頭打結。

「沒事，沒事，別怕。我們把它弄簡單一點，你只要告訴我：你對愛麗絲說的那些話，會讓她對自己覺得好過還是難過？」

我無言以對，只能咕噥著說：「不知道。」

「不能將心比心想一想嗎？這樣吧，我來幫你。現在我們假設，你有某些不好的地方，我每次看到你就把它拿出來說你。」他緊緊盯著我說：「你鼻子裡有點鼻涕，嗯？『鼻涕仔』，怎麼樣？你的左耳比右耳大，如果我每次看到你就說，嘿，『肥耳』，嗯？要不然就說：『猶仔』，嗯？你會開心嗎？」

雖然人在夢裡，但我了解，這可不是我第一次經過這家人家，同樣的事情，日復一日，騎車經過，衝著愛麗絲喊出同樣的字眼，無非是想要搭腔聊天，交個朋友，卻沒料到每次叫她：「嗨，痲疹。」都傷到了她，惹得她難過，我真是糟糕——製造那麼大的傷害，那麼多次，我居然完全無感。

等到她爸爸和我講完話，愛麗絲走下門廊階梯，細聲細氣對我說：「要不要一起來玩？」一邊瞄著父親。他點點頭。

「我真是該死。」我回答道：「不好意思，真的不好意思，不要，不要，還是不要吧……」

早自青少年時期起，我就養成了就寢前閱讀的習慣，過去兩個星期，讀的是史蒂芬・平克[1]的《良善天使》[2]。今晚，睡前讀的一章，談到啟蒙運動[3]時期同理心的興起及小說的興起，特別是英國的書信體小說，如《克萊莉莎》及《帕米拉》[4]，讓我們能夠從別人的觀點體認這個世界，在減少暴力與兇殘上，或許起了相當大的作用。大約到了午夜時分，我熄燈，幾個小時後，愛麗絲的夢把我驚醒。

撫平心情，回到床上，但久久無法入眠，心想，真是奇怪了，這一道陳年舊傷，這一袋子塵封了七十三年的罪過，居然就這樣爆了開來。如今回想起來，在我這似醒猶夢的人生中，十二歲的時候，的確騎單車經過愛麗絲的家門口，衝著她喊：「嗨，痲疹」，粗魯、讓人痛苦又不懂體恤，一心只想引起她的注意。至於她父親，我們根本不曾打過照面。這會兒，都八十五歲了，躺在床上，惡夢中醒來，我想像得到她的感受，以及我對她造成的傷害。原諒我，愛麗絲。

Notes

1 史蒂芬・平克（Steven Pinker, 1954-），加拿大裔美國實驗心理學家，認知科學家和科普作家，以推廣演化心理學與新制計算理論聞名於世。

2 《良善天使》（*Our Better Angels*），原書全名為《人性中的良善天使》（*The Better Angels of Our Nature*）。

3 啟蒙運動（the Enlightenment），專指十八世紀在西歐所醞釀生成的思想運動，其主要精神是人類「理性」的自覺（自我覺醒）。

4 《克萊莉莎》（*Clarissa*）及《帕米拉》（*Pamela*），作者是英國作家塞繆爾・理查森（Samual Richardson，1689-1761）。理查森五十一歲才開始寫小說，一生僅有三部作品，《帕米拉》是第一部。第二部《克萊莉莎》在西方小說史上是承先啟後的里程碑，有史家譽之為「最偉大小說之一」。

02 尋找明師

麥可，六十五歲，物理學家，是我最新收的一個病人。二十年前，我治療過他，為時大約兩年，之後便音訊全無，直到幾天前，他寄了一封電子郵件來，說：「我需要見你，附上的文章撩起了不少往事，有好的，也有壞的。」並連結到《紐約時報》的一篇文章，說他最近榮獲了一項國際科學大獎。

等他在我的診療室裡坐定，我搶先開口。

「麥可，你求助的訊息我收到了。你心裡有壓力，我很抱歉，但還是要說，見到你真好，而且很高興知道你獲獎。我常在想，不知你都在做些什麼。」

「謝謝你，你真是周到。」麥可環視診療室——整個人精瘦、機警，頭近乎全禿，約一百八十公分高，褐色的眼睛炯炯有神，散發能幹及自信的光芒。「診療室，你重新整理過？這些椅子以前是在那一邊？沒錯吧？」

「對，每隔四分之一世紀，我重新裝潢一次。」

輕笑兩聲。他說：「啊，文章你看過了？」

我點頭。

「至於我，接下來呢？你猜都猜得到；一陣得意，但轉眼就過，然後，擋不住的自我質疑，一波接著一波。都是些老問題——我無法自拔，太遜了。」

「說出來，面對它。」

剩下來的看診時間，我們檢視陳年舊事，包括他沒念過書的愛爾蘭移民父母、他在紐約住政府出租公寓的日子、他窮苦的小學教育，碰不到一個賞識他的好老師。又說，他是如何如何羨慕那些有大人牽著手，噓寒問暖的孩子，但他卻要不斷地力爭上游，拚命爭取最高的名次，只為了贏得注意。他必須靠自己出頭。

「沒錯。」我說：「靠自己出頭可以建立自尊心，但也會造成一種無根的感覺。我認識不少移民的孩子，個個絕頂聰明，但都覺得自己像是長在沼澤裡的百合——花開得極美，但扎根不深。」

他說，他記得多年前我也曾這樣講過，並說，他很開心今天又再度提起。我們約好再見面，做兩個療程。他說，他覺得好多了。

我和麥可一向合作愉快。第一次會面後就保持聯繫，他甚至當面說，他覺得我是唯一真正了解他的人。治療的第一年，他談了不少自我認同上的困惑。他真的是人人望塵莫及的模範生？或者，根本就是遊手好閒，空閒時間全都耗在彈子房或吹牛打屁上？

有一次，他為自己的認同困惑備感苦惱，我便把自己從華盛頓特區羅斯福高中（Roosevelt High School）畢業的事情搬了出來。當時，我獲悉畢業時我將獲得羅斯福高中優秀公民獎，但在高年級那一年，我參加棒球簽賭，只不過賭得不大，賠率十賠一，賭某一天任選的三個球員打不到六支安打。賠率對我有利，而且我的手氣一向很順，錢多到可以買梔子花胸花送我穩定交往中的女友瑪莉蓮・柯尼克（Marilyn Koenick）。但不管怎麼說，離畢業剩不到幾天，我居然把我的簽賭筆記本弄丟了。到底丟到哪裡去了？我發了瘋似地到處找，直到畢業的那一刻，甚至聽到唱我的名，大步跨上頒獎台時，心裡頭還在天人交戰：我是應該光榮接受羅斯福高中一九四九年班的優秀公民獎呢，還是應該因賭博被學校開除？

跟麥可講這段故事時，他大笑不止，喃喃自語道：「好個縮頭[1]，正合我心。」

＊＊＊

做完我們的療程筆記，換上便服及網球鞋，從車庫牽出腳踏車。八十四歲了，網球及慢跑早就丟到腦後，但每日都會在家附近的腳踏車道騎上一陣子，先是穿越一個公園，裡面滿是人，有散步的，有玩飛盤的，有在超現代結構體上爬上爬下的孩子，然後越過默特德洛溪（Matadero Creek）上的原木橋樑，爬上一座逐年陡峭的小山。到了山頭，稍事歇息，再滑下長長的坡道。我特愛滑行時那種熱流拂面的滋味。也只有在那時候，才領略得到學佛朋友所講的那種意空心空，以及陶陶然活在單純存有之中的感覺。可是，這樣的平靜並不長久，今天，我心有如鼓動的雙翼，簌簌然有一白日夢翱翔。講起這個白日夢，在我這漫長的一生中，心心念念，怕有數十乃至數百回了。這會兒，已經潛伏不動好幾個星期，但麥可找不到一個好老師賞識他的煩惱卻驚動了它，喚醒了它。

一男子，攜一手提箱，一身棉布套裝、草帽、白襯衫、領帶，進入父親賣些尋常商品的雜貨店。我人不在現場，但一切都落在我眼裡，彷彿飄浮在靠近天花板的上方，來客是誰我不認識，卻知道他極有影響力。或許是我讀的那所小學的校長。大熱天，暑氣騰騰，華盛頓特區，六月，只見他拿出手帕擦拭額頭，然後鄭重其事地對父親說：「我有重要的事情要跟你商量，是有關令郎歐文的。」父親有些吃驚，有些不安；他從來沒碰過這類情形，從來不曾融入美國文化，和母親一樣，只有和親戚及其他從俄羅斯移民過來的猶太人在一起時，才感到自在。

儘管店裡有顧客要招呼，但父親明白，這人怠慢不得，於是打電話給母親——我們家就住店面樓上，小小的一間——為了避這生客的耳朵，用意第緒語[2]叫她趕緊下樓。沒隔多久，她出現了，熱心地招呼著店裡的顧客，父親則領著生客進到店後面的儲藏室。兩人就著空啤酒瓶的箱子坐下，談了起來。老天保佑，沒有老鼠或蟑螂出來攪局。父親顯得很不安，他其實巴不得由母親出面來談，但當著外人的面承認是她而不是自己在主持家務，一切大事都由她決定，面子上顯然掛不住。

衣冠楚楚的男子開口了，跟父親談的可是大事。「我學校的老師說，令郎歐文，不比一般孩子，很有發展的潛力，將來對社會定有傑出貢獻，但前提是，而且是唯一的前提，他必須接受良好的教育。」父親整個人似乎呆掉了，一雙溫和澄澈的眼睛定在來客身上，客人則繼續說道：「現在，華盛頓特區的學校體系運作得相當好，也能充分滿足一般的學生，但對令郎，一個資質相當優秀的學生，卻是有所不足。」說著打開提箱，將一份特區私立學校的名單交到父親手上，一本正經地說：「在這裡，我熱切的敦促你能將令郎送進這份名單上的任何一所學校，完成他剩下的教育。」接著又從皮夾裡取一張名片遞給父親。「跟我聯絡，我會盡一切所能為他爭取一份獎學金。」

眼看父親一臉困惑，他又進一步說明：「至於他的學費，我也將盡一份綿薄——這些學校不比公立學校，不是免費的。請你定要為令郎著想，將這事列為第一優先。」

卡！這個白日夢總是到了這裡就打住。我的想像力再也無法完成整個劇本。父親如何回應，以及接下去如何和母親討論這件事，我完全沒有概念，無以為繼。這個白日夢象徵的是一種渴望，渴望獲得解救。童年時候，我一點都不喜歡自己的生活、鄰居、學校、玩伴——我希望有人將我救出去，在這個幻想裡面，在我成長的封閉世界之外，一個神祕的重要人物介入了，前所未有地指認了我的不同凡響。

如今回顧起來，我這才明白，在我的作品中，這種白日夢的解救與拉拔所在多有。在我的小說《斯賓諾莎問題》（*Te Spinoza Problemb*）第三章，斯賓諾莎漫步前往老師法蘭西斯卡斯．凡．丹．安登（Franciscus van den Enden）的家，途中就因為沉湎於一個月前他們初次見面的白日夢中而忘記了自己的目的。凡．丹．安登，前耶穌會教授古希臘羅馬經典的教師，開設了一家私塾，一日逛進斯賓諾莎的店裡，要買些酒和葡萄乾，卻被斯賓諾莎心智的深厚廣博所撼動，力勸他加入他的私塾，想要把猶太人以外的哲學及文學世界介紹給他。小說純屬虛構，我卻盡可能使之符合歷史，不過斯賓諾莎在他家店裡工作這一段還真是無中生有的；他家經營進出口生意，並不開店零售。反倒是我自己，才真是在自家的雜貨店裡打工。

這種有人賞識並加以解救的空想，以多種形式深植在我的內心。最近看了一場表演，大衛．艾維斯（David Ives）執導的《穿皮裘的維納斯》（*Venus in fur*）。舞台布幕升起，場景是一個後台，出場的是一個導演，剛做完女主角的試鏡，累了一整天。他精疲力竭，沒有一個試鏡的女演員讓他滿意。正準備要離開，一個精神萎靡的女人慌慌張張闖了進來，說是要來應徵，卻已經遲到一個小時。導演告訴她，今天已經收工，但她苦苦哀求，撒嬌耍賴，要求試鏡。看她明顯是個大外行，毫無氣質可言，導演一口拒絕。無奈她卻嗲工十足，加上人又機靈，死纏爛打，最後，導演終於讓步，同意讓她做個簡單的試鏡。兩人便開始唸台詞。不料才一開口，卻見她換了一個人似的，口齒清晰，字正腔圓，說起話來有如天使。導演大為驚艷，整個人為之傾倒。這不正是自己所要找的人，甚至超過了自己的預期，怎麼可能會是半個小時前那個俗不可耐、有如一團爛棉絮似的女人？於是，繼續讀下去，一發不可收拾，直到漂漂亮亮演完全劇。

整部戲，我無一處不愛，但最前面幾分鐘，導演看出了那女人的真正本質，才是最得我心的地方：我希望自己受人賞識的白日夢，在舞台上獲得了實現；看到那一幕，眼淚奪眶而出，我站起身來，成為劇院裡第一個為演員喝采的人。

Notes

1 「縮頭」，原文shrink是headshrinker的簡稱，是精神科醫師的俗稱。

2 意第緒語（Yiddish），歐洲中日耳曼地區的方言，混合希伯來語與斯拉夫語而成，書寫則是用希伯來文。

03 我希望她走

我有一個病人，蘿絲，最近多數時間都在談她和女兒的關係。她就這麼一個獨生女，正值青春期——蘿絲幾乎已經要放棄——別的事不會，成天沉迷酒與性，交的朋友也都是些放浪形骸的青少年。

蘿絲檢討過往，明白自己既不是個好母親，也不是好妻子。她違背婚約，數年前拋家棄子，跟了別個男人，兩年後，事情正如一般常見的發展，她重回舊巢。蘿絲的菸癮極大，已經到了衰竭性晚期肺氣腫的地步，儘管如此，過去幾年，她仍一直試圖為自己的行為做出補償，全心全意要和女兒修好，卻一事無成。我極力主張家族治療，可是女兒拒絕，拖到今天，蘿絲的病也到了末期，每一陣劇咳，每一次去看胸腔科醫師，都在提醒她日子不多了。她要的，就只是解脫：「我希望她走。」她告訴我。她在數日子，等女兒高中畢業離家——唸大學或工作，隨便什麼——不再在乎女兒會走什麼樣的路。一而再，再而三，她叨叨絮絮，或自言自語，或對我說：「我希望她走。」

做我這一行的，總想盡辦法把家人拉到一塊，彌合手足親子間的裂痕。但對蘿絲，我卻覺得累了，對這個家庭徹底失望。上一個療程，我還嘗試評估，如果她真的和女兒斷了關係，她以後的日子要怎麼過，她會不會覺得罪過？會不會寂寞？但一切都是白搭，如今，時間流逝，我知道，蘿絲來日不多。將她女兒介紹給一位極為優秀的治療師，我現在只看蘿絲，一心專注放她身上。她不止一次這樣說：「再三個月她就高中畢業，到時候可以出去。我希望她走，我希望她走。」我也不再多說什麼，唯願她所想成真。

那天騎腳踏車時，我心裡反覆響起蘿絲的話：「我希望她走，我希望她走。」隔沒多久，便想起了自己的母親，想像她眼中所看到的這個世界——有生以來，這或許還是第一次——對於我，她心裡想的，口裡說的，可能同樣也是這句話。如今回想起來，當我終於一去不回，離家奔赴波士頓醫學院的那一刻，絲毫不見一個做母親的哀傷。回想那告別的一幕：我發動滿載行李的雪佛蘭，母親站在家門口最前面台階上揮別，待我消失在視線中，便移步入內。在我的想像中，她關上前門，深深吐一口氣，然後，隔兩、三分鐘，抬頭挺胸，開懷而笑，拉著父親跳起她喜氣洋洋的「哈瓦納吉拉」舞來[1]。

沒錯，二十二歲那年，我一去不返，說母親大大鬆了一口氣，一點都不為過。我一向是個搗蛋分子，對我，她從來沒有一句好話，而我也總是沒有好臉色。騎著腳踏車滑下長長的山道時，心思回了到那天晚上，當時我十四歲，父親，四十六，深夜胸口劇痛醒來，母親馬上打電話給我們的家庭醫生，曼徹斯特醫師。萬籟俱寂的夜晚，我們三個——父親、母親和我——焦急地等待醫生（長我七歲的姊姊琴尼已經離家上大學）。每碰到麻煩，母親老毛病就會復發：只要有不好的事情發生，一定就是有人搞怪，而那個人就是我！那天晚上，父親痛得打滾，她卻不止一次對著我大吼。「你——都是你害的！」她怪我不守規矩，怪我不虔敬，怪我把個家搞得一塌糊塗——所有這一切——把他給害慘了。

作者與母親及姊姊，1934

數年之後，坐在診療室的診療椅上，談起這件事，我的那位極端正統教派[2]精神分析師奧莉薇・史密斯（Olive Smith）一反常態，關切之情溢於言表。只見她連說話都打結，身體前傾，對著我說：「真可怕，你一定受不了。」她可是一個受過嚴格訓練的分析師，出身嚴格的學院，所受的訓練特別強調分析師應該唯詮釋是問。她所做的詮釋，有深度，夠扎實，字斟句酌，我卻一句都不記得。但她當時一反一個分析師的立場，對我待以溫暖的態度，近一個甲子過去了，我至今銘感於心。

「都是你害死的，都是你害死的。」母親刺耳的聲音迄今依稀，我記得，自己縮在一旁，恐懼，憤怒，動彈不得，很想吼回去。「他又還沒死！閉嘴，妳白癡呀。」她不斷擦拭父親的額頭，親他，我則蜷縮在地板角落，終於，大約凌晨三點，總算聽到了曼徹斯特醫師的大別克車輾過街上的秋葉，立刻飛也似地下樓，三步併作兩步，打開家門。我十分喜歡曼徹斯特醫師，他那張熟悉的笑臉立刻融化了我的恐慌。只見他搓著我的頭髮，一再安撫母親，給父親打了一針（也許是嗎啡），拿起聽筒聽父親的胸口，然後，有意讓我聽到，說道：「聽著，小夥子，它走得好得很，有如一口鐘，強而有力又有規則，不用擔心。他不會有事的。」

那個夜晚，我親身經歷了死亡逼近父親，也前所未有地感受到了母親火山爆發般的暴怒情緒，下定決心自我保護，拒絕和她再打照面，必須離開這個家。接下去的兩、三年，我幾乎不和她講話，如同一個屋頂下的兩個陌生人。還有，最重要的是，我深深記得曼徹斯特醫師進來我家那一剎那所帶來巨大安慰，那樣一份贈予是從沒有其他人給過我的，我當下就決心要向他看齊，當一個醫師，將他給我的安慰傳遞給別人。

父親漸漸康復，儘管此後只要稍微費點力，甚至只是走一個街區都會胸痛，但只要立即拿出硝化甘油吞一粒，也就沒事了。他後來又活了二十三年。父親是個溫和慷慨的人，在我看來，他唯一的缺點就是不敢和我媽唱反調。我和母親的關係是我一生的痛，但矛盾的是，**她**的影像幾乎每天飄過我的腦海，她那張容顏從未有過平安，沒有笑容，沒有歡喜。說起來，她是個勤勞的女人，日日劬勞，一生不得休息，卻從來不曾豐足，言談中極少愉悅，罕見正面想法。但今天騎腳踏車時，對她，我有了不同的思維：一同生活時，無論我給她的愛多麼少，但生為人子，在這人生遲暮，總算體會了她的心情，我感恩。

Notes

1 「哈瓦納吉拉」（Hava Nagila）是一首傳統希伯來語猶太民俗音樂，是猶太婚禮及成年禮中演奏的樂曲。

2 極端正統教派（Ultraorthodox）又稱「哈雷迪教派」（haredi），是猶太教正統派中最保守的一支，主要分布在以色列、北美洲及西歐。

04 繞回原點

我常回頭重讀狄更斯（Charles Dickens），在我的作家殿堂中，他始終居於核心地位。最近，《雙城記》（*The Tales of Two Cities*）裡面一段話抓住了我：「**越是接近終點，我越是覺得彷彿在繞圈子，又回到了起點。再怎麼琢磨，其實殊途同歸，都是在為自己的大限做預備。此刻，許多沉睡已久的記憶都襲上了心頭……**」

這一段話令我心有戚戚，難以平復；的確，越是接近終點，我越是覺得彷彿在繞圈子，越來越接近起點。病人的記憶常常會觸發我自己的記憶，我為他們的未來所下的功夫，有如攪動一池春水，喚起我自己的過去，逼著我重新審視自己的人生。我的童年的記憶往往都是破碎的，我總認為，這或許與早年的不愉快及生活環境的髒亂有關。如今，八十多歲的人了，越來越多早年的生活影像闖入思緒：醉漢倒臥門廊，滿地嘔吐的穢物；我的孤獨與寂寞，蟑螂與老鼠，以及青春期苦無出路的性需求。不得其所，一切都不得其所——黑人街坊中，唯一的白人孩子，基督徒世界中，唯一的猶太人。

沒錯，過去緊緊抓著我不放，「再怎麼琢磨」，我懂得。如今，相較於過去，我更常想起逝去的父母，想像他們正看著我，見我對人群講演，與有榮焉。父親過世的時候，我刊登在醫學期刊上的文章不過區區數篇，都是他不懂的。母親雖然多活二十五年，但英文程度有限，後來又失明，無法閱讀我的著作。她卻總是將它們成疊堆放椅子旁邊，撫觸摩挲，對著養老院的訪客百說不厭。父母與我，其間有太多的悔憾。有太多的事情，包括我們共同的生活、家裡的壓力與不愉快、我的天地與他們的世界，我們都從未討論過。當我想像他們的人生，想到他們剛到艾利斯島（Ellis Island）時身上一文不名，沒上過一天學校，英文一個大字不識，淚水便一湧而上，好想對他們說：「你們走過的路，我知道；你們吃過的苦，我知道；你們為我的付出，我也知道。有兒不肖如此，請你們原諒。」

八十多歲了，回顧自己的人生，不免掛一漏萬，有時候更覺得形單影隻。自己的記憶固然不足為恃，清楚我早年生活的人也所剩無幾，長我七歲的姊姊剛走，多數老友舊識也都不在人世。

剛滿八十歲那年，幾個未曾料到的人從過去蹦了出來，喚回了一些記憶。第一個是烏蘇拉・湯姆金斯（Uesula Tomkins），她是在我的網頁上找到我的。我們是華盛頓特區蓋矩小學（Gage Elementary School）同學，那以後，就一片空白了。在電子郵件中，她說：「八十歲生日快樂，歐文，我讀過你兩本大作，十分喜歡，又請亞特蘭大圖書館找到了其他幾本，我記得，我們四年級是在佛娜德小姐那一班。不知道你還記不記得——我有一頭如瀑布般下墜的紅色捲髮，而你則是烏黑頭髮，一個漂亮男孩！」

作者的父親與母親，1930

烏蘇拉，當然記得，這麼說來，在她的心目中，我是一個頭髮烏黑的漂亮男孩！我？漂亮？真是天知道！我從不以為自己是個漂亮男孩，從來就沒有過，我膽小害羞，呆頭呆腦，缺乏自信，從不敢想有人會覺得我好看。啊，烏蘇拉，謝謝妳，謝謝妳說我漂亮。但為什麼，為什麼不早說？早說的話，可能會改變我的整個童年！

然後，兩年前，一通來自遙遠過去的電話留言：「**我是傑瑞**，你的老棋友！」縱使已經七十年沒聽他的聲音，我當下就認了出來。是傑瑞．弗萊蘭德（Jerry Friedlander），他父親在西頓街與北卡皮特爾街交叉路口（Seaton and North Capitol Streets）開了一家雜貨店，離我父親的店只有一條街。在留言中，他告訴我，他的孫女兒修了一門臨床心理學，正在讀我的一本書。他還記得，有兩年時間，我們經常玩在一起，當時我十二歲，他十四歲，那段時間在我的記憶裡，不過就是一片沒有安全感且自我懷疑的荒原。由於我實在不太記得那些年的事，我抓住機會做出回應，追問傑瑞對我的印象（當然，我也說出我對他的印象）。

「你是一個好人，」他說。「脾氣很好，我記得，我們在一起的時候，從沒起過爭執。」「多講一點，」我迫不及待。「當時的印象我全都模糊掉了。」

「有些地方你不當一回事，但大體上來說，你真的是既認真又用功，其實是非常用功。不論我什麼時候去找你，你的頭都是埋在書裡——啊，沒錯，我記得很清楚——歐弗[1]和他的書，而且讀的都是些札實的硬東西和優秀的文學作品——我全都一竅不通。你從來不看閒書。」

那只說對了一部分——事實上，我也迷**驚奇隊長**、**蝙蝠俠**及**青蜂俠**（但對**超人**沒興趣，他的金鋼不壞之身把所有冒險的懸疑性都給打消了）。傑瑞的話讓我想起，那些年我常去第七街，距離圖書館只有一條街的一家書店去買二手書。細細回想起來，有一本赭色的大書，內容深奧，講的是天文學，不經意地落入了我的眼裡。儘管裡面的光學理論我根本不甚了了，但這書在別個方面卻十分好用；我故意把它放在一個顯眼的地方，方便讓我姊姊那些漂亮的女性朋友發現，好叫她們對我心智上的早熟另眼相看。對我來說，哪怕她們只是輕輕拍一下我的頭，或者來個擁抱或親吻，那可都是無比的美妙。但我並不知道傑瑞也看到了那本書——成了友誼之火無意間波及的目標。

傑瑞告訴我，平常下棋，一般都是我贏，但有一次我卻輸不起：那是一場馬拉松式的棋局，苦戰下來，最後他贏了，我卻板著一副臭臉，非要他和我爸爸再戰，他也同意了。隔週星期天，他如約去到我家，結果也把我爸爸擊敗，但他確信，是我爸爸放水讓他贏的。

這個小故事我其實是半信半疑，我和父親的關係儘管不是很親，但也還不錯，但要我指望他幫我報仇，說來還不至於。記憶裡，下棋就是他教我的，但到我十一歲時，他已常常是我的手下敗將，以致於我還要到處找更強的對手挑戰，特別是他的兄弟，我的叔叔亞伯。

對於父親，我總有一股說不出的怨氣——他從來不敢跟我媽媽唱反調，甚至連一次都沒有。在那些年裡，母親貶抑我，責難我，父親從來都不表示異議，沒有一次站在我這一邊。他的不作為，他的怯懦，讓我失望。因此，我不免懷疑：就算我要找傑瑞扳回一城，又怎麼可能會要他出馬呢？或許我的記憶有誤。也或許，在我的心目中，我還是以他為榮吧！

當傑瑞開始談起他漫長的人生時，這種可能性還真是呼之欲出了。他的父親是個不怎麼成功的商人，三度生意失敗，被迫搬家，而且每下愈況，越搬環境越糟。更嚴重的是，放學後及暑假期間，傑瑞都必須要工作。我這才知道，自己幸運得多，雖然常常要在父親店裡打工，但卻不是非做不可，而是出於自己高興——招呼客人、計帳、收錢、找錢，使我覺得自己像個大人。傑瑞暑假要工作，而爸媽卻送我去參加為期兩個月的夏令營。凡事我都以為理所當然，直到跟傑瑞聊天我才明白，其實有許多事情多虧父親做對了。他認真勤快，是個好生意人，是他（和母親）的辛勞及精明才使我的日子過得比較愜意又有書可念。

跟傑瑞掛上電話，一些已經遺忘的、和父親有關的往事慢慢浮現。一個落雨的晚上，店裡擠滿客人，突然，一個大塊頭男人，不懷好意，抓了一箱酒就朝街上跑了出去。父親毫不猶疑地拔足追趕，留我和母親在擠滿客人的店裡。過了十五分鐘，父親轉回來，帶著那箱酒——那賊跑了兩、三條街，丟下贓物，逃之夭夭。這事父親做得頗有男子氣概。換作是我，就不一定敢追出去。我**應當**以他為榮的——但卻並不如此，為什麼？奇怪的是，搜遍了記憶，我卻找不到。他的人生究竟是個什麼模樣，我可曾坐下來思考過，好好地思考過？

我知道，父親早晨五點開始工作，到華盛頓特區西南批發市場去辦貨，平常週間，晚上十點打烊，星期五、六則做到午夜。星期日是唯一的休息日。有時候我會跟著他去批發市場，那真是苦不堪言的差事，我卻從未聽他喊過苦。我記得，我和一個我稱作「山姆叔叔」的人講過話，父親最要好的朋友，友誼甚至可以追溯到他們在俄羅斯的童年（這個圈子裡

作者父親在他自己的雜貨店，1930

每一個從俄羅斯塞爾茲村（Cielz）一同移民過來的人，我都稱為叔叔或嬸嬸）。山姆告訴我，父親以前在他家寒冷的小閣樓一坐就是好幾個小時，還寫詩。但青少年時期徵召入伍，進入俄羅斯陸軍，參加第一次世界大戰，派去修築鐵路，這一切就都結束了。戰後，在兄長梅耶的協助下才來到美國；梅耶移民較早，在喬治城（Georgetown）的沃塔街（Volta Street）開一間小雜貨店，跟在一起的還有妹妹漢娜及弟弟亞伯。亞伯是一九三七年過來的，本來的打算是要給家裡送錢回去，但一切都太遲了，留下沒出來的，全都遭到了納粹的毒手，包括父親的姊姊及她兩個孩子，還有亞伯的妻子和四個孩子。關於這一切，父親封口不說；他從不跟我談猶太人大屠殺，為了這緣故，甚至連過去那個國家的種種也絕口不提。同樣地，他的詩已經成為過去式，我既沒看過他寫東西，也沒看過他讀書，事實上，從沒看他讀任何東西，除了猶太報紙；每天，報紙一到，他便抓起來匆匆掃過，到今天我才明白，他為的是要尋找家人和朋友的消息。唯有一次，他間接提起大屠殺。當時我大約二十歲，他和我一起外出用餐，就只有他和我。這種情形極為罕見，即便當時他已經把店賣掉，要把他和母親掰開來還真是不容易。他從不主動跟我聊天，也從不找我外出。這或許是因為和我在一起讓他覺得彆扭，儘管他在男姓宗親面前一點都不害羞或拘謹——其實我滿喜歡看到他和他們笑在一塊，玩皮納扣（pinochle）牌戲時的談笑風生。或許我們合不來，他從不過問我的生活或功課，我也從不對他說我愛他。我們邊吃邊聊，斯情斯景依稀昨日。有如兩個大人一般，我們聊了一個小時，十分融洽。我記得我問他，他信不信上帝。他回答道：「大屠殺之後，有誰還會相信上帝？」

我知道，無論今昔，是原諒的時候了，對於他的沉默寡言，他的離鄉背井，以及他的缺乏教育，他對於獨生兒子的挑剔失望視而不見，還有，他的無知對我造成的困窘，一切都到此為止了。該是時候了，回憶他瀟灑的容顏，他溫柔的行止，他與朋友相交的慷慨，他唱童年在村中所學意第緒歌曲時的悠揚歌聲，他與兄弟朋友玩皮納扣牌戲時的笑聲，他在灣橋

（Bay Bridge）海灘優雅的側泳，以及他與妹妹漢娜——我最敬愛的姑姑——之間親密無間的手足之情。

作者和父親，1936

Notes

1 Irv，作者本名歐文（Irvin）的暱稱。

05 圖書館，A－Z

退休前，好多好多年，每天騎腳踏車往返於史丹佛與住家之間，總有好些日子會停下來瞻仰一下羅丹的雕像「加萊義民」（Burghers of Calais），或到大學廣場上雄踞一方的禮拜堂瀏覽鑲嵌圖畫，或逛逛校園書店。即便是退休後，仍然會騎著車去帕羅奥圖[1]繞繞，或辦事，或採購，或訪友。但最近以來，有點對自己的平衡感失去了信心，便盡量避免以腳踏車作為交通工具，頂多黃昏時分在腳踏車專用道上騎個三、四十分鐘。路線雖然改變了，但對我來說，騎車仍然是一種紓解及沉思的活動，而且最近以來，騎車時的順暢感及微風拂面的感覺，往往都會將我帶入過往的時光。

除了二十歲後期與三十歲出頭之間和摩托車熱戀了十年之外，打從十二歲起，我就是腳踏車的忠實信徒，經過好長一段時間的爭取，苦苦哀求、連哄帶騙，父母親才總算答應買了一輛亮紅的「美國飛行者」給我當生日禮物。我這個人，無論求什麼東西，總是鍥而不捨，而且在很小時候就發現了一步屢試不爽的招數：只要將我想要的東西跟我的學習綁在一塊，一切就都手到擒來。任何東西，不管多麼微不足道，想要我爸媽掏錢，那可是門都沒有，但若是和學習有關的——鋼筆、紙張、計算尺（還記得這些東西？）以及書，尤其是書——哪怕是八竿子都搭不上的關係，他們也會雙手奉上。因此，我跟他們說，我要一輛腳踏車，是因為我想要更常去第七街與K街交叉路口氣派十足的華盛頓中央圖書館，他們就沒得話說了。

但我說到做到，言出必行：每個星期六，一個也不漏，我的腳踏車坐墊人造皮袋裡必定裝著六本書（圖書館限制六本），都是我自上個星期六起就消化完的，騎四十分鐘車去換六本新的。

圖書館成了我的第二個家，每星期六在那兒一耗就是幾個小時。漫長的下午對我來說具有雙重作用。其一，圖書館使我與那個我渴望了解的更大世界——歷史的、文化的及觀念的世界——搭上了線；其次，化解了父母親的不安，讓他們感到心滿意足，他們總算養出了一個飽學之士。還有，站在他們的立場，我待在室內的時間越多，也就越安全，因為我們的鄰居都是危險分子。父親的店和我們二樓的住家位在華盛頓特區一個低收入區，與白人區有所區隔，隔著好幾條街。街道上充斥著暴力、竊盜、種族衝突與酒醉（許多都是父親店裡的酒精點燃的）。碰到學校放暑假，他們預做準備，將我跟危險的街坊隔離（劃清界線），從七歲起，就把我送去馬里蘭、維吉尼亞、賓夕法尼亞或新罕布夏參加夏令營，那些營隊所費不貲。

圖書館的主層是巨大接待廳，望之令人心生敬畏，才一踏進去，我便不由自主地踮起了腳。一樓正中央，矗立一個大書櫃，放置傳記類書籍，按人名的字母順序排列。繞了好多圈之後，我才鼓足勇氣去找那位和善的管理員尋求協助。只見她一言不發，比出一個噤聲的手勢，食指放在唇上，朝著寬大的大理石迴旋梯一指，上去二樓兒童部，那才是我該去的地方。垂頭喪氣，我只有乖乖聽她的，但不管怎麼說，每次去到書館，我都會繞著傳記書櫃打轉，而且暗暗擬定了一個計劃：一週讀一本，從「A」起頭的人名開始，按著字母的排序一直讀下去。第一個讀的是亨利．阿姆斯壯（Henry Amstrong），一九三〇年代輕量級拳擊冠軍。從B起頭的，我記得的有胡安．貝蒙特（Juan Belmonte），十九世紀

作者十歲

早期的天才鬥牛士，以及文藝復興時期學者法蘭西斯・培根（Francis Bacon）。C的部分，泰・柯布[2]；E的部分，湯瑪斯・愛迪生（Thomas Edison）；G的部分，盧・賈里格[3]及海蒂・格林（「華爾街女巫」）[4]等等。在J的部分，讀到了愛德華・金納[5]，並因為他消除天花，成為我崇拜的英雄。K的部分，讀到是成吉思汗，一連幾個星期都在想，到底是愛德華・金納救的人多，還是成吉思汗殺的人多。K的部分還有保羅・德・格魯伊夫的《微生物獵人》（*Microbe Hunters*）[6]，由此得到啟發，讀了更多有關微生物的書籍；接下來的一年，到民族藥店（Peoples Drug Store）打工賣汽水，存夠了錢便買了一台亮晶晶的銅製顯微鏡，至今仍然留著。N的部分有瑞德・尼柯斯（Red Nichols），小號演奏家，同時還介紹我認識了一個特立獨行的傢伙：弗瑞德里希・尼采（Friedrich Nietzsche）。I的部分，我認識了聖保羅（Saint Paul），以及第一個跳下尼加拉瀑布仍倖存的人：山姆・佩吉（Sam Patch）。

我還記得，我的傳記計畫結束於T的部分，讀到阿爾伯特・佩森・特修[7]。一連幾個星期下來，走火入魔一般，我狂讀他的作品，迷上了他筆下那些非凡的牧羊犬，譬如萊德及萊希。今天我才明白，像這樣胡亂的東讀一本西讀一本，對我並沒有害處，一個只有十歲、十一歲的孩子，以那樣的方式瞭解海蒂・格林或山姆・佩吉當然不是壞事，但話又說回來，還是有些遺憾！我多麼渴望有個大人，有位身居要津的明師，某個一如那位身穿棉布套裝的人，進到我父親的雜貨店裡宣告，說我是個大有前途的少年。對於那個孤獨落寞、憂心忡忡、身不由己的少年，如今回想起來，我仍不免感到心疼，但也有份驕傲，雖然沒有鼓勵，沒有榜樣，沒有指引，誤打誤闖，但透過自我教育，好歹走出了自己的道路。

Notes

1 帕羅奧圖（Palo Alto），緊鄰史丹佛大學東邊的小城，歐文．亞隆的居住地。Palo Alto為西班牙文，Palo意為樹，Alto意為高，高樹現在仍存在，專家估計樹齡超過一千年。

2 泰．柯布，（Tyrus Raymond Cobb, 1886-1961），美國職業棒球員，棒球名人堂球員。

3 盧．賈里格，（Henry Louis Gehrig, 1903-1941），美國棒球史上最偉大一壘手，後罹患「肌肉萎縮性側索硬化症」，此症後來就被稱作「盧．賈里格症」。1903-1941。

4 海蒂．格林（Heffy Green, 1834-1916），英國人，世界最富有女人之一。

5 愛德華．金納（Edward Jenner, 1979-1823），英國醫師，研究推廣牛痘疫苗防止天花，有「疫苗之父」之稱。1749-1823。

6 格魯伊夫（Paul de Kruif），美國微生物學家，《微生物獵人》介紹十三位傑出的微生物學家。

7 阿爾伯特．佩森．特修（Albert Payson Terhune, 1872-1942），美國作家、牧羊犬養育人、新聞記者。

06 宗教戰爭

多年前，阿弗瑞德修士在他專制的父親去世後，接受過我的治療，最近寫了一信，介紹瑪麗安修女給我。阿弗瑞德是瑪麗安的告解師。信是這樣寫的：

親愛的亞隆醫師（抱歉，迄今無法直呼您歐弗——再一年的時間，或再兩回合的治療，也許才做得到吧），希望您能看看瑪麗安修女——為人甚是親切、得體，但碰到許多罣礙，不得平安。

瑪麗安修女，中年女子，氣質不俗，但神色沮喪，來訪時一身穿著甚是平實。坦率直爽，開門見山，很快就進入話題，絲毫不見為難。在教會生涯中，她服務窮人，從事慈善工作主動積極，深得人心，且因為才思敏捷，勇於任事，受到賞識，被交付了更高的管理職位，承擔了更大的行政責任。工作上，雖然十分勝任，但生活品質卻江河日下，忙起來，連禱告和冥想的時間都沒有，如今更是變本加厲，幾乎每天都要和其他爭權弄權的管理人周旋衝突。為此她憤怒不已，覺得自己面目可憎。

打從一開始，我對瑪麗安修女就有著極大的好感，等到我們每週都見面了，對她更是敬重有加。這女子，聰明過人，虔誠過人，全心全意奉獻服務，勝過我認識的任何人，我決心盡一切力量幫助她。她從不打探我的信仰，但治療幾個月後，對我逐漸信任，甚至把自己的日記帶來，在療程中朗讀個幾段。她傾訴自己的孤獨失落，羨慕其他姊妹從容優雅的福氣。談到自己放棄了的人生——婚姻、性生活及做母親的天職——她便悲從中來，淚水奪眶。我想到自己所享有的天倫之樂，不禁為她感到難過。

但她總是很快就能把自己收拾妥當，感謝耶穌活在她的生命中。她每日清晨與祂對話，說到這裡，她語氣熱烈，說打從青少年還在修女院時起，她就從那裡得到力量和安慰。最近這些時候，許多管理上的業務使得這種清晨的冥想變成了奢求，她深感失落，懷念不已。對此，我備極關心，決心幫助她恢復每日清晨與耶穌的交流。

一日，療程結束後，一邊騎車心裡卻想到，和瑪麗安修女相對而坐時，我其實始終都在壓抑自己的宗教懷疑主義。就我個人來說，從來也不曾碰到過這樣犧牲奉獻的人。沒錯，我也把自己從事的治療看成是對病人的服務，但我也知道，自己的付出根本無法與她的相比；我的付出是按照自己所排的時間，我的服務則是要收費的。她這樣的無私無我是如何養成的？我想到了她早期的人生和際遇。她的父親在一次煤礦災變中癱瘓，家庭深受打擊，一貧如洗，十四歲那年，父母將她送進一間修女院學校，此後便少有音訊。從此以後，她的生活被禱告、聖經研讀、教義問答佔滿，早晨、中午、晚上，消遣、遊戲及社交活動少得可憐，遑論與異性的接觸。

療程結束後，我往往都會回想起宗教教育對我自己所造成的傷害。在我早期的歲月，在華盛頓特區，年輕猶太男性無不置身於舊世界的教條框架中，如今回想起來，那樣的做法根本就是在逼著年輕人揚棄宗教生活。據我所知，在我的同儕中，保有宗教虔誠的人幾乎一個也沒有。父母親都是猶太人，說的是意第緒語，謹守猶太教的飲食規矩（潔食）[1]，廚房裡的菜餚分成不同的四套（一年中平常時日用的乳酪及肉類，以及逾越節用的食物），過猶太新年[2]，狂熱的錫安主義者，親戚朋友間形成緊密的團體，幾乎不與非猶太人來往，或主動加入美國主流社會。

儘管猶太認同強烈，但對於宗教，我實在看不出一丁點真正的興趣。除了猶太新年一定要上猶太會堂禮拜，贖罪日要禁食，逾越節不吃發酵麵包外，沒有人認真對待宗教。沒有一個人會行禮如儀每天禱告，穿戴經文護符匣，讀《聖經》，或在安息日點蠟燭。

多數家庭都做點小生意，大部分是雜貨店或酒店，要不就是小吃店，只有星期日、聖誕節、新年及重大的猶太節日才休息。過猶太新年，會堂裡的情景至今依然鮮活：父親和他的男性親友全都擠在樓下的同一排，包括母親及姊姊的婦女們，則在樓上。我記得，我坐在父親旁邊，玩著他藍白色的祈禱披巾，聞著他難得穿上一次的新年禮服所散發的樟腦丸味，領唱者或拉比頌唱讚美詩時，我靠在他肩上，跟著他手指頭所指的希伯來文走。但一個字也不識，所以只得拚命盯著對頁的英文翻譯，只見通篇都是殘暴的戰鬥與奇蹟，以及沒完沒了的上帝的榮耀，沒有一行跟我的生活有關。就這樣待在父親身邊，好漫長，終於告一段落，我便飛也似地衝進小小的庭院，加入小孩的行列，聊天，玩耍，嘻鬧。

這就是我早年的宗教經驗。至今仍然不解的是，為什麼父母親從來不曾，一次也沒有，教我讀希伯來文，或傳授我重要的猶太教教義。在我快要十三歲生日、得接受受戒禮時，事情有了變化，我被送進了主日學校，到了那裡，上課時我特別不守規矩，盡問一些大逆不道的問題，譬如：「如果亞當和夏娃是第一個出現的人類，那他們的孩子要和誰結婚呢？」要不就是：「牛奶不可以和肉一同吃，這規矩如果是要避免小牛被放到牠媽媽的奶裡烹煮這種不好的事情發生，那麼，拉比，為什麼這條規矩也沿用到雞肉？不管怎麼說，」我故意要惹惱大家：「雞並不產奶。」結果拉比忍無可忍，把我趕出了學校。

但事情並未結束。受戒禮不會就此打消。父母親把我送去給一個家教，達姆史達特先生（Mr. Darmstadt），一個腰桿挺直、有威嚴、有耐性的男人。男孩子到了十三歲生日那天都得面對受戒禮，重頭戲則是出席會堂的聚會，當眾用希伯來文大聲頌唱那一個星期的哈夫塔拉（Haftarah，選自《聖經・先知書》的一段章節）。

但我和達姆史達特先生一起學習時，卻出現了一個嚴重問題：我根本沒辦法（或是不願意）學希伯來文！在別的方面，我絕對是個好學生，通常都是班上最頂尖的，但在這方面，突然之間，我變成了一個十足的笨蛋，無論是字形或字音，全都記不住，朗讀的韻律也一樣。最後，這位有耐性的達姆史達特先生也為之束手無策，宣布放棄，通知我父親說他教不下去了：我永遠也學不會哈夫塔拉。於是，在我的受戒禮上，由父親的弟弟──我的叔叔亞伯──替我頌唱。拉比又要我用希伯來語念幾行感恩頌讚，但預習了幾次，結果證明，即使只是這些我也無能為力，於是，在典禮上，拉比不得不讓步，將希伯來文的發音轉譯成英文，寫在提詞卡上讓我念。

對父母親來說，那天應該是奇恥大辱的一天。怎麼可能不是？但在我的記憶裡，並沒有見到絲毫恥辱的跡象──無論父親或母親，神色上一點都看不出，口頭上也一句話都沒有。我心裡想著，但願這是因為他們兒子在慶祝晚宴上的傑出致詞（用英文）消除了他們心頭的沮喪。最近回顧自己的人生，我常常感到好奇，替我念誦的為什麼是叔叔而不是父親？難道是因為父親怕丟臉？我還真想問他這個問題。還有，我跟著達姆史達特先生上了好幾個月的課，學了些什麼呢？問到這，我幾乎全部失憶，啥都不記得。唯一記得的是，在他家前面的一站，一踏出電車就先打個牙祭，殺到小旅店漢堡店（Little Tavern）──華盛頓特區的一家連鎖，每攤都以綠瓦為頂，二十五分錢三個漢堡——越禁止就越顯得美味，它還真是我吃過最好吃的污食（traif，非潔食）！

今天如果有個和少年歐文一樣的年輕人，正好碰上了認同危機，跑來找我尋求專業的心理諮商，告訴我說，他無法學講希伯來文（儘管他是個好學生），又被主日學校開除（儘管平時沒犯什麼大錯），還有，他在前往希伯來文老師家的路上，第一次開戒吃非潔食，那麼，我認為他和我的諮商會是這樣的情形：

亞隆醫師：歐文，照你所說的，你在受戒禮上碰到的情形，依我看，你是無意識地在反抗你的父母及文化。你說你是個好學生，一直都是班上的頂尖，但就在這緊要關頭，你要取得猶太人成人資格的時刻，突然間犯了自發的心因性假性癡呆，以致無法學講另一種語言。

歐　文：敬愛的亞隆醫師，我不同意，這完全說不通。事實一，我只是語言能力太爛。事實二，我從沒能把另一種語言學好，真的，千真萬確。事實三，我在學校所有的科目都是A，只有拉丁文是B，德文是C。事實四，我是音盲，我五音不全。上音樂課時，音樂老師直截了當，叫我不要唱，只要小聲哼就行了。我所有的朋友都知道，要我頌唱受戒禮的旋律，朗讀或學習另一種語言，根本連門都沒有。

亞隆醫師：但是，歐文，我這裡要提醒你，這並不是**學習**語言的問題——美國猶太男童在受戒禮中真正懂得自己在念的希伯來文的可能不到百分之五。你的任務不是學講希伯來語，也不是理解希伯來語，你唯一要做的就只是學習幾個聲音，大聲念個幾頁。這有什麼難的呢？這件事每年都有成千上萬的十三歲男孩完成。我這裡還要指出的是，他們當中有許多都不是A級學生，而是B級和C級的。不對，我修正，這並不是假性局部癡呆，我確信還有更好的解釋。多跟我講一點，關於你身為一個猶太人的感覺，以及你的家庭和你的文化。

歐　文：還真不知從何說起。

亞隆醫師：就說說你十三歲時對自己身為一個猶太人的想法吧，痛快說出來。不要檢查你的想法——想到什麼就說什麼。這就是我們治療師所說的自由聯想（Free Association）。

歐　文：自由聯想，哼。想到就說出來？哇！我可要繞個圈子。身為猶太人……上帝的選民……這對我來說，簡直就是笑話——**被挑選的**？不，正好相反……對我來說，身為猶太人一點好處都沒有……到哪裡都是反猶的靶子……甚至特納先生，那個金髮紅臉的理髮匠，離我爸的店才三個店面，每次我去理髮，都「猶仔」來「猶仔」去的……還有，昂柯，體育老師，叫我攀爬從體育館天花板垂下來的繩子，我爬不上去，他便吼道：「再爬，猶仔。」

還有，小學時候，聖誕節，同學都在談他們的禮物——而我，全班唯一的猶太孩子，通常都騙他們說我也有禮物。我知道，要是我的堂姊妹碧雅和艾琳，她們就會跟同學說，她們的光明節[3]禮物就是聖誕節禮物，但我呢？我的家人只知道忙店裡的事，根本沒人理會光明節禮物。我交的朋友若不是猶太人，家人都不以為然，尤其是黑人小孩，他們根本不許我帶回家，儘管我常去他們家。

亞隆醫師：這不就結了？在我看來再清楚不過了，你最想要做的事就是擺脫這個文化，因此，你之拒絕為你的受戒禮學習希伯來語，以及在你去上希伯來語課的路上吃污食，說的無非都是同一件事情，你在那兒狂喊著：「拜託拜託，誰來把我救出去！」

歐　文：聽起來滿有道理。我的家人一定覺得很矛盾，他們希望我改變，希望我好，既希望我在外面的世界成功，卻又害怕自己的世界消失。

亞隆醫師：他們有跟你這樣表示過嗎？

歐　文：間接的，但有跡可循。譬如說，他們彼此說意第緒語，但對我和姊姊卻不，而是說一種英語和意第緒語混雜的話（我們稱之為英第緒語），但可以確定的是，他們並不希望我們學意第緒語。對於以前的日子他們諱莫如深，他們在俄羅斯的生活我一概不知。當我想要知道他們老家的確實位置，我那個幽默感十足的老爸開玩笑說，他們住在俄羅斯，但有的時候，一想到又要熬一個酷寒的冬天，實在覺得受不了，便稱它作波蘭。至於二次世界大戰、納粹和猶太人大屠殺？隻字不提！守口如瓶！我那些猶太朋友，全部，他們的家庭，同樣也是三緘其口。

亞隆醫師：對這你怎麼解釋？

歐　　文：他們或許是要使我們免於恐懼。我看過二戰勝利後的新聞影片，集中營及推土機鏟走堆積如山的屍體，我記得，完全沒有心理準備，整個人震驚莫名，成為我心理上一輩子無法抹滅的陰影。

亞隆醫師：你知道父母親對你的期望嗎？

歐　　文：知道——要把書念好，成為美國人。對這個新世界他們所知不多。剛到美國，宗教以外的教育他們一天也沒受過——我是說零……唯一知道的就是要努力成為美國公民，他們是「有經書的人」[4]，我認為，不對，**我明白**，只要看到我在看書他們心裡就歡喜，只要我在看書，他們絕不，絕不吵我。但話又說回來，他們自己卻連一點學習的意願都沒有。我覺得，他們知道那種可能性已經過去了——工作太辛苦，他們根本就被壓垮了，每天晚上都精疲力竭。對他們來說，心裡定然是一則以喜，一則以憂。喜的是他們的辛苦是有代價的，可以供我受得起昂貴的教育；憂的是，他們肯定清楚，我讀得每一本書每一頁書都會把我拉得離他們愈來愈遠。

亞隆醫師：我還在想你吃的那些小旅店漢堡——那是第一步，像是吹響長征的號角。

歐　文：沒錯，為了爭取獨立我發動一場長期戰爭，一開始的小衝突全都跟食物有關，甚至在受戒禮的反抗之前，我就已經在嘲笑傳統飲食規矩。那些規矩全都是笑話，毫無意義，更過分的是，妨礙我做個美國人。我去看一場華盛頓參議員隊的比賽〔葛瑞菲斯球場（Griffith Stadium），離父親的店只有幾條街〕，居然不能和我朋友一樣吃熱狗，甚至連街尾雜貨店的雞蛋沙拉或烤起司三明治都犯戒，照父親的說法，因為那把用來切三明治的刀有可能剛切過火腿三明治。我抗議說：「我會要求不要切。」「不行，想想那個碟子，有可能拿來盛過火腿。」父親或母親會說：「**汙食**——照樣都是**汙食**。」亞隆醫師，十三歲，你能夠想像嗎？真是離譜！宇宙廣袤如此，數以兆計的星球誕生毀滅，地球上每一分鐘都有自然災難發生，我的父母卻堅持，上帝最重要的工作就是檢查雜貨店裡刀子對一丁點火腿的作用，難道沒有其他事情幹嗎？

亞隆醫師：真的嗎？你那麼小的時候就這樣想？

歐　文：經常，我喜歡天文，自己做望遠鏡，夜觀天空，最令我震驚的就是萬物井然，我們何等渺小，何等無足輕重。對我來說，再清楚不過的是，古人面對自己的無足輕重，別無他法，於是發明了某些神，神高高在上，守護著我們人類，因此，也審視著我們的每一個行為。另外，同樣清楚的是，人類為了緩和死亡的恐懼，於是發明了天堂及各種神話，其主題全都一樣，那就是：「我們不會死」——我們可以繼續存在於另外一個地方。

亞隆醫師：你才那個年紀就真有這樣的想法了？

歐　文：很早，打從有記憶起就有了。我都放在心裡不說而已。但不妨老實跟你說，在我看來，宗教及來世的說法根本就是世界上最大的騙局，目的只有一個——讓宗教領袖有舒服的好日子過，加深人類對死亡的恐懼。但為此付出的代價實在太大了——使我們停留在小孩階段長不大，看不見自然的秩序。

亞隆醫師：騙局？真敢講！不怕把幾十億人都得罪了？

歐　文：嘿嘿，是你叫我自由聯想的，忘了嗎？通常我都不講的，只放在心裡。

亞隆醫師：沒錯，我**確實**這樣講過。你只是順著我。是我挑起來的。我道歉。我再問些別的吧。你說到了死亡和來世。你自己的死亡經驗我倒想聽聽。

歐　文：對死亡的第一個記憶，是我的貓的死，大約十歲的時候。我們在店裡通常都會養兩隻貓抓老鼠，我常和貓咪玩。有一天，我比較喜歡的那隻——名字忘了——被車撞到，在路邊找到她，已經奄奄一息，我跑進店裡，從豬肉攤子上拿了些肝（父親也是屠夫），切一小片放到她的嘴邊。肝是她的最愛。但她卻不吃，不一會兒，閉上了眼睛，永遠。你知道的，忘了她的名字，只能叫她「貓」，我有多難過——我們經常膩在一起，一膩就好幾個小時，我看我的書，她坐我腿上，我輕拍她，她呼嚕有聲。

至於人的死亡，小學三年級的時候有一個男生，不記得名字，但大家都叫他L．E．。他白頭髮——或許是白化症——他媽媽給他準備的餐食都和我們的不一樣——譬如起司醃菜三明治——那之前我從沒聽過三明治夾醃菜，真奇怪，某些不尋常的事情特別記得住。一天，他沒來學校，第二天，老師宣布說他生病死了。就這樣，我不記得有什麼特別的反應——不管是我自己或教室裡其他人。但有一點特別怪異的地方：L．E．的臉清楚浮現在我心裡，至今如在眼前——一頭淡金的短髮豎著。

亞隆醫師：怪異，為什麼？

歐　文：怪異的是，他的形象非常清楚。真的很怪，因為我跟他並不是很熟。他來我們班上只有一年。還有，他生病，上學都是他媽媽開車接送，因此，從來不曾一起走路回家或玩耍。班上的孩子，有許多我熟得多，但他們的臉我一個都不記得。

亞隆醫師：這又意味著什麼呢？

歐　文：那表示我清楚地意識到了死亡，但我選擇不直接面對它。

亞隆醫師：直接面對，你曾經有過嗎？

歐　文：有過，但模模糊糊的，記得有一天在我家附近閒逛，剛在一家小店打玩彈珠遊戲，一個念頭轟雷一般擊中我：我會死，一如其他每一個人，現在的、未來的。我記得的就這些，但我知道，那是我第一次意識到自己的死亡，我沒把它放在心上太久，當然，也從未對任何人講過。直到今天。

亞隆醫師：「當然」，什麼意思？

歐　文：我孤單慣了，找不到人講這些想法。

亞隆醫師：孤單，意思是寂寞？

歐　文：啊，是的。

亞隆醫師：「寂寞」時，想做什麼？

歐　文：想到以前那個「軍人之家」去騎腳踏車，很大的一個公園，離父親的店十條街……

亞隆醫師：你總是說「父親的店」，比較不說「我家」。

歐　文：沒錯，好問題！亞隆醫師，我剛才也注意到了。講到我家，我還真覺得很沒面子。我想到的是……啊，我還是在自由聯想，對吧！

亞隆醫師：對，繼續。

歐　文：我想到的是，一個星期六晚上，我參加一個生日派對，大約十一、二歲的時候，在一棟非常豪華的房子裡，那種豪華我只有在好萊塢的電影裡看到過，一個名叫茱蒂・史坦伯格的女孩子的家，是我在夏令營認識並愛上的——現在想起來，我們甚至接吻過。母親開車送我過去，但無法接我回家，因為星期六正是店裡最忙的時候。因此，派對結束，茱蒂和她的母親開車送我回去。一想到她們就要看到我那個雜物間一樣的家，我就覺得丟臉，因此，要求她們在前面幾戶停車，一家門面雖然不大，但房子看起來還過得去的人家，謊稱到了，並站在門前台階上揮手直到她們消失。但一想到自己欺騙了她們，我就心虛得不敢想下去。

亞隆醫師：我們回頭再談談你剛剛提過的，多談一點你在軍人之家公園騎腳踏車的孤單。

歐　文：那是一個很棒的公園，有好幾百畝大，除了幾棟供老病退伍軍人居住的建築，四下裡一片荒涼。現在想起來，在那裡騎車是我最棒的兒時回憶……沿著長長的山丘滑行而下，風拂我臉，自由自在，揚聲背誦詩句。姊姊念大學時修了一門維多利亞時期詩選，當她課修完了，我就接收她的課本，不時沉浸於其間，記誦簡單但節奏強烈的詩，譬如奧斯卡．王爾德（Oscar Wilde）的〈瑞丁監獄之歌〉（Ballad of Reading Gaol），或豪斯曼（Housman）的詩集《什羅普郡的少年》（*Shropshire Lad*），如〈最可愛的樹，櫻花〉（Loveliest of Trees, the Cherry Now）及〈當我二十一歲時〉（When I Was One and Twenty）、費茲傑羅（FitzGerald）翻譯的奧瑪．海亞姆（Omar Khayyam）的《魯拜集》（*The Rubaryat*）、拜倫的〈奇隆之囚〉（Prisoner of Chillon）及丁尼生（Tennyson）的詩，吉卜齡（Kipling）的〈古廟戰茄聲〉（Gunga Din）則是我的最愛，十三歲時，在棒球場附近一家小錄音間錄製了一張唱片，今天還留著，一面是我的受戒禮致詞（當然，是英文的），另一面是我朗誦的〈古廟戰茄聲〉及丁尼生的〈輕騎兵的衝鋒〉（Charge of the Light Brigade）。沒錯，長坡滑行，放歌吟詩，如今想來，愈覺得那一刻的確是我人生中最快樂的時光。

亞隆醫師：我們的時間要到了，但在結束之前，我還要再說幾句：你所面對的煎熬我十分了解。你卡在兩個世界之間，舊的那個，你既不了解也不尊敬，新的那個，你連門都還沒弄清楚。如此一來，造成了極大的焦慮，你得要好好接受一番心理治療才行。你決定來找我，我感到欣慰——你這個人頗有內涵，我有強烈的預感，你會好起來的。

Notes

1 潔食（kosher），指符合猶太教教規的食材，含「潔淨、完整、無暇」之意，除限制可食動物種類之外屠宰及烹調方式也有規定，相較於伊斯蘭教的清真食物更為嚴苛。

2 在猶太人的曆法裡有兩個新年，一是所謂的教曆新年，在一年的第一個月，紀念猶太人祖先逃離埃及。另一個是所謂的民曆新年，在一年的第七個月，因為在這個月創造世界。

3 光明節（Hanukkah），紀元前一六五年，猶太人打敗敍利亞，收復耶路撒冷，整修第二聖殿獻給上帝，乃定此日記念。

4 有經書的人（People of the Book），為一伊斯蘭專有名詞，指的是猶太人、基督徒及塞爾維亞人。有時候猶太教徒及基督徒也用來指稱自己。經書指的則是《舊約》。

07 賭博少年

星期三，早上八點。用完早餐，沿著碎石小徑漫步前往診療室，僅稍作停留，問候我的盆栽，拔幾莖野草。野草也有生存的權利，這我知道，但我總不能讓它們搶我盆栽的水喝。眼前我有四個小時不受打攪，可以一口氣寫下去，心裡覺得甚是充實。正準備好要開始，卻又一如往常，忍不住檢視電子郵件，並規定自己，若要回覆，不得超過三十分鐘。第一則訊息映入眼簾：

提醒您：我家**今晚牌局**。進場6：15，供應可口豪華餐點。用餐宜速——牌局6：45準時開始。銀子帶足！凱文

第一個反應就是：刪除！但我叫自己忍住了，想要再體驗一下那種渴望感的流竄。早在四十年前我就開始玩撲克遊戲，但現在不能再玩了，因為視力（無可挽回地）退化，玩起來

代價太高，看錯牌的結果，每次玩至少都要輸掉一、兩大把。我花了好長一段時間，才把撲克戒掉。**年老非他，把該死的東西逐件戒除是也**。如今，即使已經四年不玩了，禮貌上，那些傢伙還是邀請如儀。

網球戒了，慢跑戒了，水肺潛水也戒了，但要戒撲克卻不一樣。不管怎麼說，那些嗜好比較個人化，撲克卻是一種社交活動，那些傢伙可都是玩伴，我還真懷念他們。啊，偶爾聚個餐（擲銅板或就著飯店的桌子玩上一把撲克，看看由誰埋單），但那全然不是回事兒，我懷念的是那種投身風險的行動與感覺。我特愛賭博的刺激，如今卻只能逗著老婆賭上一回，賭的全是些無聊事兒：她希望我打條領帶去出席餐會，我回道：「我賭妳二十塊錢，今晚的餐會沒有一個男人打領帶。」若是以前，她根本不會理我，但如今我不賭撲克了，偶爾她也會賭上一把，幽我一默。

有很長一段的時間，這類遊戲一直都是我生活的一部分。多長呢？幾年前的一通電話倒是可以提供一些線索。電話是薛里．費雪打來的，講到他，從我五年級以後我們就再沒有講過話。他有一個侄孫女，正在念心理學系，將來想做個心理學家，在最近的拜訪中，他見她讀一本我的書：《生命的禮物：給心理治療師的八十五則備忘錄》（*The Gift of Therapy*）。「哈，這傢伙我認識。」他說。他在華盛頓特區電話簿上找到我姊姊的名字，打給她問出了我的號碼。我們聊了很久，追憶以前的日子，每天一起走路上學、打保齡球、玩牌和跳舞，還有收集棒球球員卡。第二天，他又打來。「歐弗，你說你想要有所回饋，我剛好記起來另一件事，和你有關的：你有賭博的問題，還老是逼著我玩金拉米（JIn Rummy）牌戲，拿棒球球員卡當賭注。你什麼都賭，記得有一天，你賭的是街上開過來下一輛車的顏色。在我記憶裡，光是數字，你就玩得不亦樂乎。」

「玩數字」——這東西多少年沒想過了，薛里的話喚起了許久以前的記憶。十一、二歲時，父親把雜貨店改成一家酒店，父母的日子變得輕鬆些，不再需要丟棄壞掉的商品，不再需要清晨五點就趕到批發市場去，不再需要修牛肉的邊。但事情也變得比較危險，打劫司空見慣，星期六晚上都會有一名武裝保全藏身店後。白天，滿屋子都是些不好惹的人物，常客當中，不是皮條、娼妓、盜賊、滿身酒氣的醉漢，就是組頭及收賭金的跑腿。

有一次幫父親的忙，送好幾箱的蘇格蘭威士忌和波旁威士忌到公爵的車上。公爵是我們最好的顧客之一，我滿喜歡他的派頭；象牙頭手杖、潤藍的喀什米爾雙排扣大衣、藏青軟呢帽，以及銀光閃閃的凱迪拉克汽車。車子停在半條街外的一條邊街上，快到時，我問，是否要將蘇格蘭威士忌放到車廂裡，父親和公爵都忍不住笑出聲來。「公爵，何不讓他見識一下車廂？」父親說。一派瀟灑地，公爵打開凱迪拉克車門說道：「沒有什麼空間了，寶貝。」往裡頭一瞧，我的眼珠子都爆了出來。七十年過去，那景象依然清晰如在眼前：一疊一疊的鈔票，各種面額都有，用粗橡皮筋綁著，塞得滿滿的，還有幾個大粗麻布袋，塞得滿出來，全都是硬幣。

公爵開一個簽賭站——華盛頓特區一帶的地頭。玩法是這樣的：每一天，街坊上的賭客把賭注（往往都很小，十分錢）交給跑腿，簽三個數字。如果猜對了，「簽中了數字，漂亮」，十分錢的賭注就可以贏得六十元——賠率六百比一。但話又說回來，真正的賠率應該是一千比一，因此，組頭的賺頭非常之大。每天的數字並非人為操作，而是由一個眾所周知的公式，以當地賽馬場三場指定賽馬的投注總金額為基礎計算出來的。儘管機率明顯不利，但卻有兩事頗得賭客的心，一是賭金很小，再來則是懷抱著「漂亮」的希望，一夕之間發筆大財，紓解一輩子注定窮困潦倒的命運。

每天因為簽賭數字而產生預期心理，這種興奮感我可是切身感受過，因為我偶爾也會祕密下個小注（雖然父母嚴格禁止），錢則是從店裡的現金櫃中抓來的，有五分的鎳幣，有一角的硬幣（即使到今天，想起偷錢仍然令我心虛羞慚）。父親反覆告誡說，機率那麼小，只有傻瓜才會賭。我明知他講得有理，但人還沒長得夠大，更何況，城裡就只有這個可玩。父親的店裡有兩個黑人工作，其中一個叫威廉，我的簽賭就是透過他，條件是如果贏了，他可以分我的獎金百分之二十五。威廉是個酒鬼，活潑好動，為人親切，但卻說不上正直，他是否真幫我簽了，還是將一角硬幣納入了私囊，或是拿去自己簽了，我一概不知。我從未簽中過，就算有，我心裡想，多半也被威廉給私吞了，說什麼跑腿的今天沒來，或隨便編個故事就矇混過去。總之，到了最後，我不玩了，說起來算我運氣好，我發現了棒球簽賭、擲骰子、皮納扣牌戲，最重要的，還有撲克。

08 憤怒之於我

布蘭達，我的病人，為了今天的療程有備而來。進了診療室，連看也不看我一眼，逕自就座，打開包包，拿出筆記，逐條朗讀，數落前次會面時我犯下的罪狀。

「你說，我們的療程，我準備不足，不像別的病人都有備而來。你暗示說，你比較喜歡和別的病人合作。你指責我，說我講不出個名堂，夜裡沒有夢，白日夢也沒有。還有，你袒護我之前的那個治療師，說之前的治療失敗都要怪我，怪我沒把心敞開。」

上次會面，整整一個小時，布蘭達一如往常，悶不吭聲坐著，凡事都不主動，把我累得半死，簡直就像是在撬生蚵。這一次，聽她數落我的罪狀，我提高了防備。應付憤怒並非我的強項。我的回應頂多是指出她的曲解，但也語多保留。不管怎麼說，這樣的開頭算是順利的——比起上個星期，不知強過多少倍！好歹她開口了，想法和情緒都鬆綁。更重要的是，即便曲解了我的意思，我也明白，我的一些想法，她之所以不認同，都是些我不經意說溜了嘴的話。「布蘭達，我完全理解妳惱火的感覺，我認為，妳雖然對我有些誤解，但妳還是對的，上個星期，我**的確**感到挫折，多少有點心餘力絀。」然後，問她：「如果以後碰到了同樣的情形，妳會怎麼說？妳覺得我該怎麼問比較好？」

「你何不乾脆問我，上個星期到底是什麼事情使得我的心情這樣不好？」她回答。

我順著她，問道：「好吧，上個星期到底是什麼事情使妳的心情這樣不好呀？」這一來，她把過去幾天所經歷的失望及委屈都講了出來，我們討論，結果豐碩。眼看一個小時就要結束，我便回到起頭，問她，她對我發那麼大脾氣，她自己感受如何？她哭起來，說她感謝我真誠對待她，感謝我盡了自己角色的責任，耐著性子支持她。我心裡想，我們一定都覺得，療程進入了新的階段。

騎腳踏車回家的路上，越過小溪，心裡還掛著剛才的療程，琢磨著憤怒這碼子事。對自己處理事情的方式，我雖然感到滿意，但也明白，在這件事情上，我自己要負比較大的責任，如果我不喜歡布蘭達，不體諒她對我的批評，這樣只會讓我自己更不痛快。我也毫不懷疑，如果惹我生氣的是個男病人，我一定會更不客氣。無論在生活上或工作上，只要碰到對立我就會焦慮，因此，我總是小心翼翼，避開任何行政管理上的職位，諸如主席、委員會首長或院長之類的。這一生裡，也只有那麼一次——結束住院醫師好幾年之後，在母校約翰·霍普金斯（Johns Hopkins）——接受一個主管職務的面談。幸運的是——對我自己及他們來說皆如此——他們挑選了另一個人。我常告訴自己，不做行政工作才是明智的，因為我了解自己，我的強項是臨床研究、行醫及寫作，但時至今日，我必須承認，這其中有個極重要的關鍵，那就是我生性羞怯，不喜歡和人衝突。

知我者莫若我妻。她知道我只喜歡小型社交，四個人，頂多六個，也最能明白團體治療專家的角色給我帶來極大的樂趣。但事實上，對我來說，帶領治療團體，治療的不僅是我的病人，也是我自己，身處群體中大大地增加了我的安定感。長久以來，我很少在大型講演感到焦慮。但話又說回來，這樣的表現通常要看我自己的情況，我這個人最怕不由自主地捲入對抗性的公開辯論，在那種場合，我的思路快不起來。老年有個好處，現在聽眾對待我的態度已經大不相同，若是回到多年前或數十年前，聽眾當中，或是同行，或是有疑問的人，總少不了跳出來挑戰我的人。

停下腳踏車，十分鐘，觀看戈恩高中（Gunn High School）網球隊練球，回想起自己在羅斯福高中網球隊的那段日子。隊上有六名球員，我排名第六，論球技，勝過排名第五的尼爾森。但每次我們對打，他總是咄咄逼人，咒聲連連，在氣勢上壓倒我，更過分的是，關鍵時刻停下來，一聲不響站在那兒默禱。但教練絲毫不表同情，只會跟我說「要長大，要穩住」。

繼續騎著車，想起了許多律師和財團執行長，我治療他們旺盛的鬥性，驚訝於他們的好戰。我始終沒弄懂，他們怎麼會變成那副德性，而我自己又怎麼是那種碰到衝突就避之唯恐不及的人。小學時候有同學欺負我，恐嚇說放學後要修理我，我便想起讀過的兒童故事，故事裡面父親教孩子打拳擊，我真渴望自己有一個那樣的父親。我生活的那個時代，猶太人從不跟人打鬥，全都是一批等著挨揍的人，唯一的例外是比利．卡恩（Billy Conn），猶太拳擊手——他出戰喬伊．路易斯（Joe Louis），我下了很大注，結果輸掉了。後來卻發現——多年以後——他根本不是猶太人。

十四歲之前，是一段自己要懂得保護自己的歲月，而這絕不是個小問題。街坊不安寧，出了家門，即便只是一小段路都有危險。走出店來，轉角就是賽文電影院，我一個星期去三次，每個場次放兩片，換句話說，我一個星期看六片，一般都是西部片，要不就是二戰電影。我去看電影，父母親通常都是一口答應，他們估量，我在戲院裡最安全。依我的想法則是，只要我在圖書館、電影院，或是在樓上看書，他們就會放心，因為這樣一來，每個星期至少有十五到二十小時，我是遠離危險的。

但威脅時時都在。十一歲時，一個星期六晚上，我在店裡打工，母親叫我去同一條街上隔四家店面的藥店幫她買咖啡蛋捲冰淇淋。我們店的隔壁是一家中國人開的洗衣店，再來是一家理髮店，窗戶上貼著各式髮型的泛黃圖片，然後是一家裡面堆得滿滿的小五金行，最後，就是那家藥店，除了賣藥之外，有一排用餐櫃台，配八條小高腳凳，賣些三明治和冰淇淋。接下咖啡蛋捲冰淇淋，付了一角錢（二球五分錢，但母親通常都要兩球），剛走到外面，四個白人青少年，看起來都大我一、兩歲，凶神惡煞般圍上來。我們住的是黑人區，白人成群而來的情況很少見，也相當危險，通常表示有麻煩了。

「啊哈，誰的蛋捲冰淇淋呀？」一個男孩咆哮著，小眼冷酷，一臉繃緊，一身水手服，脖子上圍一條雜色大手巾。

「我媽媽的。」我咕噥著說，四下瞄著，尋隙脫身。

「你媽咪的？很好，你自己怎麼沒有呀？」說著，抓住我的手就要往我的臉上甩過來。

就在那當兒，一群黑人小孩，都是我的朋友，剛好轉過街角走來，看到那情形便圍了上來。其中一人，里昂，湊近來對我說：「嗨，歐弗，何不給這個蠢蛋一點顏色瞧瞧，你可以的。」然後他小聲說：「用我教你的上鉤拳。」

就在那當兒，我聽到沉重的腳步聲，看到父親及威廉——他的送貨員——跑過來。父親抓住我的手，拉著我就走，回到店裡。

當然，父親做的是對的，若是我，為了我的兒子，我同樣也會這樣做。置身街頭的種族戰爭中，這是任何父親唯一能做的。但每每回顧這事，對他的解救我卻不免遺憾。我是真的想揍那個傢伙，狠狠給他一記上鉤拳。以前，我從沒和什麼惡霸面對面過，那一刻，我的朋友四下裡圍著，他們會保護我，這可是最好的機會了。那男孩子看起來年紀雖然大些，身材卻和我差不多，我估量著，若跟他動手，自己應該可以佔到上風。最壞的結果會是什麼？鼻子流血，眼睛黑青——至少也是給自己堅守陣地來點不一樣的小獎勵。

我明白，那種大人的行為模式十分複雜，起因絕不單純，但我始終相信，我處理憤怒時的焦慮，碰到對立乃至激烈辯論時的逃避，以及對衝突與爭論勢所難免的行政職務避之惟恐不及，若不是許久以前父親和威廉那天晚上將我拉出了那場打鬥，一切都會有所不同。但我也明白，我成長於一個缺乏安全的環境，商店窗戶都裝了鐵欄杆，危險處處，歐洲猶太人屢遭追殺的故事如影隨形。父親唯一教我的就是走為上策，就是逃。

＊＊＊

寫到這裡，心中浮現另外一個場景：母親和我去看電影，進到賽文戲院時，電影剛要開演。她很少和我一同去看電影，尤其是星期六下午時分，但她崇拜弗萊・阿斯泰爾（Fred Astaire），只要是他的片子，幾乎都不錯過。但我不喜歡和她同行，她不懂禮貌，常常得罪人，什麼時候會出什麼事，我一點把握都沒有，最擔心我的朋友會碰到她。進了戲院，她看準了中間一排的兩個位子，一屁股坐下去。空位子旁邊坐著一個男孩，說道：「嘿，小姐，這位子我先佔了。」

「啊，好大的來頭呀，這位子他佔了。」她回答，拉開嗓門讓附近所有的人都聽到。這時侯，我真恨不得拉起衣服蓋住頭把自己藏起來。就在這當兒，男孩的同伴來了，兩個人一臉的憤憤不平，咕噥著移到靠邊的一排。電影開始不久，我偷瞄他們，男孩狠狠瞪我一眼，惡狠狠地說：「你等著，我會討回來的。」

也正是這個男孩，把母親的蛋捲冰淇淋往我臉上甩。他無法從我母親身上討回來的，擺在心裡，靜候時日，等我落單。知道那冰淇淋是我母親要的，對他來說，那可真是雙重樂趣，好個一魚兩吃！

所有這一切，聽起來有如發生在眼前，情節絲絲入扣。我們自圓其說，把故事編得天衣無縫，還真是無所不用其極！但事實真是如此嗎？如今，七十年過去了，我還真不希望把「真相」挖掘出來，但話又說回來，我那一刻的強烈情緒，包括想要打架的衝動以及不知所措的感受，或許已經莫名其妙地混在一塊了。但真的是這樣嗎？天哪，這會兒我還真無法確定，那真的是同一個男孩子嗎？還有，時間順序到底有沒有弄錯：在我的印象裡，冰淇淋事件也有可能是發生在電影院事件之前。

隨著年華老去，對於這些問題的答案，我越來越無法確定。我嘗試著去捕捉年輕時的一些事情，但當我向姊姊、堂表兄弟及朋友確認時，卻發現我們的記憶竟是如此的天差地別。另一方面，在我的日常工作中，我幫助病人重建他們的早年生活，也越來越相信，所謂的真相，其本質不僅脆弱而且變動不居。毫無疑問地，記憶也就是這麼一回事，其不真確遠遠超出我們的想像。

09 紅色桌子

我的辦公室兼做診療室，距離住家約五十公尺，但兩棟建築周圍植被茂盛，彼此幾乎看不見。白天，我大部分時間待在辦公室，整個上午寫東西，下午看病人。覺得待不住了，就信步到戶外，觀賞盆栽，修剪花木，澆澆水，想些要向盆栽師傅克莉絲汀請教的問題。她是女兒的好朋友，就住在附近，不過幾條街遠。

傍晚，騎完腳踏車，或和瑪莉蓮散步後，剩下的時間我們就在書房休息、看書、聊天或看電影。房間有大落地窗，望出去是一片清幽的紅木庭院，綠草如茵，一個紅木熱水浴池，加州橡樹環繞。書房四壁，圖書上千，布置隨意，加州風格，一張「靠背」皮椅，一張沙發，寬鬆的罩子，紅白相間。房間一角，與這一切形成強烈對比的，是母親那張堂皇的仿巴洛克桌子，紅皮桌面，黑色金色有曲線的桌腳，四張搭配的椅子，紅皮椅面。一如七十年前，在那張桌子上，我與孩子們下棋，玩桌上遊戲，星期天上午也曾和父親在那上面下棋。

瑪莉蓮不喜歡這張桌子——它和我們家裡任何東西都搭配不來——曾經想盡辦法要將之

逐出家門，但很早就放棄了。她知道，這桌子對我意義重大，同意留它在屋裡，但永遠放逐到房間的邊邊角角裡。這桌子，和我人生中最重大一件事有著關聯，無論什麼時候，只要看到它，懷舊、恐怖與解脫的情緒便一湧而上。

＊＊＊

以十四歲生日為界，我早期的人生分成兩個部分。十四歲之前，我都和父親、母親及姊姊住在雜貨店樓上，窄小而簡陋。住家儘管就在店的上一層，但大門卻是在店外，在屋子的轉角。進門，有一小門廊，讓煤伕送煤用的，因此，門不上鎖。天冷的時候，一、兩個醉鬼睡在地上是常有的事。

雜貨店樓上住家的大門，1943

上了樓梯，才是進二樓的門——我們的那一扇俯瞰第一街。進到屋裡，有兩個臥室，一間是父母的，一間是姊姊的，我睡小小的餐廳，一張長椅，可以轉變成床，十歲時，姊姊進了大學，我才接收她的房間。廚房也小，裡面一張小桌，我吃飯都在那兒。整個童年，從來沒有，一次都沒有，和母親或父親一同用餐過（星期天除外，那一天我們和整個家族一起進食——大約十二至二十人）。平常，母親煮好食物，放在爐子上，姊姊和我就著廚房的小桌子就吃了。

住的方面，我的朋友全都差不多，所以，我也從不指望有個比較好的環境，但我們家卻有一樣經常出沒的恐怖動物：蟑螂，而且無所不在，再多殺蟲劑也無濟於事——嚇得我要死，直到今天還怕。每天晚上，母親會在床腳擺上碗，裡面添滿水，有時候是煤油，防止牠們爬上床。但牠們照樣從天花板上掉下來。到了晚上，燈一關，整個屋子就成了牠們的天下，可以聽到牠們在小廚房地板鋪的油氈上奔跑，害得我晚上連廁所都不敢上，只得在床邊放個尿壺。記得有一回，大約十歲、十一歲時，我在客廳看書，一隻大蟑螂從房間另一頭飛過來，落在我腿上（沒錯，蟑螂會飛——雖不常見，但確實能夠！）嚇得我狂喊大叫，父親趕過來，一掌拍落，踏在腳下。踩扁的蟑螂最是噁心不過，我趕忙拿去廁所丟掉。父親安撫我，但他總不明白，不過就一隻死蟲子，我居然害怕成那副德性（我的蟑螂恐懼症依然，進入了潛伏期，但已久未發作，帕羅奧圖太乾燥，不適蟑螂生存，半個世紀下來，連一隻都沒見過——加州生活的一大紅利）。

然後，有一天，我十四歲那年，母親告訴我，幾乎是隨口說說，她買了一戶房子，我們很快就要搬家。接下來，我記得的是，走進新家，位在一條漂亮安靜的街上，離石溪公園（Rock Greek Park）只有一街之遙，兩層樓房，高大氣派，三個臥房，地下室有一間休閒室，屏風門廳，小小一方草坪，圍以樹籬。搬家這回事全是母親的主意，她買下房子，父親根本連放下店子去看一眼的時間都沒有。

家是什麼時候搬的？有看到搬家工人？對新家的第一印象如何？第一晚怎麼過的？還有，永遠揮別了蟑螂窩、羞辱、骯髒、貧窮，以及睡在門廊裡的醉鬼，心裡那份狂喜是個什麼滋味？照講我一一都經歷了，但記得的卻不多。或許是我剛升上九年級，又轉到新學校，要交新朋友，整個人太過於忙亂所致。記憶與感情有著一種曲線關係：感情太多或太少，於記憶都有所不利。我只記得自己在乾淨的屋子裡和院子裡走進走出，滿懷驚喜。我一**定**得意洋洋邀請朋友來過我家，也一**定**多些安心，少些驚嚇，睡得更安穩，但這些都是想當然耳。那一整段時間，我記得最清楚的，莫過於母親得意洋洋談起她買了那張紅色桌子的事。

她決定什麼都要買新的，樓上舊家的東西一概不留——家具、床單、桌巾，全都丟掉，除了廚房裡的鍋（我今天還在用）。我們過的那種日子，她一定也受夠了，她內心的想法和感受，儘管從來沒跟我談起過，但那張桌子的事她卻和我講了，而且不止一次。房子買好之後，她跑了一趟馬佐洱百貨店（Mazor's Department Store），一家她朋友都光顧過的大家具店，一個下午就為三個臥房的家訂下了所有東西，包括地毯、屋裡和門廳的家具，以及草坪座椅。售貨員算了一下，很大的一筆訂單，但還沒完，一張堂皇的新巴洛克牌桌，耀眼的紅皮桌面，搭配四張紅皮椅面的椅子，她一眼就看上了，吩咐售貨員把桌子和椅子也加進去。售貨員告訴她，這組桌椅僅此一套，已經售出，抱歉，萬分的抱歉，沒有別套了——已經停產。母親二話不說，叫售貨員把全部訂單取消，拿起錢包，準備走人。

她也許是來真的，也許不是。但不管怎麼說，她的行動生效。售貨員投降，桌子是她的了。我服了，老媽，好大膽的以退為進——我玩撲克多了，但這招以退為進算是我聽過最神奇的了。有的時候，心血來潮，我還真想拿那個沒能得到這張桌子的家庭來寫一篇小說。這個構想很有一些看頭，我會從兩個角度切入：母親的以退為進，大獲全勝，以及另一個家庭的失望。

我仍然保留著這張桌子，儘管妻子不認同，總覺得它在家裡跟什麼東西都搭不上。至於我，雖然也覺得它在美學上明顯有其缺點，但卻充滿著我和父親、伯叔，以及後來我的孩子及孫子下棋的回憶。高中時候，我參加棋隊，穿一件上面印著一顆大棋子的運動衫，神氣得不得了。隊上五名成員，出戰華盛頓特區所有的高中，首局都是由我上陣，高三那年，從未嘗過敗績，還自以為是華盛頓特區青少年組冠軍。但我也沒有挑戰過更高的層級，部分原因在於叔叔亞伯，居然有人想要訂棋賽的票，他覺得可笑，尤其是開幕戰。我記得，他指著我的腦袋，鄭重其事地說我「klug」（聰明），叫我善用亞隆家的「kopf」（頭腦），要用非正統下法困擾對手。結果證明，這建議其實再爛不過。大學預科期間，我就把下棋給戒了，但錄取醫學院之後，透過比賽加入大學棋隊，整個學期都排在第二局，後來，醫學院開始上課，我再度把下棋給戒了，直到開始教兒子維克多（Victor）及瑞德（Reid），才又恢復下棋，他們兩個都成為優秀棋手。但話又說回來，自己真正比較認真下棋，還是最近幾年的事，我開始和一位俄羅斯大師上課，注意自己在網路上排名的上升，但畢竟太遲了，我怕自己日益衰退的記憶力，才是一個打不敗的對手。

這個家如果靠父親的話，我們可能一輩子都得住在店裡。對於環境，他幾乎全然無感。衣服都是由母親替他買好，星期天我們要出去時，穿哪一件，甚至領帶，也都要由母親打點。

父親有一副好嗓子，我特別喜歡家庭聚會時聽他和魯帕阿姨合唱意第緒歌。母親卻對音樂一竅不通，從沒聽她唱過一句——這一點，她倒是遺傳給了我。星期天上午，父親和我幾乎都在下棋，在那張紅色巴洛克桌上，他總會在留聲機上放意第緒歌曲並跟著唱，直到母親尖叫：「夠了，班，夠了！」他也總是乖乖服從。每碰到這種時刻，我也最失望，恨不得他堅守自己立場，跟她對著幹。但從未發生過。

＊＊＊

母親是個好廚子，我常懷念她燒的菜，每逢這種時候，就自己動手複製，用她那沉重的鋁鍋。那些鍋子我特別有感情。食物用它們煮出來，味道就是好些。孩子們也都想要，但我留著不給。

搬新家後，母親每天煮好飯菜，然後開二十分鐘車去店裡，一整天都待在那裡。我熱好食物，自己一個人吃，一面看書（姊姊已經開始在馬里蘭大學念書）。父親回家來吃，小睡一會兒，但我們很少同桌。

布萊登台瑞斯（Blagden Terrace），新家的街名，沿街，都是高大的西克摩槭樹和漂亮的大房子，以及和我同年齡的孩子。到那兒第一天所受到的歡迎，迄今記得。正在街上玩觸身式橄欖球[1]的青少年向我揮手，他們正需要人手，二話不說，我立即加入。同一天，稍晚，我看到街道的正對面有一老一少在自家草坪上玩接球，小的是十三歲的比利．諾蘭，老的是他的祖父，我後來才知道，老爺爺曾經擔任過波士頓紅襪隊的投手，我和諾蘭一拍即合，一起打了不少次棒球。我也記得第一次在街坊間閒逛的情形。一家人家的前院有一口小池塘，塘裡有睡蓮的浮葉——這一發現可不得了，因為我知道，水中可以採集的東西不少：水面有大把漂浮的蚊子幼蟲，睡蓮葉子底下可以刮到不少阿米巴原蟲，足夠我顯微鏡用的。

問題是，要如何收集這些標本？要是在以前的舊家附近，只要等到晚上，偷摸進院子，從池塘裡偷拿些可有可無的生物也就成了。但到了這裡，該怎麼行動，我心裡還真沒個譜。

布萊登台瑞斯及周遭的環境頗有田園風味，沒有汙穢，沒有危險，沒有犯罪，還有，聽不到反猶言論。堂兄弟傑伊（Jay）也搬來這一帶，距離不過四條街，我們時相往來，成了終生至交。石溪公園離我們家只有兩條街，有小溪，有步道，有棒球場及網球場。街坊間幾乎每天放學後都玩球，直到夜幕低垂。

老鼠，掰了！蟑螂、犯罪、危險、反猶的威嚇，全都掰了。如今我

作者父母攝於布萊登台若斯街的住家前，華盛頓特區，1947

的生活丕變，店裡若缺人手，偶爾會回去幫忙，但大部分時間，那個邋遢的生活環境我已經拋諸腦後，再也不需要為自己住的地方撒謊。茱蒂．史坦伯格，我在夏令營認識的女朋友，可以來我新家了，只要她答應！

Notes

1 觸身式橄欖球（touch football）：一種非正式橄欖球，守方球員一旦用手觸碰而非擒抱攻方持球隊員，比賽便要暫停。

10 認識瑪莉蓮

凡是我教出來的治療師，我都鼓勵他們要做個人治療：「你自己的『自我』是你所擁有的一項利器，一定要盡一切所能了解它。不要讓你的盲點妨礙了你對病人的瞭解或與他們的共振。」從十五歲起，我就和一位女性緊密相連，從那以後，我們相互扶持，全心投入到一個大家庭中，我不免懷疑，在這個世界上，我真能一人獨活嗎？

我常常這樣想，我的人生歲月，在認識瑪莉蓮之前，全然是黑白的；自她進入我的生命後，彩色滲透進來。我們的第一次見面，在我的記憶中清晰異常。當時，我讀羅斯福高中十年級，搬到新家六個月左右。一個星期六的傍晚時分，剛在保齡球館賭了兩個小時，路易・羅森陶（Louie Rosenthal），我的一個球友，說瑪莉蓮・柯尼克家有個派對，就在這附近，建議我們一起去。我這個人生性內向，對派對並不十分熱中，何況又不認識瑪莉蓮——她念九年級，晚我半個學期——但反正沒有其他的事，我也就答應了。

她的家，尋常磚屋，位在第四街，介於法拉格特（Farragut）與加勒廷（Gallatin）之間，跟街上其他房子長得一個樣子，上幾個台階，有個小小的前廊。我們還沒走到，遠遠就看見一堆人，都是我們這個年齡的小夥子，聚在台階和前廊上，等著進門到屋裡去。我這個人不喜交際，一見這情形，掉頭就走，打道回家，但球友路易鬼點子多，一把抓住我的膀子，指著正對門廊的前窗，提議打開窗子爬進去。跟著他，我越窗而入，穿過人堆，來到門廳，只見一群人團團圍住一個少女，身材嬌小，儀態萬千，端莊大方，淺淺金髮披肩。「就是她了，小個頭的那個，瑪莉蓮・柯尼克。」路易說完，逕自鑽進隔壁房間去找喝的。至於我，我說過，我生性怕羞，但那天晚上卻連自己都給嚇到了，非但沒有掉頭越窗而走，反而排開眾人直接朝女主人而去。走到她跟前，不假思索，劈頭就說：「嗨，我是歐弗・亞隆，剛爬你家窗戶進來的。」一在她的注意力轉移到別人身上之前，我還講了些什麼，不記得了，但我知道，這下子完蛋了：我就像一根被磁鐵吸了出來的釘子，瞬間湧起一種感覺，不，不只是感覺，而是**判決**：在我的生命中，她將扮演重大的關鍵角色。

隔天就打電話給她，緊張兮兮地，第一次打電話給女孩子，邀請她看電影。那是我的第一次約會。我們聊了些什麼？我記得她告訴我，她熬夜看《飄》（*Gone with the Wind*），結果第二天連課都沒去上。我心想，真是太美妙了，我簡直不敢相信。我們都喜歡看書，很快就討論起書來。基於某種理由，她對我熱衷於中央圖書館的傳記，顯然滿感興趣。怎麼想也想不到，我的A到Z的傳記探險居然會那麼好用！我們互相推薦書——當時我正狂讀約翰・史坦貝克（John Steinbeck），而她正在讀的卻是我從來沒想過的——《簡愛》及《咆哮山莊》。我喜歡詹姆斯・法瑞爾（James Farrell），她喜歡珍・奧斯丁（Jane Austine），湯瑪斯・吳爾夫（Thomas Wolfe）我們兩個都喜歡——有的時候，我們為對方大聲朗讀《天使望鄉》（*Look Homeward, Angel*）中優美的段落。約會不過數次，我和傑伊打賭三十元，我定會娶她為妻。婚禮當天，他認輸付錢！

至於她，又該怎麼說呢？我寫這回憶錄時，重溫年輕時的自己，才知道自己真是一塌糊塗，成天終日就只會怨自己未曾得遇明師，這會兒卻如大夢初醒：其實，我是有明師的。那就是瑪莉蓮。我的直覺告訴我，她是特別為教化我、提昇我而出現的。她的家庭背景和我的十分相似，和她相處，我覺得自在。但在某些方面卻也有所不同，她的父母也是東歐移民，但早我們一、二十年，而且受過世俗教育。她父親十幾歲就來了，但當時的經濟不似我們來時那樣緊縮。他受過教育，浪漫開朗，喜歡歌劇，和他心目中的英雄華特・惠特曼（Walt Whitman）一樣，走遍這個國家，為了養活自己，再怎麼苦的工作都做過。瑪莉蓮的母親瑟莉亞，成長於克拉科夫[1]，美麗親切，絲毫不見我母親的那種怨憤與暴躁。兩人婚後，開了一家雜貨店，我和瑪莉蓮認識數年之後才知道，它和父親的店居然只隔著一條街。我走路或騎車經過那家小雜貨店，只怕有好幾百次吧。但她父親有遠見，不讓家人生活在那個混亂、危險、與貧窮為伍的環境，因此，瑪莉蓮在一個小康的中產階級環境中長大，幾乎從未涉足父親的店裡。

我們開始約會後，雙方父母見過許多次，很難理解的是，她的父母對我的雙親倒是敬重有加。她父親看出我父親是個十分成功的生意人，同時也注意到，我母親心思敏銳，是推動我父親成功的力量。不幸的是，我二十二歲那年，瑪莉蓮的父親過世，使我失去了多認識他一點的機會，但不管怎麼說，我看的第一場歌劇《蝙蝠》（*Die Fledermaus*）是他帶我去的。

瑪莉蓮晚我半年進學校，在當時那個時代，畢業典禮有兩次，一在二月，一在六月。認識她沒幾個月，我參加了二月份她在麥法蘭初級中學（McFarland Junior High，就在我讀的學校旁邊）的畢業典禮，聽她泰然自若的發表告別演說，令人驚嘆不已。啊，這個女孩，我欽佩她，我愛她，無以言喻！

整個高中時期，我們形影不離，每天一起吃午飯，從未漏失過一餐，每個週末相聚。對文學，我們都有著強烈的愛好，但各自的其他興趣卻都不甚了了。她很早就深深愛上法國語言、文學和文化，而我則偏愛科學。我所看過、聽過的每個法文字，不管我多麼努力，到頭來還是發音錯誤，而她呢，對她來說，看我的顯微鏡時，所看到的就只是她自己的睫毛。不同於其他同學，我們兩個都喜歡英文課，閱讀指定作業如《紅字》（*The Scarlet*）、《織工馬南傳》（*Silas Marner*）及《還鄉記》（*The Return of the Native*），我們都愛不釋手。

高中時有一天，下午的課全部取消，學校放電影，一部一九四六年的英國片：《孤星血淚》（*Great Expectations*）。我們手拉著手並肩而坐。一部至今仍然是我們最愛的電影，幾十年下來，我們提過可能不下百次。這部片子為我打開了狄更斯的世界，沒有多久，就狼吞虎嚥讀遍了狄更斯的所有作品，之後又多次重讀。多年之後，我常在美國、英國演講及旅行，養成了一個習慣，每到一地，就四處探訪舊書店，搜購狄更斯作品的初版珍本。直到今天，這還是我唯一的收藏。

即便是那個時候，瑪莉蓮的可愛、聰明與善於應對已經使她贏得所有老師的喜愛。那些年裡面，我的表現也不俗，但卻從來沒有哪一個人會認為我可愛。我是個好學生，在科學乃至英文上都表現傑出，戴維斯小姐不時稱讚我的作文，並將之貼在公佈欄上，但這卻只會增加我不受歡迎的程度。倒楣的是，到了十二年級，英文換成馬考萊小姐來教，她也是瑪莉蓮的老師，對她讚譽有加。一天，在走廊上，她見我靠在瑪莉蓮的儲物櫃上跟她聊天，從此以後，就給我冠上一個「儲物櫃牛仔」的稱號。她就是容不下我和瑪莉蓮要好，在課堂上，一點機會都不給我。我寫的作業，她動輒批評嘲諷，絲毫不留情面。上《李爾王》（*King Lear*）時，她譏笑我表演僵硬，活像個報信的號子。最近，我兩個孩子翻閱我們櫥櫃裡的舊東西，看到一篇我寫的棒球文章，筆下熱情洋溢，馬考萊小姐卻給了個C+，看到她給我的評語不是「愚蠢！」就是「瑣碎小事，浪費熱情」，都為我憤憤不平。沒錯，我寫的可都是巨星級球員，諸如搖擺迪馬喬[2]、費爾・里茲圖[3]、金剛凱勒[4]、冒煙的喬佩吉[5]及「老可靠」湯米・亨里奇[6]。

從十五歲起，我就擁有了瑪莉蓮，這天大的幸運我始終未敢或忘。是她，提升我的思想，督促我上進，做我的榜樣，知道感恩、懂得放手，知所奉獻，無愧於心。真的要謝謝你，路易，天涯海角，無論你身在何處，謝謝你帶我越窗而入。

Notes

1 克拉科夫（Krakow）：波蘭第二大城，也是波蘭舊都，位於波蘭南部。

2 搖擺迪馬喬（Jolting Joe DiMaggio, 1914-1999），原名 Giuseppe Paolo DiMaggio 是一位大連矇生涯都在紐約洋基隊度過的明星中外野手。搖擺迪馬喬為球迷給的暱稱。

3 費爾・里茲圖（Phil Rizzuto, 1917-2007），紐約洋基隊游擊手。

4 金剛凱勒（King Kong Keller, 1916-1990），原名 Charles Ernest Keller，紐約洋基隊及底特律老虎隊球員。

5 冒煙的喬配吉（Smoking Joe Page, 1917-1980），原名Joe Page，紐約洋基隊及匹茲堡到隊球員。

6 「老可靠」湯米・亨里奇（"Old Reliable" Thommy Henrich, 1913-2009），原名 Thomas David Henrich，紐約洋基隊球員。

11 大學歲月

兩年前，我和老朋友賴瑞．查洛夫（Larry Zaroff）坐在索薩里托（Sausalito）一家咖啡館，眺望著舊金山灣，看著海風強勁拍擊海鷗，索薩里托渡輪曲折駛來，漸漸隱入城市。我們回憶著大學生活。想當年，在喬治華盛頓大學（George Washington University），我們一同修過大部分的課——苦不堪言的課程諸如生物化學、定性分析以及比較解剖學，課堂中我們解剖了一隻貓的每個器官和每條肌肉。記憶中，那些狠命費力、拖著拉著才走過來的日子，對我來說是人生中最為緊張辛苦的時期，這時候，賴瑞突然講起了一次瘋狂的聯誼會派對，滿是喧鬧、痛飲、開放的大學女生。

有如一隻聳起了毛的貓，我問：「聯誼會？哪個聯誼會？」

「TEP，那還用問！」

「你說什麼來著？」

「Tau Epsilon Pi[1]。你今天怎麼了，歐弗？」

「我怎麼了？我還真有點火了，大學時候，你我朝夕相處，卻從未聽說喬大有個聯誼會，居然沒找我，你為什麼不找我？」

「歐弗，你怎麼指望我記得呀？現在是二〇一四，我們進喬大是一九四九耶。」揮別賴瑞，我打電話給華盛頓特區的賀伯・寇茲（Herb Kotz）。大學時，賀伯、賴瑞和我同進同出，我們修的每一門課，前三名都是我們三個，我們開車上學，一起吃飯，幾乎天天如此。

「賀伯，我剛和賴瑞聊天，他告訴我，在喬大他參加過一個聯誼會，TEP，你知道嗎？」

「啊，有的，我也是TEP的會員。」

「什麼？你也是？我不信，你們怎麼沒找我加入？」

「那麼久了，誰還記得呀？我可能有找過你，但我們的那個星期五派對，除了啤酒還是啤酒，偏偏你討厭啤酒，你那個時候又不泡妞——就只知道死守著你的瑪莉蓮。」

這件事我多少有點耿耿於懷，直到幾個月前，家裡大掃除，瑪莉蓮翻出了一份一九四九年的邀請函，邀請我加入TEP，還附了一張會員證，沒錯，我也是這個聯誼會的一員，只不過從未參加活動，事情就此從記憶中抹除。

＊＊＊

這件事充分說明了我在喬治華盛頓大學時期的緊張與焦慮，雖然從家裡通車只要十五分鐘。有些人，回憶中的大學生活充滿了愉快的的經驗——譬如說，班風、室友成為終生知己、哥兒們之間的惡作劇、與教授亦師亦友的關係，以及類似《春風化雨》（*Dead Poets Society*）[2]中的祕密社團——所有這些，即使到了今天，我還是羨慕不已。因為，這一部分的生活我是完全錯失了，不過，我也明白，我之所以如此焦慮，如此不滿意自己，沒進常春藤大學也是原因之一：那樣的大學場景，我懷疑自己消受得了，甚至存活得下去。

在治療工作上，我也常見到病人在他們的孩子走過人生不同階段時，也回想起自己同樣階段的時日，這種情形令我印象深刻。多年前，當孩子念高中準備要進大學時，我就有過類似情形，等到孫子戴斯蒙要上大學時，同樣情形又來了。他和他的同學，在選擇學校時居然有那麼多的可用資源，令我驚羨不已。戴斯蒙有學院顧問，有前百名小型文理學院（liberal arts college）[3]入學指南，可以和學院招生小組面談。在我們那個時代，我不記得有什麼指導：高中沒有學院顧問，當然，父母親戚也沒有人懂得整個程序。此外，非常關鍵的是，我就讀的高中或街坊間，我所認識的人當中沒有一個是到外地去上大學的，大家都選擇兩間在地學校——馬里蘭大學（Uiversity of Maryland），或喬治華盛頓大學（在那個時代，兩家都是大而無當，沒有什麼特色的機構）。姊夫莫頓．羅斯（Morton Rose）的影響很重要。我非常敬重他，他是一個傑出的醫生，大學部和醫學院都念喬治華盛頓大學，我心想，喬治華盛頓既然可以教育出他這樣的人，應該也滿適合我。就這樣，我被說服了。

最後，我的高中給了我一份獎賞，艾瑪．卡爾獎學金（Emma K. Karr Scholaeship）——喬大全額獎學金——問題就此確定，儘管一年的學費不過區區三百塊錢而已。

當斯時也，我的感覺是，自己的一生，我的整個未來，進入了戰鬥準備。打從十四歲認識曼徹斯特醫師起，我就已經告訴自己，將來要進醫學院。但任誰都知道，醫學院對猶太學生有百分之五的嚴格限額；喬治華盛頓醫學院每年招收一百人，給猶太人的名額只有五個。高中時我參加的猶太學生聯誼會（Upsilon Lambda Phi）[4]，才智出眾、打算先修預科再申請醫學院的高年級生就超過五個，更何況在華盛頓地區，這樣的聯誼會有好多個。競爭之激烈由此可見一斑。因此，從進大學第一天起，我就為自己定下一個戰略：排開一切，發狠用功，爭取最高成績，要讓醫學院非我不取。

結果顯示，我還真是吾道不孤。我認識的那些年輕小夥子，一次世界大戰後歐洲猶太移民的子弟，全都認定行醫才是理想的行業。萬一進不了醫學院，接下來的才是牙醫學院、法學院、獸醫學院，最後，對我們這種理想主義者來說，最不得已的一條路，就是跟著自己的老爸去做生意。當時，有句流行的玩笑話：當不成醫生，失敗的人生。

我決定進喬大，父母都不曾介入。那段時間我們很少溝通，家裡到店裡開車要三十分鐘，除了星期天，我難得見他們一面，甚至連句有意義的話都講不上。母親那邊，自從她把父親心臟病的事怪到我頭上後，我就多年沒怎麼跟她說話。當時，我決心保持距離，保護自己。父親和我雖然比較有話講，但他實在太黏母親了。

記得高中高年級時，開車載母親去店裡，剛到軍人之家公園一帶，離店裡只有五分鐘路，她問起我未來的計畫。我告訴她，明年準備上大學，決定念醫學院。她點頭，看得出來非常滿意，但那以後就沒有下文了，關於我的未來，我們再也沒有提起過。現在想起來，我不免琢磨，她和老爸是不是自慚形穢，覺得我不再屬於他們，因為文化上的差距，他們已經失去了我。但我理所當然認定，我念大學和醫學院的學費及其他一切開銷，他們一毛錢都不會少給。不論我們的關係如何，依父母所受的教養，要他們不那樣做，那才真是無法想像，而我對自己的孩子，也追隨他們。

因此，對我，以及那些和我最要好的朋友，上大學之類的事並不是夢寐以求的目標，而是一道障礙，愈早跨越愈好。一般來說，要進醫學院，必須先經過大學部四年，取得學士學位，但有的時候，醫學院也接受特別傑出的申請者：大學部三年，前提是修完所有必修課，我，以及我的同儕，選擇了這條路，不選修別的，專攻預科必修課程：化學、生理學、生物學、物理學、脊椎動物解剖學及德文。

大學生活我記得哪些？大學部三年，我只選修過三門課，全都是文學。住在家裡，生活起居一成不變：用功，牢記，實驗室實驗，熬夜準備考試，一週七天讀書。

為何如此狂熱至此？為何這樣拚命？對我，或我那些志同道合的朋友來説，為了這件大事，當今所謂的「空檔」（gap）年——參加和平工作團（Peace Corps，當年還沒有）之類的組織，或出國投入人道救援志工，又或如我的孩子及他們的同儕，各種選項隨心所欲——根本都無法想像。對我們來説，申請進醫學院的壓力無所不在，醫學院之外，我們什麼都不放在心上。但我卻還有別的壓力：我要保住瑪莉蓮的感情。我一定要成功，讓她知道，我會擁有一份穩定的職業，成為一個有出息的人，説服她願意嫁給我。她晚我半年畢業，在法文老師力勸下，申請了衛斯理學院（Wellesley College），並立即錄取。高中高年級時，聯誼會學姊勸她，她還年輕，不要那麼早就定下來，應該，至少偶爾，出去交交其他男生。這讓我很不爽，她約會過的兩個男生，到現在我都還記得他們的名字。等她去了衛斯理，我害怕失去她，變得極端焦慮：她一定會碰到常春藤盟校的男生，我自覺不是對手，經常寫信給她，表達內心的憂慮，覺得我不太可能有太多時間放在她身上，她會因此交別的男人，我會失去她。那段時間，我全副生命都放在預科的自然科學上，她對這些卻沒有絲毫興趣。她的信我都保存下來，數年前，衛斯理學院校刊《衛斯理》（*Wellesley*）選刊了不少。

＊＊＊

那些年我焦慮不堪，極難入睡，到了應該找治療師的程度，但那年頭不信這一套。話又說回來，那時候，如果我去找了一個像我這樣的治療師求助，在我的想像中，對話應該會是這樣的：

亞隆醫師：在電話中，你說你焦慮到幾乎無法承受，這一點，多談談。

歐　文：看我的指甲，都咬到肉了。我覺得很丟臉，只要跟別人在一起，就要把指甲藏起來，你看！胸口緊得彷彿鉗子夾住，睡眠一塌糊塗，我用迪西卷（Dexedrine）和咖啡提神，開通宵夜車準備考試，現在沒有安眠藥就無法入睡。

亞隆醫師：你服的是什麼？

歐　文：速可眠（Seconal），每天晚上。

亞隆醫師：誰開的處方？

歐　文：偷我爸媽的。如果我記得沒錯，他們每天晚上都要吃一顆速可眠，我懷疑失眠或許也是遺傳。

亞隆醫師：你說，這一年來你學業壓力很大。前些年，譬如說高中時候，睡得怎樣呢？

歐　文：有時候性壓力很大，必須手淫才能入睡。但一般來說，這一年之前都睡得不錯。

亞隆醫師：你這不就回答了失眠與遺傳關係的問題了。你認為你的同學都和你一樣有焦慮和睡眠問題嗎？

歐　　文：我不認為——據我所知，非猶太裔的預科生都不會。他們顯然比較放鬆，有一個是喬大棒球隊投手，其他的，不是趕約會就是忙聯誼會活動。

亞隆醫師：由此可見，既不是遺傳也不是環境，而是個人的問題，甚至可以這樣說，是你個人回應環境所造成的結果。

歐　　文：我知道，我知道——我走火入魔。我用功過度，為我選修的每個科目，為每次的考試。不管什麼考試，成績一貼出來，我就去看班上的曲線，看自己的分數，我遙遙領先，得到A。但我要的是萬無一失：我走火入魔了。

亞隆醫師：為什麼這樣走火入魔？背後的癥結何在，你知道嗎？

歐　　文：這個嘛，有一件事情，猶太人錄取醫學院有百分之五限額，光這一點，壓力就夠大了。

亞隆醫師：但你說你用功過度，光是A還不足夠——你要「超A」。你那些猶太裔好友和你處於相同情況，他們也一樣走火入魔？

歐　　文：他們也非常用功。我們常在一起讀書。但他們不像我這樣走火入魔，或許家庭生活比較愉快，生活中有其他事情可做，約個會，打打棒球——我覺得他們的日子過得比較均衡。

亞隆醫師：你的均衡呢？什麼個情形？

歐　　文：大概讀書八十五趴，擔心十五趴。
亞隆醫師：擔心十五趴，是擔心醫學院入學嗎？
歐　　文：沒錯，但還有別的——我和瑪莉蓮的關係。無論如何，就算是要我的命，我也要和她共度終生。整個高中時期，我們都穩定走了過來。
亞隆醫師：你現在見得到她嗎？
歐　　文：她在麻州念衛斯理，還要四年，但我們寫信，隔天一封，有時候打電話，但長途實在太貴。這方面我媽摳得很緊。瑪莉蓮喜歡衛斯理，大學生活已經進入軌道，包括認識其他男生，每次她暗示有哈佛男生約她出去，我都快瘋了。
亞隆醫師：你害怕？
歐　　文：沒錯——她會認識別的男生，本錢比較雄厚——人長得比較帥，家庭比較有地位、比較有品味，前途不可限量——諸如此類。
亞隆醫師：你沒有本錢嗎？
歐　　文：正因為如此，進醫學院對我來說就是一切。我不覺得自己手上還有別的本錢。
亞隆醫師：你有和別的女生約會嗎？
歐　　文：沒有，我沒時間。
亞隆醫師：所以你過的是一種修道院生活？但那一定很苦，特別是她不在的時候。

歐文：正確！換句話說，我很穩定，但她不是。

亞隆醫師：這幾年還得要壓抑性衝動。

歐文：的確，我都瘋了一半了，有的時候，瘋了四分之三。但我能怎麼辦？總不能去找個女孩跟她說：「我愛的人不在身邊，我找妳，要的就只是性。」因此，我用騙的？但我這個人，不擅長做這種事。我不是你們所謂圓滑的那種人，就目前來說，我等於是被判禁慾，整天做白日夢，碰到一個漂亮風騷的鄰家婦人，丈夫出遠門，渴望性。那才真是完美。鄰家點心尤其佳，因為連交通時間都可免了。

亞隆醫師：歐文，我不得不相信你還真是多吃了好些不必要的苦。我認為，做些治療對你會有好處——你的焦慮壓力太大，我們有許多功課要做，以瞭解為什麼你的生活會這樣失衡，為什麼你要過度用功，為什麼你會覺得自己的本錢不夠雄厚，為什麼你會把這樣多的心思放到這女子身上，甚至於有把她給逼走的危險。我相信我能幫助你，我建議我們現在就開始，每星期兩次。

歐文：每星期兩次！來這裡，要花掉將近半個小時——回去又是半個小時。也就是說一星期四個小時，而我幾乎每個星期都有考試。

亞隆醫師：我料到你會有這樣的回應，所以我另外有個想法。有一件事你雖然沒講起，但我的直覺告訴我，在學醫的過程中，你會發現精神醫學自有其別於一般的好處，既然如此，我們兩個在一起花掉的時間就會有雙重作用：花這些時間不僅對你有幫助，還可以強化你對這個領域的了解。

歐　文：你講的好處，我懂，但這種未來的事似乎也太……太……未來式了。現在焦慮是我無所不在的大敵，我擔心，我們在這裡談話，為的是緩和我的焦慮，但每星期花掉我四個小時的讀書時間，所製造的焦慮或許只會更多。讓我考慮一下吧！

＊＊＊

如今回想起來，還真希望自己在大學時期就**已經**開始接受治療，但在一九五〇年代，還真不知道有誰在做心理治療。總之，那可怕的三年我走過來了。瑪莉蓮和我暑假都到夏令營擔任輔導員，這對我們的關係幫助極大。那些日子完全沒有學業壓力，對她，我盡情享受愛的付出，照顧年少的隊員，打網球、教網球，交些醫學以外專長的新朋友。有一年，認識了輔導員同事保羅．霍恩（Paul Horn），他後來成為有名的長笛家，我們結為知交，直到他離世。

除了這些夏日插曲外，我的大學歲月還真是乏善可陳，大班制上課，極少和教授互動。但話說回來，課堂緊張歸緊張，乏味歸乏味，我卻發現所有科學課程的內容都極為有趣，特別是有機化學——我發現了苯環之美與單純，兩個合起來卻可以無窮複雜，有趣極了，而且兩個暑假下來，光指導其他學生這科目，就賺飽了口袋。然而不管怎麼說，我最愛的卻是三門選修課——全都是文學課程：「美國現代詩」、「世界戲劇」及「小說的興起」。上這些課讓我感受到生命，享受閱讀，享受論文寫作，大學唯一寫的論文。

世界戲劇是我上過最小班的課——只有四十個學生——但內容引人入勝，在我心目中特別有份量。也正是這門課，在我記憶中留下唯一與老師有過的互動。老師，中年婦人，漂亮動人，金髮紮個頂髻，有一次把我叫到辦公室，談起我關於艾斯奇勒斯（Aeschylus）的《普羅米修斯之縛》（*Prometheus Bound*）的論文，給了極高的評價，說文章寫得極好，想法又有原創性，要我考慮走人文學科的道路。直至今日，她的容顏仍然在我的記憶中發光——她也是我唯一知道名字的教授。

除了德文是B⁺外，我的大學成績全都是A⁺，即便如此，申請醫學院仍然是遍地荊棘。申請了十九家，十八家打回票，一家通過（對喬大醫學院來說，一個在該校大學部平均成績接近四·〇的學生，它根本無從拒絕）。總之，醫學院的反猶限額——到處皆然——並未激怒我，我懵懵懂懂，一如父母親，根本就視之為當然。對於體制的嚴重不公，我從來不是一個抗爭者，甚至從來不生氣。如今回顧起來，我認為自己之所以缺乏義憤，是因為我缺乏自重——我全盤接受了壓迫者的世界觀。

收到喬大的錄取通知，我激動得發抖，至今記憶猶新；那是我人生中最值得興奮的事，立刻撥電話給瑪莉蓮。她倒是淡定，對於我的錄取，她總是成竹在胸。我的生活從此改變——突然之間，時間全都是自己的，拿起一本杜斯妥也夫斯基開始重讀，報名學校網球隊，成功成為校隊一員，參加一場雙打比賽，又加入大學棋隊，在數場校際比賽中擔任次發。

＊＊＊

在我的心目中，醫學院的第一年是我人生中最糟糕的一年，不僅因為種種課業要求，更因為瑪莉蓮大三出國進修，遠渡法國。深入記憶回想當時，課業之重甚至勝過預科，醫學院唯一令人欣慰的事，來自於與賀伯．寇茲及賴瑞．查洛夫結為終生莫逆。上解剖課，他們是我的搭檔，我們為解剖的屍體取了一個教名：阿格曼儂。

不想再和瑪莉蓮兩地相隔，第一年即將結束時，我決定轉學到波士頓，說也奇怪，波士頓大學醫學院居然接受了我這個轉學生，瑪莉蓮法國回來那年，我們訂婚。我則在後灣（Back Bay）瑪爾堡街（Marlborough Street）四層樓的寄宿公寓租屋。離家的第一年，我的生活，內在與外在，都變得更好。同棟屋子住有其他醫學院學生，大家很快就熟絡，三、四個人每天一起通車上學，鮑伯．柏格（Bob Berger）是其中之一，後來成為終生好友。後面還會再談到他。

但波士頓醫學院的第二年，我和瑪莉蓮的週末才是主菜。學生夜間外出若沒有監護人陪伴，衛斯理學院對此訂有非常嚴格的規矩，因此，瑪莉蓮每個星期都要編些言之成理的理由，找個思想開明的朋友出面邀請才能外出。週末，部分時間我們一起念書，沿著新英格蘭海岸開車兜風，參觀波士頓的博物館，到德爾金帕克（Durgin-Park）餐廳用餐。

我的內在生活也有所改變，不再那樣走火入魔，只有些微焦慮，總算能夠安穩入睡。即使醫學院的第一年，儘管當時只上過幾堂精神醫學的課，也從未和精神科醫師聊過，但我心裡有數，我會去念精神科。我認為，早在進醫學院之前，我就已經決定要念精神科；這念頭來自於我對文學的熱愛，來自於一股信念：精神醫學讓我貼近所有我喜愛的大作家。講到我的最大樂趣，莫過於沉迷於小說的世界，一而再地告訴自己，一個人一生中

作者念波士頓醫學院期間所住房間，1953

所能做的最美妙之事，就是寫一部動人的小說。我一直都是個故事迷，從青少年時期第一次讀《金銀島》（*Treasure Island*）起，我就一頭栽入了偉大作家送給我們的故事之流中。縱使已經八十五高齡，寫著這些東西時，我仍然迫不及待，今晚就要重回約瑟夫・羅斯（Joseph Roth）的《拉戴茨基進行曲》（*The Radetzky March*）。我分配閱讀的進度，恨不得一口氣讀完。這書所講的故事，除了人生，也在探索人類的欲望、恐懼與意義的追尋——不僅涉及個人的存在，也涉及一整個文化——亦即一次大戰前的奧匈帝國——同時發生的變化。

儘管熱愛文學，學醫卻也不算是違反性向的決定，不管怎麼說，科學對我來說自有其吸引力，特別是生物學、胚胎學及生物化學。還有，一如曼徹斯特醫師在我緊要關頭時對我伸出援手，我也有著一股強烈的助人願望，並希望將之落實到別人身上。

Notes

1 Tau Epsilon Pi，Tau是希臘字母中的第十九個，相當於T。Epsilon是第五個，相當於E。Pi是圓周率。

2 《春風化雨》（*Dead Poets Society*）一九八九年彼得・威爾（Peter Weir）導演的電影，羅賓・威廉斯（Robin Williams）主演。

3 在美國，大學動輒三、四萬學生，但著名的文理學院規模都甚小，學生通常一千多人。

4 upsilon、lambda及phi，分別為第二十、第十一及第二十一個希臘字母。

12 結婚

一九五四年我們結婚時，瑪莉蓮已經是個不折不扣的法國迷，大學三年級在法國念書，一心想要到歐洲度蜜月，但我卻是一個鄉巴佬，從來沒離開過美國東北部，出國的興趣是零。但她可機靈了：「到法國去騎摩托車蜜月，怎麼樣？」她知道我喜歡摩托車，同時也明白，在美國是租不到這類交通工具的。「來，瞧瞧這個。」說著遞給我一張廣告：如何在巴黎租一台偉士牌機車。

就這樣，我們去了巴黎，在離凱旋門一條街的一間出租攤，挑了一台大號的偉士牌。偉士牌摩托車，我甚至連碰都沒碰過，更別說騎了，但我向疑心重重的老闆一再保證，自己是箇中好手，擺出一副輕鬆模樣，跨上偉士牌，問他啟動器和油門在哪裡。只見他滿臉憂心，指出啟動器按鈕的位置，並告訴我轉動把手控制油門。「啊！」我說，「和美國的不一樣。」然後二話不說，騎著上路練習。瑪莉蓮倒是聰明，在附近的咖啡館等我。天呀，我騎在一條單行道上，一出去，直接就匯入了環繞著凱旋門的、十條交通繁忙的通衢大道。那九十分鐘的練車堪稱是我一生中最折磨人的經驗：汽車與計程車在兩旁快速擦身而過，喇叭震天價響，車窗搖落，吼聲四起，拳頭猛揮。我不懂法語，但感覺得到那些對著我又吼又叫的詞句絕不是在歡迎我來法國。在凱旋門四周英雄式的繞行中，我起碼熄火三十次，但一個半小時之後，當我終於回到租車店旁的咖啡館接老婆時，偉士牌已完全在我的操控掌握之中。

＊＊＊

在那三個星期之前，一九五四年六月二十七日，我們在馬里蘭結婚，婚宴在瑪莉蓮富有的舅父山繆爾·艾格（Samuel Eig）開的印地安泉鄉村俱樂部舉行。婚禮一結束，我馬上開始為我們的歐洲假期籌錢——父母一直都很支持我，幫我付醫學院的學費，因此我絕不能再要求他們幫助我這次的旅費。

傑伊·卡普蘭（Jay Kaplan）與作者的七月四日煙火攤子，1954

婚禮，1954

過去兩年間，我和傑伊搭了一個攤子，賣七月四日的煙火（傑伊就是那個押三十元賭我娶不到瑪莉蓮的傢伙）。前一年，七月三日和四日，連日大雨，煙火生意悽慘無比，我們突發奇想，用極低的價錢買下其他攤子的存貨，儲存於鋼鐵製的大油桶中以備來年。之前的一年，我們測試過這種儲存方式，確定煙火放置一年是完全沒有問題的。一九五四年七月初，得天氣大好之賜，我大賺一票，應付我和新娘子的歐洲蜜月綽綽有餘。

租妥偉士牌之後，瑪莉蓮和我各自背起小背包，即奔法國鄉村。三個星期下來，我們騎遍了羅亞爾河河谷、諾曼第及不列塔尼，探訪美麗的城堡及教堂，著迷於沙特爾主教座堂（Chartres）彩色玻璃神奇無比的藍。在杜爾（Tours），我們拜訪了瑪莉蓮到法國念書那一年前兩個月的寄宿家庭。沿途所經皆是美麗庭園，餐餐享受天府才有的法國麵包、紅酒與起司。瑪莉蓮也喜歡火腿。她的父母比較世俗化，飲食上沒有宗教禁忌，我雖然是個猶太人，卻是離經叛道之流，宗教理念早已拋到九霄雲外，只不過仍然不吃豬肉（當然，中國餐館的豬肉包子例外）。三個星期後，回到巴黎，搭火車到尼斯，然後租一輛小飛雅特托波里諾（Fiat Topolino），一個月時間，走遍了義大利。到義大利的第一晚，在一家面對地中海的小旅社住宿，當日情景，記憶依然鮮活。由於晚餐是固定價錢，桌上放了一大盤什錦水果，我們心中竊喜：錢越來越少，大可以把水果塞滿口袋當明天的餐點。第二天早上，付賬時才發現自己像個傻瓜，原來那些水果都仔細清點過，我們順手牽羊，每一樣可都付出了沉重的代價。

旅程儘管美好，但我卻記得，我常常感到不耐煩，常常心神不寧，這或許是因為文化的衝擊，但也有可能是因為生活中少了勤奮，少了用功，以致於不知所措。在我成年的初期，這種切膚的阢隉如影隨形。從外表看，我一切順利，娶了心愛的女人，進了醫學院，在各方面都表現傑出，但在內心深處，我卻從來不曾安頓過，總是缺乏自信，始終不瞭解自己焦慮的本源。我隱隱約約感覺到，童年傷我甚深，覺得沒有歸屬，相較於別人，自己既沒有價值，也不值得受人看重。但如今，平和安詳，回顧這趟旅行，樂此不疲！

＊＊＊

而今，六十多年過去了，每回憶起我們的蜜月，笑容便打從心底浮現。但話又說回來，婚禮那天的細節倒是都淡去了，唯一例外的一幕是，盛大的結婚午宴將近尾聲之際，瑪莉蓮的伯父艾格——這位家族中的父執輩，馬里蘭州銀泉（Silver Spring）的大部分建設都出自他的手筆，與州長私交甚篤，用他孩子的名字命名街道，為人素來嚴厲，難以親近，從來不曾降尊紆貴跟我這個後生小子講過一句話——朝我走了過來，伸手環住我的肩膀，另一手指著滿場賓客，在我耳旁細聲說道：「恭喜了，小朋友，天底下最好的都給你拿走了。」

伯父的美言，迄今證明所言不虛：日復一日，能夠與瑪莉蓮攜手共度，無一日我不感恩在心。

13 我的第一個精神科病人

一九五五年春，那時是醫學院第三年，我的第一次精神科實習，在波士頓市立醫院（Boston City Hospital）門診部。按規定，每個醫學生每星期只看一個病人，為時十二週，每個人也都要參加一項正式的個案研討會，就自己的病人提出報告。出席者除了見習學生外，還包括十餘名教師，其中不乏波士頓精神分析學會中赫赫有名之士。我已經參加過其他學生的報告，教師的無情反應令我不寒而慄，只見他們競相展示各自的專業與博學，絲毫不見溫柔敦厚或同理心。

我的報告是在我為我的病人做過八次療程之後提出的，才一開講，我就忍不住發抖。我決定不循別人的老路，他們用的是正規的傳統結構，針對病人主訴的症狀、過去的經歷、家族史、教育及正規精神疾病測驗的結果提出報告。我則反其道而行，採取我覺得最自然方式：講故事。以簡單易懂的語言，敍述我與病人的八次會晤。我的病人穆麗兒，一個年輕、苗條、漂亮的女性，一頭鮮豔的紅髮，目光逃避，聲音微顫。我描述我們的第一次會面，開門見山就說，我是一個醫學生，剛開始實習，將在未來的十二個星期為她做診治。我問她為何會來我們的門診求診，她細聲細氣回答說：「我是蕾絲邊（Lesbian，女同性戀者）。」

那一刻，無言以對，口乾舌燥，回答道：「我不懂妳的意思，妳不介意指點我一下吧？」她照著我的話做了——告訴我「蕾絲邊」指的是什麼，以及她的生活情形。我提出問題，引導她說出來，並告訴她，我欽佩她的勇氣，能夠這樣坦然說出一切。我說，未來三個月我會盡自己的一切力量幫助她。

第二次看診，一開始我就向穆麗兒承認，對於自己的無知感到十分羞愧。她則告訴我，我們的談話是她的「第一次」：我是她揭露自己真實故事的第一個男性，而且正是因為我的誠實，才使得她能夠繼續敞開來談。

我告訴出席人員，穆麗兒和我逐漸熟絡，我甚至期待我們的會晤，我們談她和她伴侶的問題，就和談一般人際關係一樣，因此，她現在已經能夠面對我的目光，也恢復了活力，為此她還說，她覺得滿可惜，只剩下四次療程了。報告結束，我坐下，低著頭，準備接受修理。

但什麼都沒發生。沒有人發言。長長的沉默之後，系主任馬拉穆（Malamud）醫師及傑出分析師班德勒（Bandler）醫師異口同聲說，報告本身已經說明一切，無須再做補充。繞桌而坐的教師們一一做出同樣的回應，我整個人呆在當場：我只不過講了一個故事，對我來說，一切如此自然，如此簡單。在大學及醫學教育的整個過程中，我一向覺得自己無足輕重，但在那一刻，一切都改變了。走出會場，我心想，自己或許可以為這個領域做一些不一樣的事。

＊＊＊

醫學院的最後兩年，既美妙又充滿壓力。錢很緊，一般用度上，我的父母支持我們，瑪莉蓮利用在哈佛修藝術教育碩士的課餘時間賺錢，在一家牙醫診所打工，我則繼續到醫院賣血。我也申請捐精，但泌尿科醫師說我的精子數量太少，還勸我盡量早點生孩子。

他根本大錯特錯！在我們蜜月期間，瑪莉蓮說懷孕馬上就懷上了，我們女兒伊芙（Eve）中間的名字「法蘭西」就是表示「法國製」，一年半之後，我在醫學院第四年，瑪莉蓮再度懷孕。

醫學院最後兩年的臨床實習，工作時間很長，但不知什麼原因，我的焦慮緩和下來，取而代之的是精疲力竭，以及覺得自己對病人有所幫助的成就感。同時，對於精神醫學，我也越來越投入，開始廣泛閱讀相關文獻。見習期間，也有某些可怕的景象深烙心中：波士頓州立醫院有一間人體雕像室——整個病房內，僵直型思覺失調（精神分裂）症患者，活著，卻處於絕對靜止狀態。病人不言不語，固定一個地方，一站就是好幾個小時，有的在床邊，有的在窗邊，有的則坐著，有時候喃喃自語，但通常都默不作聲。醫護人員所能做的就只是餵他們進食，維持他們的生命，溫和地對他們說話。

一九五〇年代中期，這種景象在每一家大醫院都看得到，直到第一顆鎮靜劑氯炳嗪（Thorazine）問世，不久之後則是三氟拉嗪（Stelazine），以及新一波隨之而來更有效的鎮靜劑。

在波士頓州立醫院，還有另一個難以忘懷的景象：見習期間，我有個機會觀察馬克思．戴伊（Max Day）醫師，哈佛精神病學者，帶領一群為數約十二名的精神科住院醫師研究自己本身的團體歷程（Group Process）。由於我是醫學生，他們允許我參加一場聚會，但不能參與其中，一句話都不能說。儘管是半個世紀前的事，房間內的景象依然如在眼前。一個大房間，住院醫師與戴伊醫師圍成圓圈坐在中央，我則坐在圈外一個角落，心裡想著，一群人相互討論各自的感情，居然會有這樣的點子，還真是吸引人。真是不同凡響！但結果卻不是那麼一回事。只見長時間的靜默，每個人似乎都很侷促，而領頭的人，戴伊醫師，卻只是坐在那兒。為什麼會這樣？我無法理解。他為什麼不打破沉默，或者至少想個辦法幫助成員打開僵局？後來，我參加了一次戴伊醫師的臨床會議，無論他的才思敏捷或是口才便給，都讓我留下深刻印象，但這樣也就令我更加困惑，當時整個團體顯然進退維谷，他為什麼不拉他們一把？當時壓根沒想到，在自己的職業生涯中，我竟然與這個問題糾纏多年。

14 實習醫師：神祕的黑木醫師

畢業之後，從原來的醫學生搖身一變成為醫學博士，進入為時一年的實習醫師階段，開始磨練醫院裡的實務經驗，診斷並照顧病人。在紐約西奈山醫院（Mount Sinai Hospital）實習醫師的第一個月，分到婦產科服務，經常聽到醫院廣播系統呼叫一個醫師，黑木醫師（Dr. Blackwood），心裡不免奇怪。有一次，協助生產，便問總住院醫師：「黑木醫師是誰，常聽到他的名字，卻從未見過他人。」

戈德醫師面帶微笑，旁邊其他人也跟著笑出聲來。「晚點我介紹你跟他認識。」戈德醫師說。「等我們這裡做完。」到了傍晚，戈德醫師帶著我直奔醫師值班室，裡面一場激烈的撲克大戰正進行中。我大感意外，彷彿小朋友進了糖果店。

「誰是黑木醫師？」我問。「為什麼總是在呼叫他？」

又是一陣爆笑。看來我把整個婦產科都搞樂了。最後，總住院醫師為我解謎：

「你玩不玩橋牌？」

我點頭。

「你知道橋牌叫牌中的黑木約定[1]嗎？」

我又點頭。

「那就對了。那就是你的黑木醫師了。他在西奈山的存在只是一個撲克代號，不管什麼時候，只要是撲克牌局缺角，他們就呼叫黑木醫師。」

玩牌的多數都是私人開業的產科醫師，他們的病人來醫院待產，只有在牌局急缺人手的時候，才會叫住院醫師及實習醫師上場。從此以後，一年中剩下來的日子裡，我輪完班，值班，以及必須夜間留院時，聽到呼叫「黑木醫師」，只要有空，我就會殺到產科部去。賭得頗大，實習醫師一個月的薪水才二十五元（外加一頓免費吃到飽的晚餐，我們都會順便把第二天中餐的三明治準備好——至於早餐，則是為病人訂一份特大早餐，一併打發自己的早餐）。

接下來三、四個月，我的全部薪水都丟進了牌局，直到摸清底細，情況才改觀，從那以後，拜黑木醫師之賜，我還帶瑪莉蓮看過好幾次百老匯的表演。

西奈山醫院一年，各科輪調，包括內科、婦產科、外科、整形外科、急診室、泌尿科及小兒科，學會了接生嬰兒、扭傷腳踝的包紮、心臟衰竭的處理、從嬰兒股動脈抽血、觀察病人步態診斷其神經系統狀態。輪調外科期間，在手術室裡，我只有管理牽開器的份。有兩次機會，到手術結尾時，他們才讓我縫了幾針皮膚。

目光銳利的外科醫師不知道用什麼外科器具重重地敲我的指節，吼著叫我打「雜貨店結」。很自然地，我很想頂回去：「我當然是在打雜貨店結——我可是雜貨店裡長大的。」但卻從來不敢造次，資深外科醫師個個非同小可，都惹不起。

純粹出於偶然，有三個喬治華盛頓醫學院要好的同學居然也進了西奈山醫院實習，我們四個人分到兩個緊鄰的房間——一整年當中，每隔一晚，值班時要睡在醫院。

輪調婦產科期間，實習醫師第一個月結束時，瑪莉蓮住院待產，婦產科主任古特馬柯醫師（Dr. Gutmacher）主刀，剖腹接生我們的第二個孩子，瑞德．山繆爾．亞隆（Reid Samuel Yalom）。那一天，正好輪到我在產房當班，但古特馬柯醫師卻叫我在一邊看著就好。距離瑪莉蓮僅數尺之遙，站在那兒看見瑞德呼出第一口氣，心裡歡喜莫名。

從我們的公寓到西奈山醫院，公共運輸很不方便，計程車又太昂貴，最初兩個月，我開車去醫院，但停車票實在用得太兇，我突然想到一個點子：騎摩托車。一個偶然的機會，聽說耶魯的一個藝術教授剛買了一輛漂亮的新蘭美達（Lambretta）機車，但因為嚴重胃潰瘍，接受醫師勸告，正準備將之出售。我馬上打電話給他，一個星期天，搭火車到紐黑文（New Haven），一眼就愛上了那輛蘭美達，當天就騎回紐約。從那以後，停車問題迎刃而解：我騎蘭美達上班，搭升降梯，停到我房間。好多次，我載瑪莉蓮去百老匯看戲，停蘭美達，輕而易舉。

＊＊＊

實習雖然沒有輪調精神科，但我常去那兒逛，參加臨床及研究報告會。當時，有一個計畫引起我很大的興趣。計畫與一種新發現具有迷幻效果的化合物麥角二乙醯安（lysergic acid diethylamide，ＬＳＤ，亦即迷幻藥）有關。精神科兩個年輕研究員正在檢測ＬＳＤ是否會影響無意識知覺（亦即意識以外的知覺），他們徵求志願者做個簡短的實驗。ＬＳＤ剛合成不久，測試其效果，唯一知道的就是用泰國鬥魚的笨法子。泰國鬥魚擺好架式開打時，一定會採取編隊，但幾滴ＬＳＤ就可以改變牠們的行為。因此，需要用到幾滴ＬＳＤ才足以擾亂泰國鬥魚的戰鬥隊形，也就成了檢測ＬＳＤ性能的方法。

四個志願者分別喝下摻了ＬＳＤ的橘子汁，一個小時後，坐到一個大螢幕前，用知覺測定儀投射圖像到上面，由於投射速度極快，使我們無法用正常意識觀看。第二天早上，研究員要求我們回憶晚上夢中所看到的形象並將之畫下來。我畫的是兩種形象：幾張有著長鼻子的臉，以及一個沒有腿的人。次日，他們用正常速度投放相同的圖像，其一是一則常見的廣告，行銷的是「救生員」糖：一個高空走索者，鼻子上巍巍顫顫地平衡著一包救生員糖；另一圖像則是一張相片：一名白金漢宮衛兵，身穿紫色夾克、黑色長褲，黑色長褲與背景的黑色衛兵室相混。這樣的結果令我大為驚訝，從自己的第一手經驗，我總算明白了無意識知覺：「看見」不知道自己看過的圖像。

實習結束時，我還留著許多瓶ＬＳＤ，研究員送給我自己做實驗用。我、瑪莉蓮（只有一次）和一些住院醫師都試過，就我來說，ＬＳＤ產生幻覺時的感官變化——聲音與視覺都大不相同——還真迷人，一個小時當中，壁紙的色彩改變了，音樂聽起來完全是另一番味道，有一種更接近真相或本質的奇妙感覺，彷彿正經歷著感官的原始狀態，我與周遭世界之間不再有阻礙與隔閡，強烈感覺到藥效的強大，絕不是鬧著玩的。曾經有兩次，我發覺自己竟然不由自主，開始感到害怕，警覺到可能會上癮。十一月的一個晚上，服下最後一劑，到外面走了許久，十一月光禿的樹枝，有如迪士尼電影《白雪公主》中的邪惡之樹，讓我感覺到威脅。自此以後便未再用，但到了隔年，出現幾篇文章指出，ＬＳＤ的效果類似思覺失調症的症狀。擔任住院醫師初期，開始診思覺失調患者，寫了一篇文章，討論ＬＳＤ經驗與精神疾病經驗之間的主要差異，發表在《馬里蘭州醫學期刊》（*Maryland State Medical Journal*），這也是我第一篇刊出的文章。

Notes

1 橋牌中一種問叫的技法，又稱為「黑木問叫」。因發明者Easley Blackwood而得名。

15 約翰・霍普金斯歲月

騎著蘭美達，瑪莉蓮坐我後面，雙臂環抱著我。我感覺到臉上的風，一邊盯著時速表，六十五，六十八，七十一。快要到八十了。我做得到。啊，八十！別無所求了。把手輕微震動，然後，越來越強，我開始鬆油門。瑪莉蓮在狂叫：「停車，停車，歐弗，嚇死我了，拜託停車，拜託拜託。」一邊尖叫一邊拍打我的背。

我醒來，心臟快速跳動，從床上坐起，感覺得到自己的脈搏——超過一百。該死，又是這個夢！太熟悉了——夢過好多次了。為什麼會做這夢？這一次我可是再清楚不過了。昨晚躺在床上看奧立佛・薩克斯（Oliver Sacks）的回憶錄《勇往直前》（*On the Move*），其中有一段談到他加入「時速一百俱樂部」（ton club），講的是一群以時速一百六十公里飆車的年輕摩托車騎士。

這夢不止是一個夢，也是記憶中重演過無數次的真實事情，既是白日夢也是夜裡的夢。

我了解這個夢，而且討厭它！事情發生在實習醫師結束之後，我有一個星期的假，然後去巴爾的摩的約翰．霍普金斯醫院（Johns Hopkins Hospital）展開為期三年的精神科住院醫師生涯。瑪莉蓮的母親答應幫我們照顧兩個孩子一個星期，我們騎上蘭美達，前往馬里蘭州東海岸；夢裡所講的事情就是發生在這趟旅程上。當時我並沒有想太多——也許還覺得瑪莉蓮的緊張好玩。路上空蕩蕩的，我就只顧著猛加油門，有如青少年一般，速度使我得意忘形，根本以為自己是金剛不壞之身。但卻要過了很久，我才瞭解自己不用腦筋和愚蠢到了什麼程度。我怎麼會把妻子置於這樣的險地，家裡還有兩個年幼的孩子？自標時速一百三十公里，沒有任何保護，光著腦袋——在那個沒有安全帽的年代！每想起這事我就厭惡自己，甚至現在寫到它也還憤恨不已。女兒伊芙是醫師，她說過曾參觀一間病房，屋裡都是癱瘓的年輕人，都是摩托車或衝浪的意外，全都斷了脖子。他們一定也以為自己是金剛不壞之身吧。

我們沒有摔車。最後，我總算回復了理智，放慢下來，剩下的時間裡，我們平安騎過馬里蘭州東海岸迷人的小村落。回家的路上，午餐後瑪莉蓮要打個小盹，我獨自騎出去兜風，壓到油漬，摔了一大跤，膝蓋嚴重刮傷，去掛急診，醫師清洗了傷口，打一針破傷風抗毒素，一路平安回到巴爾的摩。兩天之後，我剛準備要為第一天的住院醫師工作提出報告，但我對破傷風針的馬血清有過敏反應，立即住進霍普金斯醫院，以備呼吸衰竭而需要做氣切。我接受了類固醇治療，療效立見，第二天人就覺得好多了，停用類固醇並出院。次日上午開始以住院醫師身分上班。在類固醇使用早期，醫師都不知道，減量必須要緩慢逐漸，總之，我得了急性減量症候群，憂鬱加上難纏的焦慮，以及接下來兩天的失眠，還得服用氯炳嗪和巴比妥酸鹽才能睡覺。幸運的是，一生中就只這麼一遭。

到霍普金斯的第三天，第一年的住院醫師要和令人敬畏的精神科主任約翰．懷特霍恩（John Whitehorn）首次見面，他後來成為我人生中一個重要人物。這位先生莊重威嚴，不苟言笑，禿頂周圍一圈灰白短髮，一副鋼邊眼鏡，令人望而生畏。後來我才知道，即便是別科主管，對他也是畢恭畢敬，從不直呼其名。先生講話，我盡力傾聽，無奈因睡眠不足，精疲力竭，加上安眠藥在體內作祟，一整個上午，我幾乎動彈不得，懷特霍恩醫師歡迎我們時，我竟然睡倒在座位上（數十年後，住院醫師同事掃羅．史派羅（Saul Spiro）和我回憶霍普金斯時期的往事，就說他對我佩服得不得了，居然第一次和老闆會面就堂而皇之呼呼大睡）。

除了有些低度焦慮及輕微憂鬱外，過敏性反應大約兩個星期就已經復原，但這次經驗使我極不放心，因此，決定尋求治療。我去請教總醫師史坦萊．葛萊本（Stanley Greben）。在當時那個時代，精神科住院醫師接受個人分析，不僅是尋常的，甚至是必要的，葛萊本醫師推薦我去看他自己的分析師奧麗薇．史密斯（Olive Smith），華盛頓—巴爾的摩精神分析學院（Washington-Baltimore Psychoanalytic Institute）年高德劭的訓練分析師（training analyst），師承顯赫：出自芙麗達・佛洛姆—李奇曼（Frieda Fromm-Reichman）的門下，而後者則是師承佛洛伊德。我十分尊敬我們的總醫師，但在做這樣重大的決定前，我決定還是去看看懷特霍恩醫師，請他對我停用類固醇後的症狀及開始做分析的事提供意見。在我看來，他聽得似乎不甚關心，然後，我談到做分析，只見他緩緩搖頭，簡單扼要地說：「依我看，一點點的苯巴比妥（phenobarbital）可能還比較有效。」不要忘記了，那可是煩寧（Valium）還沒有問世的時代，只不過有一種新的鎮靜劑名叫眠爾通〔Equanil，甲丙氨酯（meprobamate）〕不久之後就上市了。

後來我才知道，拿這種問題去問懷特霍恩醫師，科裡面的其他人都當笑話看，覺得我是神經大條（要不然就是愚不可及），因為懷特霍恩對精神分析的極端懷疑是出了名的。他採取的是兼容並蓄的立場，走的是阿道夫・梅耶（Adolf Meyer）精神生物學的路子。梅耶是約翰・霍普金斯精神科的前主任，在任極久，是個經驗主義者，病人的心理面、社會面及生物面無不關注。從那以後，精神分析的事我不再提起，懷特霍恩醫師也從來不問。

霍普金斯醫院的精神科有分裂人格：懷特霍恩的觀點稱霸四層樓的精神病醫院與門診部，另外一派也很強大，正統精神分析學派，掌管諮詢部門（consultation service）。一般來說，我都待在懷特霍恩的領域，但也參加諮詢部的分析會議，特別是路易斯・希爾（Lewis Hill）及奧圖・威爾（Otto Will）主持的個案會議，兩位都是敏銳的分析師，也是世界級的說書人。我十分著迷於他們的臨床個案報告。他們聰明、包容，全心全意對待病人，敘述與病人的互動，呵護、關注、慈愛之情流露，令人動容。在心理治療的實踐上（與敘述上），他們都是我的啟蒙典範。

前往分析師辦公室，巴爾的摩，1958

但在行事上，多數分析師都各有特色。奧麗薇・史密斯——我每星期要見四次，去做分析——是個典型的佛洛伊德派：有如一片空白螢幕，無論言談或表情，絲毫不露個人痕跡。每天上午十一點，我從醫院到她巴爾的摩市區的辦公室，騎蘭美達只要十分鐘。每次要去之前，我都會忍不住要快掃一下信件，結果總是要遲到一、兩分鐘——擺明了就是在抗拒分析，這一點我們經常討論，但都沒有結果。

奧麗薇・史密斯和另外四個分析師合用一區辦公室，四個人都被她分析過。那一刻，我總覺得她老，至少七十歲，一頭白髮，有點駝背，未婚。但偶爾在醫院看到她去做諮詢或出席分析討論會，看起來卻年輕得多，也比較有活力。我躺在診療椅上，她的位子在房間盡頭，靠近我的頭部，若要看她，我得伸長了脖子往後看，有時候是要檢查她是不是醒著。她要我自由聯想，她自己的回答卻完全限於詮釋，對幫助不多。偶爾失神，不那麼客觀中立，那才是治療最重要的部分。很顯然地，不少人都覺得她很有幫助，包括她辦公室區中所有接受過她分析的人，以及我的總住院醫師。我始終搞不懂，為什麼對他們有效，對我卻沒轍。如今回顧起來，我認為，她之於我，是個錯誤的配對——我要的，不過就是一個比較善於互動的人。我常有點不夠厚道地想，在我自己的分析中，我學到一件重要的事，就是如何可以**不做**心理治療。

她的收費，每個療程二十五元，一星期一百，一年五千。兩倍於我當住院醫師的年薪。我付這筆費用，完全來自兼差，每個星期六幫加拿大人壽保險公司做身體檢查，每檢查一個人十元，騎著我的蘭美達，穿著我的醫院白衣，來回奔走於巴爾的摩的後街。

＊＊＊

我一決定到約翰·霍普金斯醫院擔任住院醫師，瑪莉蓮立刻就向約翰·霍普金斯大學申請就讀博士班，專攻比較文學，並獲得錄取，追隨賀奈·吉拉德（Rene Girard）——當時最傑出的法國學者之一——博士論文選擇的是卡夫卡（Franz Kafka）與卡繆（Albert Camus）作品中有關試煉的神話，在她的鼓勵下，我也開始讀卡夫卡及卡繆，接下去又讀了沙特（Jean-Paul Sartre）、梅洛—龐蒂（Maurice Merleau-Ponty）及其他存在主義作家。第一次，我的工作與瑪莉蓮的有了交集。我愛上了卡夫卡，他的《變形記》（*Metamorphosis*）讓我驚為文學史上的第一作。卡繆的《異鄉人》（*The Stranger*）及沙特的《嘔吐》（*Nausea*）也讓我大為傾倒。透過故事，這些作家探索存在，其深度顯然是精神病學著作無法企及的。

霍普金斯三年，我們的家庭益發興旺。長女伊芙進了幼稚園，就在我們居住的住院醫師宿舍的院落中。瑞德，一個活潑逗趣的孩子，和保母相處得極好，讓十五分鐘路程外在霍普金斯校園中進修博士學位的瑪莉蓮極為放心。巴爾的摩的最後一年，我們的第三個孩子維克多（Victor），在離家僅有一街之遙的約翰．霍普金斯醫院出生。孩子們健康、可愛，是我們的福氣，我巴望著有朝一日與他們嬉戲，共度每個黃昏與週末。我從不覺得家庭妨礙我的工作，但瑪莉蓮是否也如此，我卻不敢說。

住院醫師三年，我滿意。打從一開始，每個住院醫師都要負責一個住院病房的臨床工作，同時還要排班看門診。霍普金斯的環境和人，都帶著點南方上流社會的風味，如今感覺起來很有古風。精神科大樓，菲普斯精神科（Phipps Clinic），包含六個住院病房和門診部，一九一二年啟用，當時的主管是阿道夫．梅耶，一九四〇年，約翰．懷特霍恩繼任。四層樓的紅磚建築，堅固，莊嚴；升降梯操作員，四十年的老人，客氣而友善。護理人員，無論年輕或有歲數的，看到醫師進來，都是一躍而起——啊，那些美好的日子！

回想起來，照顧過的病人何止數百，但在霍普金斯，我的第一批病人中，有許多卻記得格外清晰。莎拉，德州石油大亨的妻子，僵直型精神分裂症，住院好幾個月，不言不語，經常凍結成一個姿勢，數小時不變，對待她我全憑直覺，主管來也沒有用，因為，沒人知道如何治療這種病人——無處著手。

我每天慎重其事地關照她，在病房外邊長廊上我的辦公室裡，為時至少十五分鐘。她不言不語已經好幾個月，任何問題都不回應，無論言語或手勢，從頭到尾都是我在講，講我的一天、報紙的頭條、我對病房會議的看法、我在自己的分析中所探索的問題，以及我正在讀的書。有時候，她的嘴唇會動，但不成言語，臉部表情從來不變，感傷的藍色大眼睛總是定在我的臉上。然後，有一天，我正滔滔不絕講著天氣，她突然站起來，走向我，吻我，用力吻我嘴唇。我整個人呆掉，不知該說什麼，但保持鎮靜，思索著這一吻的理由，然後護送她回病房，又連忙趕到主管辦公室，討論剛才的意外事件。但我保留了一些沒有向主管坦白，其實我還滿享受這一吻——她是個漂亮女人，她的吻撩起了我慾望，但我沒有一刻忘記自己的角色，我是來治療她的。之後，情況照常，繼續了好幾個星期，直到我決定採用甲哌啶嗪（Pacatal），剛上市的一種新鎮靜劑（現已久不使用）。令人驚訝的事情發生了，不到一個星期，莎拉變了一個人。她開始講話，經常講，整體而言有條有理。在我的辦公室，我們討論她生病前的生活壓力，有的時候，談到她那段長時間的不言不語，我講出自己的感覺，說在那些療程中，連我自己都懷疑曾經給過她些什麼。她不假思索回答：「啊，你錯了，亞隆醫師，不要這樣講。那段期間，**你是我的麵包與奶油**[1]。」

我是她的麵包與奶油。這句話，那一刻，我常記在心。每當我對病人無計可施，拿不出辦法或說不上話時，這句話便跳了出來，讓我想起可愛的莎拉，並提醒自己，治療師的陪伴、垂詢、關注會以自己意想不到的方式產生滋養的作用。

我開始參加傑洛米．法蘭克（Jerome Frank）每星期的討論會。法蘭克，醫學博士、哲學博士，霍普金斯只有兩個正教授，他是其中之一，一如懷特霍恩，是個經驗主義者，只有邏輯與證據才能說服他。跟著他，我學會了兩件重要事情，一是研究方法學的根本原理，一是團體治療的基本原則。在那個時代，團體治療尚屬嬰兒時期，有關這方面的著作，好書僅屬少數，其中一本就出自他手。每個星期，住院醫師——我們八個腦袋瓜子擠在一塊——從最早的單向透視鏡，一個大約三十公分見方的方孔，觀看他的門診治療團體。團體聚會後，我們會與法蘭克醫師討論剛才看到的聚會。我發覺團體觀察是一種非常有用的教學模式，因此，多年以後，我也用到自己的團體治療教學上。

其他住院醫師結束這門課許久之後，我仍然繼續每星期的觀察。到那一年年底，法蘭克醫師有事不在時，就會要我來帶領團體。打從一開始，我就愛上了帶領團體，很明顯地，治療團體為成員提供了許多機會，讓他們在自己的社會自我（social selves）上做出回饋，同時也接受回饋。對我來說，這是個極為難得的場合，十分有利於成長，可以讓成員探索並表達自己的人際自我（Interpersonal selves），並藉助於同伴的力量，使個人的行為得以反照自身。一個大家平起平坐、相互信賴的場合，既能夠提供又可以接受直率且有建設性的回饋，這樣的地方還真不知道要到哪裡才找得到！門診治療團體只有幾個基本規則：除了完全信任之外，成員有義務出席下一次的聚會，任何溝通都必須是公開的，彼此不得在團體以外接觸。如今回想，我當時還真羨慕那些病人，希望自己也能夠參與，成為這樣一個團體的一份子。

不同於懷特霍恩醫師，法蘭克醫師平易近人，譬如說，第一年要結束時，他就叫我直呼他「傑瑞」（Jerry）。一個好老師，一個好人，操守、醫術、窮理致知的精神，無不足為典範。我離開霍普金斯之後，我們長期保持聯繫，他只要來加州，我們定會相聚。有一次尤其彌足珍貴，兩個家庭在牙買加共度了兩個星期。上了年紀之後，他在記憶上出了嚴重問題，無論何時，只要我去東岸，一定會去療養院探視他。最後一次去看他，他說，他看著窗外有趣的事情過日子，每天早上醒來，都是全新的一天，只見他搓著額頭，說：「刷——過往歲月的記憶全都抹掉了，整個都沒了。」然後笑起來，抬眼看著我，送給他學生最後一份禮物：「你知道的，歐弗。」他說，語帶安慰：「一切都還不算太壞，不算太壞。」多麼貼心而和善的一個人。每次想起他，心裡便升起一股暖意。數十年後，約翰．霍普金斯成立傑洛米．法蘭克心理治療講座，邀請我開講，真是莫大榮幸。

傑瑞．法蘭克的團體治療法其實相當符合當時眾所熟知的美國精神動力理論（American psychodynamic theory）中的人際關係療法（interpersonal approach）。人際關係療法〔又稱為「新佛洛伊德」（Neo-Freudian）療法〕是針對舊式的正統的佛洛伊德療法所做的修改，強調的是人際關係在整個人生發展中的重要性，而舊的療法則偏重於人生的早期。此一療法為美國原創，主要的根據是精神科醫師哈利．史塔克．蘇利文（Harry Stack Sullivan），以及移居美國的歐洲理論家，特別是凱倫．霍妮（Karen Horney）和艾瑞克．佛洛姆（Erich Fromm）等人的著作。我大量閱讀人際關係理論的文獻，深感其實用可取。凱倫．霍妮的《精神官能症與人的成長》（*Neurosis and Human Growth*）是我住院醫師期間工夫下得最深的一本書，蘇利文雖然傳授甚多，但不幸地，他的文筆實在彆腳，其理念的影響力不免打了折扣。儘管如此，他的作品還是讓我瞭解到，病人之所以陷入絕望，關鍵在於他們無法建立並維持後天培養的人際關係。按照我的理解，由此才有團體治療提供一個理想的場域，探索並改變與他人互動不良的模式。整個住院醫師期間，帶領團體治療的歷程，無論是門診病人的或住院病人的，都令我深深著迷。

隨著第一年的時日進展，大量的資料、各種不同的臨床狀況，加上主管的作風各有怪癖，令我頗有不勝負荷之感，迫切希望有某種綜合性的詮釋系統能夠幫助自己。在這方面，精神分析理論顯然是最佳選擇，何況當時在美國，多數的精神科培訓計畫也都是分析導向。時至今日，儘管精神科主任一般都是神經科學家，但在一九五〇年代，多數都還是精神分析出身。約翰・霍普金斯算是主要的例外，心理諮詢方面除外。

於是，我乖乖去找奧麗薇・史密斯，一個星期四次，讀佛洛伊德寫的東西，到精神科的諮詢部門去參加以分析為導向的研討會，但隨著時間的流逝，對於精神分析我卻越來越沒有信心。分析師對我所做的分析顯然有問題，根本風馬牛不相及，我越來越覺得，她雖然想要幫助我，但卻被客觀中立的要求綁住，以致於無法讓我接觸到她的真我。此外，我也開始相信，過分強調早年生活以及原始性驅力與攻擊驅力有其嚴重的侷限。

在那個時代，除了身體治療如胰島素休克治療及電擊痙攣治療（ECT）外，生物精神療法所能做的並不多。我個人雖然多次採取這方面的療法，有時候還看到了令人意外的恢復，但這些治療往往各行其是，而且都屬偶然發現。舉例來說，好幾個世紀以來，臨床上都曾觀察到，因各種不同情況如高燒或瘧疾所引起的痙攣，對精神病或憂鬱都具有令人刮目相看的效果，因此便有人想方設法，採用化學的〔伸戊四唑（Metrazol）〕及電擊的（電擊痙攣）方法以引發低血糖休克及發作。

住院醫師第一年快要結束時，一本新出版的書引起了我的注意，書名《存在》

（*Existence*），作者是心理學家羅洛·梅（Rollo May）[2]，包括兩篇由羅洛·梅執筆相當傑出的長文，以及多篇翻譯文章，作者都是歐洲治療師及哲學家，諸如魯德維西·賓斯萬格（Ludwig Binswanger）、歐文·史特勞斯（Ervin Straus）及尤金·閔科夫斯基（Eugene Minkowski）。這本書改變了我的人生。雖然許多篇章用語深奧，其令人困惑遠多於啟發，但羅洛·梅的文章卻格外清晰，詳述了存在思想的基本宗旨，並介紹了齊克果（Soren Kierkegaard）、尼采及其他存在思想家相關的洞見。今天翻閱我那本一九五八年版羅洛·梅的《存在》，幾乎每一頁都有我當年做的眉批，有同意的，也有不同意的。這本書為我指出了**第三條路**，有別於精神分析與生物模型，而是一條吸取過去兩千五百年哲學家與作家智慧的道路。為寫這本回憶錄，我瀏覽自己讀過的舊版本，驚訝地發現，大約四十年前，羅洛曾經在書上簽名並寫道：「致歐弗，一個教我存在心理治療的同業」。讀之，我淚水盈眶。

我參加了一系列有關精神病史的演講，遠從菲力普·皮內爾（Philippe Pinal）——十八世紀醫師，第一個以人道治療對待精神失常者的人——到佛洛伊德。演講極有助益，但依我的看法卻有一點瑕疵：主張精神病學是在十八世紀始於皮內爾。一邊聽著，我一邊想著那些在許久以前就寫過人類行為與人類痛苦的思想家，諸如伊比鳩魯（Epicurus）、馬可·奧理略（Marcus Aurelius）、蒙田（Montaigne）及約翰·洛克（John Locke）。這些思想及羅洛·梅的書使我深信，是時候了，該開始接受哲學教育了，因此，住院醫師第二年，我在約翰·

霍普金斯大學註冊修習西方哲學史一年，和瑪莉蓮一同在弘伍德校區（Homewood campus）上課，教科書是羅素（Bertrand Russell）普受歡迎的《西方哲學史》（*History of Western Philosophy*），多年來，與生理學、醫學、外科及產科的教科書為伍，如今這些篇章讀來猶如天上珍饈。

自從上了這門通識課程後，我跟哲學結下了不解之緣，無須老師，自己廣泛閱讀，同時也在霍普金斯旁聽，後來到了史丹佛也一樣。當時，完全沒有想到自己會把這些智慧用到心理治療的領域，但在某個內在的層次，我知道自己已經找到了生命的志業。

住院醫師後期，我到帕塔克森研究所（Patuxent Institute）附近一間監禁心理異常罪犯的監獄實習，為期三個月，除個別診視病人外，每天還帶領一個性犯罪者的治療團體——是我所帶領過最困難的團體之一。成員無不竭盡所能說服我，他們在自我改造上已經調整得很好。這一點對他們來說關係重大。因為他們的刑期並非確定的——換句話說，除非精神科醫師宣布他們回復正常，他們就只有繼續被監禁一途——他們不願意講得太多，這是完全可以理解的。在我看來，帕塔克森的經歷極不平常。到那一年要結束時，我已經有充分的材料寫兩篇文章，其一，論性異常的團體治療，另一，論窺淫狂症。

精神醫學上討論窺淫狂症的文章，我的這一篇是最早發表的。我的重點是，窺淫狂絕不只是想看裸體的女人而已，他們若要從中取得真正的樂趣，必須具備下列條件，其一，看是被禁止的，其二，偷偷摸摸看。我研究過的窺淫狂，沒有一個會訴諸於脫衣舞場、妓院或黃色作品。其次，在一般的認知裡，窺淫狂症的行為雖然惱人、怪異，但卻沒有傷害性，我的發現卻非如此。許多我治療的罪犯都是從窺淫狂開始，後來逐漸演變成更為嚴重的犯行，譬如侵門踏戶進行性侵害。

正在撰寫這篇文章時，我醫學院個案報告的主人翁穆麗兒的影子浮上心頭，一如我拿一個故事作為報告的開頭引起了聽者的興趣，論窺淫狂症的文章我也以偷窺的湯姆（Peeping Tom）的原始故事做為起頭。瑪莉蓮放下正在準備的博士論文，幫我尋找民間故事歌蒂娃夫人（Lady Godiva）的早期敍述——這位十一世紀的貴婦人，自願裸身騎馬穿越街道，以免除她丈夫對鄉民加徵過重的稅負。鄉民為表達內心的感激，全都拒絕觀看她的裸體，唯獨湯姆例外，他無法抗拒偷窺的衝動，並因為此一越軌行為，當場遭人打瞎雙眼。文章很快就獲得《綜合精神病學文獻》（*Archives of General Psychiatry*）錄用發表。

之後不久，一篇論述性侵者治療團體帶領技巧的文章也在《神經與心理疾病雜誌》（*Journal of Nervous and Mental Disease*）上發表。另外一篇文章，與帕塔克森的工作無關，寫的是老年失智的診斷，也刊登了出來。由於住院醫師投稿獲得刊登並非常見，霍普金斯校方的反應非常正面，讚揚有加，對我來說，心滿意足固然，卻又不免困惑，因為，寫作之於我，不過是區區小事而已。

＊＊＊

約翰・懷特霍恩永遠是一身白襯衫、領帶、褐色套裝打扮。依我們住院醫師的猜測，他一定有兩、三件同樣款式的套裝，所以才從未看過他穿別的。每一學年開學，他照例都要辦一場雞尾酒會，要求住院醫師全員到齊，但我們卻都避之惟恐不及，除了要一身領帶、套裝要站上幾個小時不說，能喝的也只是一小杯雪利酒，其他吃的、喝的全都沒有。

住院醫師三年，另外五個同樣也是第三年的，加上我，每星期五都要和懷特霍恩耗上一整天。我們坐在緊挨他辦公室位於轉角處的大會議室，觀察他與他的住院病人面談。他和病人坐的是有墊子的椅子，而我們八個住院醫師，距離不過幾尺，坐的則是木頭椅子。有些面談不過十或十五分鐘，有些卻長達一個小時，有時候甚至兩、三個鐘頭。

他所寫的〈面談指南與臨床人格研究〉（Guide to Interviewing and Clinical Personality Study），當時是美國多數精神科培訓課程所使用的教材，為新人的臨床面談提供一套有系統的方法，但他自己的面談卻又毫無系統可言。面對病人的焦慮，他很少詢問症狀及焦慮的內容，而是按照所謂「由病人來當你的老師」的計畫走。如今半個多世紀過去，我還記得幾個個案：有一個病人正在寫哲學博士論文，主題是西班牙無敵艦隊，另一個是聖女貞德專家，還有一個是巴西富有的咖啡種植者。這些個案，懷特霍恩醫師都花很長時間面談，每個至少九十分鐘，重點都放在病人的興趣上。西班牙無敵艦隊的歷史背景，算計聖女貞德的陰謀詭計，波斯弓箭手的精準，職業焊接班的課程，以及咖啡豆品質與種植高度之間的關係，應有盡有，我們還真是學了不少東西。有時候，我覺得厭煩，分了心，但說也奇怪，十或十五分鐘之後，只見一個原來充滿敵意、處處防衛、疑心重重的病人這會兒卻敞開來了，無所忌諱，談著自己的內心生活。「你和病人雙贏。」懷特霍恩說：「由於你表現出來的關注，以及你願意接受他的教導和啟迪，提升了病人的自尊心，最後，關於他的毛病，你需要知道的也就全都了然於胸了。」

上午面談之後，接著是兩小時的餐會，在他舒適的大辦公室，用的是南方休閒風的精美骨瓷餐具，大盤沙拉、三明治、鱈魚餅，還有我當時最愛的一道菜，奇沙匹克灣（Chesapeake Bay）蟹餅。我們聊天，從沙拉、三明治，聊到甜點、咖啡，無所不談。除非我們引導他轉移到別的話題，懷特霍恩通常都是談他有關元素週期表的新想法。他會走到黑板，並拉下永遠都掛在辦公室裡的元素週期表。雖然出身哈佛精神科，來霍普金斯之前，在聖路易斯（St. Louis）華盛頓大學擔任過精神科主任，但他原來卻是個生化學者，從事過有關大腦化學的重要研究。我記得，我曾經問過他有關想法偏執源起的問題，他花了很長的時間回答。有一段時間，對於人類的行為，我高度認同決定論，曾經這樣對他說，所有加諸於一個人身上的刺激如果都能夠加以掌握，我們也就能夠精確預測他的反應，包括思想與行動。我拿打撞球做比喻——如果我們知道力量、角度及旋轉，也就可以知道被擊中的球的反應。聽了我的論點，他當場提出反對看法，一個人本的觀點，這對他來說並不尋常應該也很不自在。一番熱烈討論之後，他向其他人說道：「這也不是不可能啦，亞隆醫師是故意拿我來尋開心的。」如今回想起來，他或許是對的，當時我的確是被逗樂了，我一向支持人本觀點，我設了一個局，他居然掉進去了。

我唯一對他的失望，是我借了他一本書：卡夫卡的《審判》（*The Trial*）。我之所以喜歡這本書，在於它以隱喻的方式把神經質與沒有由來的罪惡感表現得淋漓盡致。懷特霍恩醫師兩天後把書還我，邊搖頭邊對我說，他搞不懂，他寧願跟真真實實的人講講話。當時我在精神病科已經待了三年，臨床醫師對哲學家和小說家的洞察力有所感應的，我連一個都沒碰到過。

餐會結束，我們回去繼續觀察懷特霍恩的面談。到四、五點時，我開始坐立不安，渴望出去和我固定的球伴——一個醫學生——打網球。住院部醫師的網球場就在七十公尺外，夾在精神科與小兒科中間，許多個星期五的黃昏，我總抱著一線希望，直到最後一線陽光消失，才嘆息著將注意力拉回到面談上。

在與約翰．懷特霍恩共事上，最後一次接觸是在住院醫師的最後一個月。一天下午，他招呼我到他辦公室，關上門，面對他坐下，覺得他的神情似乎沒那樣嚴肅了。是我的錯覺，還是我感覺到了和善，即使只是一絲笑意？典型懷特霍恩式的靜默之後，他傾身向前，問我：「未來有什麼打算呀？」當我說下一步將是為時兩年的強制服役時，他扮個鬼臉，說道：「你真是好運，現在是在和平時期。我兒子死於二次世界大戰的突出部之役（the Battle of the Bulge）——一場天殺的作殊死戰。」我結結巴巴表示遺憾，但他卻閉上眼睛，搖搖頭，顯示無意再談他兒子。他問我退伍後的計畫。我告訴他，關於未來尚不確定，但家有妻子及三個孩子要養。或許，我告訴他，我會在華盛頓或巴爾的摩執業。

他搖搖頭，指著桌上我寫的東西，整整齊齊堆成一疊，說道：「光是這些文章就傳達了些別的東西，它們代表的是學術階梯一路往上的台階，我的直覺告訴我，你若繼續這樣思考這樣寫下去，前途必定大好，等著你的將是某一所大學——譬如約翰·霍普金斯——的教學部門。」他最後的話語多年以後仍然回響於耳際：「若你不追求學術生涯，那就是在和幸運之神作對。」談話結束，他送我一幅鑲框的玉照，題詞寫道：「致歐文·亞隆醫師，於君，既愛且敬。」至今仍然掛在我的辦公室。寫到這裡，看著他，不太協調地和一張「搖擺迪馬喬」的圖片並排著。「於君，既愛且敬」——如今咀嚼起來，不覺一驚：當日，我竟然不曾體會到他的這份感情。只有到了今日，寫到這裡，才意識到，他，還有傑洛米·法蘭克，對我來說實際上都是業師——明師！我明白，一生以來，向來都以為自己的一切都是靠自己造就出來的，這想法該是拋棄的時候了。

結束我自己住院醫師的三年，懷特霍恩醫師也結束了他漫長的約翰．霍普金斯生涯，我和其他住院醫師及醫學院全體教職員，參加了他的退休惜別會，他的惜別致詞開場白至今清楚記得。在里昂．艾森柏格（Leon Eisenberg）教授——我在兒童精神科時的主管，即將接任哈佛精神科主任——生動的介紹後，懷特霍恩醫師站起來，走向麥克風，用他不急不徐、莊重的聲音說道：「俗話說得好，要判斷一個人的人品，觀其所交的朋友可矣。若果真如此……」只見他停下來，認真地，緩緩地，由左到右，掃視著眾多的聽眾。「那麼，我應該算得上是個好人了。」

從此以後，我和約翰．懷特霍恩只接觸過兩次。其一是數年之後，我在史丹佛教書時，他的一位近親聯絡我，說懷特霍恩介紹他來找我做心理治療，經過幾個月的治療，很開心能夠不負所託。然後是一九七四年，最後一次面對面接觸的十五年之後，懷特霍恩的女兒，與我素未謀面，卻來電說她父親嚴重中風，命在旦夕，特別指名要我去看他。我整個人當場呆住，為什麼是我？我能給他什麼？但我當然毫不猶豫，第二天一早就飛越美國到華盛頓，依例住到姊姊琴尼及姊夫莫頓的家裡，跟他們借了車，去接喜歡坐車兜風的母親，開到巴爾的摩市郊的療養院，在大廳找了一個舒服的座位安頓好母親，搭電梯直奔懷特霍恩的房間。

他看起來比我記憶中小了一號，身體一邊癱瘓，有失語現象，語言能力損傷。眼看著一個能言善道的人如今竟然流涎失語，令我驚駭莫名。他數度欲言又止，總算發出了聲音：

「我……我……我害怕，害怕得要命。」我也害怕，被眼前一座偉岸雕像的倒塌及癱瘓嚇到了。

懷特霍恩醫師訓練了兩代的精神科醫師，其中許多人當時都已經是主要大學中主任級的人物，我問自己：「為什麼是我？我能為他做些什麼？」

到頭來，我能做的不多，一如每個來訪者，惶惶然，拚命尋找安慰的話語，我提醒他我在霍普金斯追隨他的日子，告訴他我何等珍惜我們共度的星期五，在如何面談病人上，他教了我那麼多，而我也接受了他忠告，成為一個大學教授，我努力學習他，以尊嚴與關注對待病人，以及聽從他的建議，讓病人教導我。他發出聲音，但無法成句，終於，三十分鐘之後，他沉沉睡去。我頹喪離去，仍然不解他為什麼找上我。後來從他女兒處得知，在我去看他之後兩日，他與世長辭。

「為什麼是我？」的問題在我心中多年。一個窮移民雜貨店的兒子，焦躁不安，缺乏自信，為什麼找上我？或許我是他二次世界大戰中死去兒子的替代。懷特霍恩醫師死得這樣孤獨，倘若我能多給他一點什麼，那該多好。我曾多次希望，若給我第二次機會，我會跟他多說說我是何等珍惜與他共度的時光，告訴他，面談病人時，我不時都會想到他。我會努力說出他內心必然經歷過的恐懼，我會觸摸他，握住他的手，親他的面頰，但我都沒有做——我認識的他，長久以來都是一個高高在上的人，何況，他此刻實在太過於脆弱，我的溫情在他感覺起來反而可能是一種傷害。

大約二十年後，一日巧遇退伍後帶我進史丹佛的精神科主任大衛・漢柏格（David Hamburg），共進午餐時聊天，他說清理房間發現一封約翰・懷特霍恩的信，信中大力贊成我的聘任。他拿信給我看，最後一句話令我大為驚訝：「我相信，有朝一日亞隆醫師終將成為美國精神醫學的泰斗。」如今，重溫自己與約翰・懷特霍恩的關係，他在臨終之前召我到病床前，我總算明白了他的用心。他想必是把我視為可以繼承他未竟之業的人。此刻，我轉頭，凝視著掛在書桌上方他的照片，接住他的眼神，心裡念著，但願我能略盡綿薄，使他得以繼續擴散進入未來，並希望我這微薄的心願可以慰他的在天之靈。

Notes

1 原文「*you were my bread and butter*」，「bread and butter」，意思是：生活的基本需求。

2 羅洛・梅（Rollo May, 1909-1994）美國存在主義心理學家。名著《愛與意志》影響深遠。

16 派駐樂園

一九六〇年八月，結束約翰．霍普金斯住院醫師職務一個月之後，我應召入伍。那個時代仍然普遍實施徵兵，但按照所謂的「貝里方案」（Berry Plan），醫學生可以緩召，在完成醫學院課程及住院醫師訓練後再行入伍。入伍的前六個星期，我在聖安東尼奥（San Antonio）的山姆休士頓堡（Fort Sam Houston）度過，並在那裡接到命令，說我未來兩年將派駐德國一處基地。數天之後，另一項新的指示下來，我改派到法國。但兩個星期之後，令人納悶地，我奉命前往夏威夷火奴魯魯的三聯醫院（Tripler Hospital）報到。派令到此定案。

抵達夏威夷的第一瞬間深深烙印在我的腦海。一踏出機門，吉姆．尼古拉斯，一位精神科軍醫，老天注定未來兩年的哥兒們，在我脖子套上雞蛋花圈，甜蜜的濃香撲鼻，那一剎那，我感覺到自己的內在起了些變化。雞蛋花香瀰漫，機場、街上，以及吉姆為我們安排的威基基（Waikiki）公寓，無所不在，令人陶醉，喚醒了我的感官。公寓雖小，堆滿食品與花朵。一九六〇年的夏威夷是個自然之美盛放的地方：雞蛋花、棕梠樹、木槿、紅色香水薑、白色蜘蛛蘭、天堂鳥，當然，還有深藍色的海洋，微浪輕捲，歇於閃亮沙灘。每個人都穿著怪異但好看的衣服，吉姆來接我，穿的就是一身花襯衫、短褲及所謂**草履**的拖鞋，他帶我到一家威基基商店，當場脫下軍服，換成一身草履、紫色阿羅哈襯衫及亮眼的藍色短褲走出商店，至少這樣穿了一天。

＊＊＊

兩天後，瑪莉蓮和三個孩子到來，我們開車上到帕里大風口（Pali Lookout）的頂端，一覽海島東邊的世外美景，環視四周層巒疊嶂的群山、瀑布、彩虹、湛藍的大海及沒有盡頭的海灘，瑪莉蓮遙指下方的凱盧阿（Kailua）及拉尼凱（Lanikai），篤定地說：「這裡真是樂園，我要住在這裡。」

見她歡喜，我自然也歡喜。對她來說，過去好幾個星期真是糟透了。我在聖安東尼奧為期六週的基本訓練期間，對我們兩個來說苦不堪言，對她尤其難為。在聖安東尼奧，我們一個認識的人都沒有，每天的溫度都超過華氏一百度。在陸軍學校，我每天的課程都滿檔，一個星期有五、六天不在，丟下瑪莉蓮及三個小孩。其中有一個星期，事態糟糕至極，當時我必須到聖安東尼奧好幾個小時車程外的地方去接受基本訓練，學習一些寶貴的技能，諸如操作武器（我獲得步槍射擊神槍手獎章），以及機關槍子彈自頭頂呼嘯掠過時我們在鐵絲網下匍匐前進（至少我們被告知是真槍實彈，但沒有人測試過）。在那些智慧型手機尚未誕生的日子裡，瑪莉蓮和我有如斷線的風箏。回來後我才知道，就在我離開那一天，她得了急性盲腸炎，送往陸軍醫院急診，切除盲腸，孩子則由軍事人員照顧。手術後四天，外科總住院醫師晚上親自到家裡拜訪，告訴瑪莉蓮，病理報告顯示，她罹患了腸癌，需要做大腸切除手術；他甚至為她畫了圖，以便讓我了解切除的大腸部位。第二天我回來，得知消息並看到外科醫師所畫的圖後，驚駭莫名，衝到陸軍醫院，取得病理幻燈片，立刻用快遞送回東部，交給外科醫師朋友。結果，他們一致認為，瑪莉蓮得的是一種良性的類癌腫瘤，並不需要進一步治療。時至今日，寫到這件事，對於軍方未曾通知我，並為一個完全良性的情況做出無可逆轉的重大手術，五十年過去了，我仍然感到極大的憤怒。

這會兒，在這片新天地，遠眺著群山滄海，一切都過去了，看到活潑迷人的瑪莉蓮又回到了我身邊，我感到欣喜安慰，再度眺望著凱盧阿及拉尼凱。住到這裡來卻是完全不切實際的——畢竟我們沒有很多錢，而軍方在斯科菲爾德營區（Schofield Barracks）還供應了廉價的眷舍，但我和瑪莉蓮都迷上了這裡，不過幾天，我們就在拉尼凱租了一間小屋，隔一條街就是世界上最美的海灘。拉尼凱沙灘在我們兩個人心目中的地位是永恆的，直到今日，它仍然是我們所見過最美麗的地方，也就是從那一日起，不論何時，走在粉狀但堅硬的沙上，我們相視而笑，說道：「拉尼凱沙。」

離開夏威夷許久之後，我們仍然定期返回這片海灘，但天呀，如今卻是慘遭蹂躪。我們在那兒住了一年，後來聽說有個海軍上將突然被改調到南太平洋，他在旁邊凱盧阿海灘的房子要出租，我們便馬上將之租下，由於房子離海岸極近，即便是在值班，我都還可以衝浪或浮潛，若有電話打來，瑪莉蓮便站上露臺揮舞白色大毛巾通知我。

剛抵達不久，我就接到三位將軍的來信，分別來自夏威夷、德國及法國，歡迎我加入他們的崗位。我的派令一開始就弄得一團糟，導致我們許多私人物品在搬運途中遺失，因此，這還真是一個嶄新的開始——所有的家具和寢具都是一天之內在一次舊貨拍賣中買齊的。

軍中的業務並不忙碌，多數時間都待在一個住院單位，病人則是來自不同的太平洋基地。一九六〇年代，越戰還沒開打，但我們的病人有許多卻是來自寮國境內的非官方軍事行動。心理疾病嚴重的人多數都已過濾，直接送到美國本土的醫院，因此，我們的病人當中，有許多並不是真正的精神病患，而是裝病，希望藉此獲得除役。

我的第一批病人中有一個中士，已經服役十九年，接近退伍了，因執勤時喝酒被捕——這樣的指控非常嚴重，有可能損害到他的退伍資格和退伍年金。來我這裡接受檢查，我問他的問題，每一題都答錯，但每次回答都非常接近正確答案：六乘七等於四十一，聖誕節是十二月二十六，一張桌子有五隻腳。這種病例我從來沒有碰過，除了問同事，我也查閱文獻，才知道這是典型的甘瑟氏症候群（Ganser syndrome，或比較為人所知的「近似答案症候群」），一種假性的失常，病人為逃避某些不正當行為該負的責任，而模仿一種自己並未罹患的疾病。在他停留的四天當中（需要住院較長時間的病人都會用船送回美國大陸），我在他身上花了許多時間，卻無法接觸到他的無欺的自我（non-deceiving self）。真正奇怪的是，我研究長期追蹤文獻後發現，事實上，甘瑟氏病人多年以後會發展成為真正的精神失常，百分比極高！

每一天，我們都要判定某些士兵是真正的精神疾病，還是為了取得醫療除役而假裝出來的。每個來到我們這裡的病人，無論陸軍、海軍或陸戰隊——我們治療所有的軍種——都是想要退伍的，而我們的決策程序專斷，指導原則不明，有的時候，甚至與自己的意見自相矛盾，對於這種情形，我的同事和我都感到十分不安。

和實習醫師及住院醫師比起來，軍中勤務格外輕鬆，相對於晚上和週末都要值班的四年，兩年下來，我感覺像是在度假。我們有三個精神科醫師，每隔三天才一個晚上、每三個星期才一個週末要值班；整個服役期間，晚上去醫院不過數次而已。三個人相處融洽，指揮官保羅．葉斯勒（Paul Yessler）上校，為人和善，見多識廣，工作上對我們充分授權。精神科——小三聯——距離大三聯醫院雖然只有三百呎，但環境輕鬆，不似在軍中。用餐是在大三聯，偶爾會去別科做諮商，沒事絕少涉足其中，好幾個星期不敬禮、回禮是常有的事。

正因為有這樣的自由，我選擇繼續發展自己在團體治療上的興趣，組成各種不同的治療團體，包括住院病人、門診的軍人妻子，以及利用空閒時間在卡內奧赫（Kaneohe）夏威夷州立醫院的非軍籍精神科住院醫師。

效果最好的就屬軍人妻子團體。她們當中，有許多人因為遠離了熟悉的環境在做調適，但有些則是努力地在探索自己的孤獨，以及自己在社區中的人際交往能力。住院醫師那一組的難度就高得多。他們想要一種治療經驗，既有益於自己的健康，又可以教他們成為團體的帶領。他們聽說我是有經驗的團體治療師，便要求我帶領他們。這事讓我很不安，畢竟我沒帶過這種團體，何況，我也只不過比他們多一、兩年的經驗而已，但他們的動機夠強，我也就應允了。可是過沒多久我便發現自己陷入了困境。團體成員既不願意承擔風險，又不願意揭露私密的想法和感情，這樣一個團體是無法成事的，而這個團體正是如此，極端不願意踏出這一步。慢慢地，我開始明白，治療者首要的專業利器就是他自己，而揭露自己的短處會讓人感受到極大壓力，因為如此一來，不僅是把自己的人格置於別人的批判之下，連自己的專業能力也攤了開來。儘管我已經充分意識到了此一難題，卻找不到方法加以突破，這個團體只能算是小有成就。到後來我才瞭解，在這樣的情況下若要成為成功的帶領人，就必須心甘情願地帶頭自我揭露，將自己在團體中豁出去。

我不得不承認，夏威夷兩年改變了我的人生。之前，我的長遠規劃是回到東岸去，或許照懷特霍恩的建議，找個學術工作，要不然就加入華盛頓特區親友的圈子，自己開業。但夏威夷幾個月待下來，寒冷、灰暗、一板一眼的東岸越來越不得我的歡喜。多年以來，瑪莉蓮一直想要遠離華盛頓，因此，我們很快就達成默契：兩個人都想留在夏威夷，要不然就盡可能離得近些。來夏威夷之前，我的整個人生都放在自己的工作上，給妻子和兒女的時間極少。夏威夷為我打開了周遭的世界之美，特別是海灘的召喚。瑪莉蓮與我牽手漫步，動輒好幾個鐘頭，彷彿回到了高中時代。我也把更多的時間放在孩子身上，尤其是在溫暖的海水裡，教他們游泳、浮潛和身體衝浪（衝浪板我一向不行——平衡感太差）。星期五晚上，帶孩子們去附近電影院看日本武士片，如同在地的小朋友，他們也穿束腰寬鬆套服。

陸軍不願幫我船運蘭美達到夏威夷，但可以船運一台望遠鏡，因此，還在巴爾的摩的時候，我拿蘭美達換了一台機械式的八吋反射望遠鏡，那可是我從小就夢寐以求的。但話又說回來，也就那麼兩次，千辛萬苦拖拉到山頂上，我的望遠鏡卻派不上什麼用場，因為夏威夷的夜空永遠都是霧濛濛的。

我的一個病人是陸軍航空基地的飛行管制員，透過他，我享受到週末搭便機飛往菲律賓和日本的額外待遇。在菲律賓，我在一個小島浮潛，海水澄清，在馬尼拉看落日，迄今不忘。在東京，我下榻軍官招待所，在城裡四處探險，若迷了路，便叫一輛計程車，出示寫有日文地址的招待所名片。招待所的經理警告我，當我出示名片時，要注意司機，如果他深深吸一口氣，我就得趕緊跳車，因為東京的計程車司機死要面子，不會承認自己不知道的地址。

我們抵達不久，瑪莉蓮就在夏威夷大學法文系謀得一份教職。她特別喜歡上當代法國文學的課，班上有許多法文流利的越南裔學生，對於沙特有關疏離的概念，他們一竅不通，但照樣計畫下了課就去游泳，跳入湛藍的海水。由於瑪莉蓮去大學上課要開車，我就也另買了一台超猛的山葉機車，每天早上越過帕里的山頭到三聯醫院上班，奔馳三十分鐘，真是不亦快哉。我們在夏威夷期間，穿山而過的威爾森隧道開通，於是我抄近路上班，每天在亮麗的陽光下進入隧道，出來時，幾乎每一次都是泡在夏威夷熱呼呼的陣雨中，滋味無窮。在凱盧阿，就在我家附近，有一小型草地網球俱樂部，我們週末都在那兒跟其他俱樂部比賽。軍中的一個朋友，帶我去浮潛及水肺潛水，以後的四十年裡，在夏威夷、加勒比海及世界許多地方，沿著海底悠游滑行，讚嘆海洋的生命與生態，成為我人生中極大的樂趣。有幾次去夜間潛水，特別刺激，因為所有夜間活動的生物都出來巡遊，尤其是大型甲殼類。

＊＊＊

傑克．羅斯（Jack Rose），我的一個同事，出身於曼寧格珍所（Menninger Clinic），介紹我認識他的同班同學拉姆（K.Y. Lum），精神科醫師，在火奴魯魯開業。他和我聯合好幾位夏威夷精神科醫師，組織了一個小團體，每個月集會，提出個案報告。我們也開了一個精神科醫師撲克牌局，隔週一次，持續了三十年。拉姆和我結為莫逆，至今仍有聯繫。

到夏威夷的第一個星期，一天，一位越南老先生，安德烈·陶青海（Andre Tao Kim Hai，音譯），帶著一副棋子，在我家旁邊停下，問我：「你可下棋？」天上掉下來的嗎哪（Manna）[1]！安德烈和我棋逢敵手，這一下，何止數十盤。他原任越南駐聯合國代表，退休後搬來夏威夷，但數年後，越南戰爭爆發，出於抗議，他離開美國，搬到巴黎，後又遷往馬德拉（Madeira）[2]。但我們的友誼和棋戰仍然繼續，以後的歲月中，我多次走訪他後來的家。

在夏威夷，我的父母來過，瑪莉蓮的母親，還有我的姊姊及其家人，也都曾經來訪。在大學裡，瑪莉蓮交了些新朋友，我們這才展開了社交生活，組成了一個八人沙龍，包括《孤獨的群眾》（*The Lonely Crowd*）的合著者，社會學家魯爾·丹尼（Reuel Denney）及其妻子魯絲（Ruth）；印尼哲學家及詩人塔克迪爾·阿里斯賈巴納（Takdir Alisjabana）和他的德國夫人；以及夏威夷交響樂團指揮喬治·巴拉提（George Barati）和他可愛的、也叫魯絲的妻子。我們共度許多愉快的夜晚，朗讀塔克迪爾翻譯成英文的詩，討論魯爾的書，聽音樂，又或，有一個晚上，聽T·S·艾略特（T.S. Eliot）朗讀《荒原》（*The Waste Land*）的帶子，眾皆黯然。有一日，我記得，我們這一小夥人在海灘上舉辦盧奧宴[3]享用夏威夷美酒，外加番石榴、荔枝、芒果、鳳梨及我的最愛，木瓜。塔克迪爾的牛肉串籤沾他的印尼花生醬，迄今口齒生香。

撲克、浮潛、海灘散步、機車、與孩子遊戲，加上下棋，生活多采多姿，是我人生從所未有。我喜歡一身便服、涼鞋、海灘小坐，眺望大海。我改變了，工作不再是一切。灰暗的東岸，冬苦寒，夏酷暑，不再呼喚我。在夏威夷，我感覺自在，開始幻想餘生終老於此。

＊＊＊

隨著夏威夷的兩年即將結束，我們面對接下來何去何從的決定。我又發表了兩篇專業文章，對學術生涯有點心動。但是，唉，留在夏威夷卻無法列入選項：醫學院只有一個機會，為期兩年，非臨床的，而且不是正職精神科醫師。我這個人，凡事求諸於己，又老是覺得自己命中難遇明師，沒有人可以指點我，因此，從來也沒又想到要找霍普金斯的老師，約翰．懷特霍恩或傑瑞．法蘭克。如今回顧那段時日，我還真是大惑不解，當時怎麼沒有找他們給個建議或討個介紹？看來我總以為，住院醫師生涯一結束，我也就從他們心裡消失了。

相反地，我用的是最沒有想像力的法子：徵人廣告。我在美國精神醫學協會（American Psychiatric Association）通訊的廣告中看中三個單位：史丹佛大學醫學院及舊金山加州大學醫學院，教職，以及威斯康辛曼多塔州立醫院（Mendota State Hospital），員職〔唯一令人動心的是傑出心理學家卡爾．羅傑斯（Carl Rogers）在這家醫院任職〕。三個地方我都申請，全都通知我面試，於是我搭軍機前往舊金山。

第一場面試在舊金山加大，面試人為一資深教師，雅各・艾普斯坦（Jacob Epstein），一個小時後，給我一個臨床教師職位，年薪一萬八千元。我第三年住院醫師的薪水才三千元，軍隊薪水一萬二千，我有點心動，儘管我知道，時間上的付出一定很高，不但要教醫學生及精神科住院醫師，還要負責一個超大超忙碌的住院病房。

次日，史丹佛精神醫學科新任主任大衛・漢柏格面試我。史丹佛醫學院及醫院剛從舊金山搬到帕羅奧圖史丹佛校區新建的大樓群，由他全權負責管理，建立一個全新的系。漢柏格醫師崇高的願景、對這個領域的憂心以及他的智慧，聞之令我動容。還有他的話語！聽那話語源源湧出，不急不徐，有條有理，簡直就有如聆聽優美的協奏曲。此外，我有一種強烈的感覺，若有他的領導，我所需要的一切資源與學術自由都將唾手可得。

回首往事，話說當時，我並不認為自己對未來有什麼概念，或者自己能有什麼作為。自己開業會是個什麼樣子，我清楚得很，那可是前途大好，比起當個教書的精神科醫師，自己出來開業所賺的錢三倍都不止。

漢柏格醫師給我的是一個初級教師的職位（講師資格），年薪一萬一千元——比我的軍餉還少一千元。他也把史丹佛的政策講得很明白：全職教師就必須是學者兼研究人員，不可以私下開業賺外快。

一開始，史丹佛與舊金山加大之間的薪水落差的確令我吃驚，但思考兩邊的條件後，也就不再成其為要素。儘管我們是零儲蓄，生活就靠幾個死薪水，但錢並不是什麼大問題。大衛．漢柏格的願景令我印象深刻，我心甘情願成為他正在擘劃的這個大學系所的一員。我心裡明白，自己所要的無非就是教書及研究的生活。此外，萬一有緊急需要，我相信我還有父母親的財務可以當靠山，何況瑪莉蓮也可能有一份收入。在電話裡跟瑪莉蓮討論後，我接受了史丹佛的職務，取消了前往曼多塔州立醫院的班機。

Notes

1 嗎哪（Manna）《聖經》故事裡，摩西及其子民在沙漠中得到的神賜食物。

2 馬德拉（Madeira），非洲西海岸外，大西洋上群島，屬於葡萄牙。

3 盧奧宴（Luau），一種夏威夷式的聚會。

17 上岸

一九六四年，到史丹佛已經三年，我打算參加一個為期八天的全國訓練實驗研討會（National Training Laboratory Institute），地點在南加州的箭頭湖（Lake Arrowhead）。為期一週的研究課程包括許多社會心理學活動，但其核心，以及我會參加的原因，則是每天三小時的團體聚會。首次聚會那天上午，我提早幾分鐘到，在圍成圓圈的十三個座位中挑了一個就座，匆匆看一眼帶領人及其他早到者。帶領治療團體，我的經驗雖然不少，而且又深度涉入團體治療的研究與教學，但自己從來不曾做過一次團體的成員。這一次，正好補足這一點。

其他人陸續進場報到就座，沒有人開口說話。八點三十分，帶領人朵洛瑟·加伍德（Dorothy Garwood）——私人開業治療師，兩個哲學博士學位（生物化學及心理學）——起身自我介紹：「歡迎光臨一九六四年箭頭湖訓練實驗研討會。」她說。「這個團體每天上午同一時間聚會三個小時，為期八天，請各位記住大家所說的每件事情，當下的，所有的發言。」

接著，一陣沉默。我心想：「就這樣嗎？」環視四周十一張面孔，個個一臉困惑，十一個腦袋，個個搖頭不解。過了一分鐘，成員有了反應：

「這樣的簡介也未免太簡單了吧。」

「是在開玩笑嗎？」

「我們連彼此姓甚名誰都不知道耶。」

帶領人沒有反應。漸漸地，集體的不確定開始醞釀自身的能量。

「真是可憐。難道就是這樣的人來帶領我們？」

「這樣講不對。她扮演她的角色。這是一個體驗團體，你難道不知道？我們必須要檢視自己的所言所行。」

「沒錯，我有一種感覺，不止感覺，她知道自己在做什麼。」

「你這是盲信，我最反對盲信。事實很清楚，我們不知所措，而她呢？她在哪裡？誰來幫我們？連個鬼都沒有。」

大家你一句我一句，中間偶爾停下來，等著帶領人做出回應。但她只是微笑，繼續沉默不語。

有人跳出來了。

「不管怎麼說，我們彼此誰也不認識誰，總不能就這樣僵在這裡吧？我們今天才第一次見面耶。」

「我最受不了這種沉默。」

「沒錯，我也是。我們可是繳了不少錢來的，坐在這裡啥也沒做，浪費時間。」

「我個人倒是喜歡沉默，安安靜靜坐這裡，你們且稍安勿躁。」

「我也是。剛進入冥想，感覺要入定了，一切就緒。」

＊＊＊

由於參與了這次交流，並認真加以反芻，我突然間領悟了一些東西，後來我將之融入團體治療的核心取向。我身歷其境地目睹了一個單純卻極端重要的現象：所有的團體成員都暴露在一個刺激之下（以這一次來說，是帶領人要求所有的發言當場都要記下），而成員的反應卻各自有別。**同一個刺激，十一種不同的反應！為什麼？**解答只有一個：**十一個內心世界各不相同！而且，十一種不同的反應或許正是進入十一個不同世界的可靠途徑。**

沒有帶領人的協助，我們各自介紹自己，交代各自的行業，以及為什麼會來這裡的原因。我發現，自己竟然是唯一的醫師——有一個是心理學者，其他的不是教育人員就是社會科學學者。

我轉向帶領人，直接問她：「對於妳的沉默我非常好奇，可以說明一下妳在這裡的角色嗎？」

這一次她有了回應（簡短的）：「我的角色是帶領人，承受成員對帶領人的感覺及想像。」

接下去七天，我們繼續聚會，並開始檢視我們彼此之間的關係。團體成員裡那個心理學者脾氣特別不好，常常指責我自負傲慢。過沒幾天，他講了一個夢，夢到被一個巨人追趕——那人顯然是我。弄到最後，他和我還真是搞出一些名堂來——我是因為不爽他的壞脾氣，他則是因為我挑起了他的競爭心——我們搞在一起，基於各自的專業始終有些互不信任。

在這次的研討中，由於我是唯一的醫師，還被找去照顧另一個團體的一個成員，他因為團體內部的壓力，導致精神錯亂的反應，最後送醫住院。這種結果使我更加警惕小團體的力量——不僅療癒，也造成傷害。

對朵洛瑟·加伍德，我也逐漸有所了解，一年後，她和她先生與瑪莉蓮和我，在茂誼島（Maui）[1]共度了一次美好假期。她絕不是個無所作為的人，關鍵在於她所受的訓練，是塔維斯托克診所（Tavistock Clinic）——倫敦一個相當具有規模、訓練與治療並重的心理治療重鎮——的一個傳統，亦即帶領人要置身團體之外，將自己的觀察集中於龐大的團體現象。三年後，前往塔維斯托克做研究休假，對於她的帶領立場，我更清楚地瞭解了其基本原理。

＊＊＊

一九六二年，自軍中退伍，我們的五口之家初抵帕羅奧圖，瑪莉蓮和我著手找個地方安頓下來。我們本可以在史丹佛教職員宿舍區買間房子，但如同在夏威夷，我們選擇了一處比較另類的住宅，買下一棟三十年的房子（以加州的標準來說，幾乎是老房子了），距離校園十五分鐘。當時的經濟情勢很不同：儘管收入微薄，但我們毫無困難地買下了一棟三十二畝地的房子，開價三萬二千元。房價是我史丹佛年薪的三倍。時至今日，帕羅奧圖的經濟已經大異於往昔，一棟同樣的房子，價格是一個年輕教授薪水的三十至四十倍。我們的頭款七千元是父母親給的，那也是我最後一次接受他們的資助。儘管如此，即使我已完成醫師的訓練，而且我們是個五口之家，在飯店，父親還是堅持要由他埋單。我明白，他要照顧我，我心裡歡喜，也不怎麼拒絕，並把他這種大氣往下傳，對待自己已經成人的孩子也是如此（有樣學樣，他們也不怎麼拒絕）。這種傳承，深植記憶：每當為孩子們付帳時，父親的容顏便在心頭浮現（我們也有能力為孩子們的第一棟房子付頭款）。

向單位報到時，我才知道自己被派到新成立的史丹佛退伍軍人醫院（Stanford Veterans Administration Hospital）——距離醫學院十分鐘路程，整個醫院都由史丹佛員工運作——我負責一間大病房的醫療，要管理住院醫師，幫醫學生組織一個體驗團體（亦即一個研究我們相互關係的團體），而且有自己的時間參加部門的講座及研究專題討論會，儘管如此，我在退伍軍人醫院卻不開心，總覺得病人當中有太多的人——幾乎全都是二次世界大戰退伍軍人

——不配合我的治療。依我看，很可能是福利太好了：醫療不要錢，住院和伙食也免費，還有一個舒適的地方可住。第一年快要結束時，我跟大衛・漢柏格說，在退伍軍人醫院，我看不出來未來有什麼我想要研究的東西，他問我希望到哪裡工作，我提議到史丹佛的門診部，那裡是住院醫師訓練計畫中心，是一個我可以組織治療團體以供訓練與研究的地方。考察了我的工作，並出席我兩次的重要報告後，他對我有充分信心，同意了我的請求。對我，他總是不遺餘力地協助支持，從那以後，多年下來，我都沒有行政管理責任，幾乎可以全心放在臨床、教學及研究的興趣上。

一九六三年，瑪莉蓮完成她在約翰・霍普金斯比較文學研究所的博士論文〔論文題目《法蘭茲・卡夫卡與亞伯特・卡繆作品中的審判主題》（*The Motif of the Trial in the Works of Franz Kafka and Albert Camus*）〕。她飛往巴爾的摩口試，獲得通過，成績優等，獲頒博士學位。回來後，希望在史丹佛找份工作，但被法文系主任約翰・賴普（John Lapp）的一句話打得煙消雲散，他告訴她說：「我們不用學校員工的妻子。」

若是三十年之後，我的婦女問題意識提升了，我或許就會另找一家唯她學術成就是問的開明大學去為她謀個職位，但在一九六二年，我心裡壓根沒有這種想法，她本人也沒有。我為她不平，我知道，在史丹佛教書，她絕對夠資格，但我們兩個都接受現狀，心裡只想著另謀出路。過沒多久，新成立的加州州立學院（California State College）文學院院長和瑪莉蓮聯絡。他從史丹佛同事那邊聽說了她的事，特地開車來我們家，願意聘她為外語助理教授。加州州立學院位在海沃德（Hayward），通勤上班，一趟車程要一個小時，一個星期四天，從此展開了十三年的奔波。瑪莉蓮的起薪是八千元——比我在史丹佛的起薪少三千。但兩份薪水加起來足夠我們在帕羅奧圖過舒服的日子，可以請一個全職管家，甚至來上幾趟終生難忘的旅遊。瑪莉蓮在州立學院勝任愉快，很快就升任常任副教授，然後又成為正教授。

＊＊＊

接下去的史丹佛十五年，我全心投入團體治療，身兼臨床醫師、教師、研究員及教科書作者。在門診部，我成立了一個治療團體，我的學生，十二個第一年的精神科住院醫師，透過一面單向透視鏡觀察我的團體，一如我當學生時觀看傑瑞．法蘭克的團體。最初，我和另一位教師成員一同帶領，但到次年，開始和一個精神科住院醫師一同帶領，一年後，再換成另一個住院醫師。

我的帶領方式一直朝著更平易近人、更透明的形式演變，逐漸遠離高不可攀的專業風格。由於團體成員都是些不拘小節加州人，彼此都以名字相稱，而我卻用他們的姓氏稱呼他們，或用名字叫他們，但希望他們以「亞隆醫師」稱呼我，使我越來越覺得與他們格格不入，於是，我做了一項重大的改變，要他們直接叫我「歐弗」。多年以來，我一直守住自己的專業身分，一如史丹佛醫院裡面其他的醫療專業，進出都是一身白色醫師服。但到最後，我連這都丟了，在我看來，治療首重坦率與透明，而不在於個人權威（那件白衣我一直沒有丟掉，迄今仍掛在家裡我背後的一個櫥櫃裡，算是我醫師身分的一個紀念品吧）。但話又說回來，對於自己幹這一行的配備，雖然不放在心上，對於醫學及希波克拉底誓約[2]的尊重我卻謹守不逾，其中所列條款如：「行醫執業必將本諸良知與尊嚴」、「病人健康列為第一考量」，無不牢記在心。

每次團體治療結束後，我都會花很大氣力將自己的理解和教學做一個全面的總結（史丹佛大方地提供了一位書記）。這樣做到一個程度後——不記得哪來靈感——我突然有一種感覺，我若把療程總結及我對治療後的檢討讀給病人聽，對他們或許會有好處。由此，開啟了一項極不尋常的大膽實驗——治療師的透明度：每次聚會的次日，我給所有成員寄一份團體治療總結，描述聚會的主要議題（通常有兩或三個主題），以及每個成員的貢獻和行為。對於我在團體中發表的每個看法，我都在後面加上理由，對於我想說而未說的，以及不該說卻說了的東西，往往也都會加以評論。

這樣一來，批評前次聚會的總結往往就成為團體的開場大戲。成員們的意見，有的時候是不同意，有的時候則是指出缺漏，但話又說回來，相較於之前，聚會變得更有活力，互動也多了起來。我發覺這一招還蠻管用，因此，只要是帶領團體，我都繼續沿用。如果是住院醫師和我一同帶領，總結每隔一個星期就由他們來撰寫。但撰寫總結畢竟要花大量時間，還必須自我揭露（self-exposure），因此，據我所知，在美國，很少有團體治療師仿效。對於自我揭露，雖然有些治療師頗有微詞，但在我的記憶中，將自己的想法與感情分享給病人，對病人沒有幫助的例子還真是沒有。至於自我揭露，為什麼對我來說那樣輕而易舉？原因之一在於，我決定不選修任何研究所課程——佛洛伊德、榮格（Jungian）或拉岡（Licanian）的分析研究。我完全跳脫支配性的規則，只相信自己謹慎觀察的結果。之所以如此，有許多因素在起著作用，譬如我根深蒂固的反宗教傳統（這有之前我對宗教信仰及儀式的反應可以為證），以及碰到過一個不帶感情、客觀超然的分析師，使我對分析產生了負面觀感，加上我服務的部門很年輕，主管開明，環境有利於實驗。

精神病科的週會不對我的胃口，但我通常都會參加，卻很少發言。會議主要內容無非募款、撥款、資源或空間爭奪、與其他部門的關係，以及主任報告。我唯一感興趣的只有聽大衛·漢柏格講話。他周到的思維、處理衝突的方法，以及最重要的，高妙的修辭能力，無一不令我折服。他不開口則已，一開口就猶如樂音流瀉，天賜口才如此，令人傾倒。

我這個人，明顯缺乏行政技巧，叫我去管理任何事情，我都敬謝不敏。話說得白一點，我只求做好自己的研究、寫作、治療及教學，最好誰都別來碰我。來到史丹佛，要不了多久時間，我就開始投稿專業性期刊。這，才是我的最愛，也只有在這上面，我才覺得自己有所貢獻。有時候我會想，在行政上，自己若不知道藏拙，硬著頭皮去和科裡面那些爭權奪名的少壯派競爭，到頭來也只會落個一敗塗地。

＊＊＊

決定去參加箭頭湖的研討，有兩個目的，一來是要體驗身為團體成員的經驗，其次則是想要多了解一些所謂的「T團體」（T-group），一個重要的非醫學群體，出現於一九六〇年代，風行全國〔T團體的T代表訓練（training）——指的是培養人際關係與群體動力（group dynamics）方面的技巧〕，其創始者為全國教育協會（National Education Association）一批領導人物，其中不僅有臨床醫師，也包括群體動力學方面的學者，其目的則是要改變組織中的態度及行為，幫助個人更能為他人設想。這個名叫「全國訓練實驗室」（National Training Laboratories，NTL）的組織曾在緬因州巴塞爾（Bethel）及普利茅斯（Plymouth）舉辦過為期數日的研討會，或社會實驗室，後來，又在加州箭頭湖辦了我參加的那一場。

全國訓練實驗室辦理許多活動：小型的技巧訓練團體、討論暨解決問題團體、團隊組建團體、大型團體。但不消多久，事情就清楚了：小型的T團體，參與成員彼此間當下就能相互回饋，才是真正最具動力及說服力的訓練。

多年下來，隨著訓練實驗室團體的西移及卡爾．羅傑斯的加入，T團體逐漸將重點轉移到個人的人格變化上。「人格變化！」聽起來多麼像是治療，不是嗎？成員受到鼓勵，既付出也接納回饋，既是參與者也是觀察者，拿出真性情，敢於面對受傷的風險。團體在態度和行為上尋求改變，藉此以改善人際關係——很快地，有些順口溜就講了開來，譬如說：「治療真是好樣，豈可病人獨享。」T團體發展成為一種新的東西：「正常人的團體治療」。

這種後續的發展嚴重威脅到精神科醫師的地位，在精神科醫師看來，自己才是心理治療的當家，面對新的對手，一概視為入侵他們領域的非正統、不正當的治療形式。早期的先驅，社會科學家寇特．勒溫[3]說得好：「無行動不成研究，無研究不成行動。」因此而產生一種廣泛而細密的資料體，依我看來，其有趣更勝於以醫學為基礎的團體治療研究。

參加箭頭湖的團體經驗，最重要的心得之一就是投入當下，因此，我也開始將此一法門強力實施於自己的工作中。一如我在箭頭湖之所學，光是要求團體成員專注於當下還不夠，我們還得要告訴他們基本原則及路徑。我花了些時間開發出一套病人加入團體前的入門約談，簡短談話中我會強調，他們的許多人際問題將會在團體中改頭換面，使他們得有大好的機會更加了解自己，並因此而獲得改變。接下去（我一再重複這一點），他們在團體中的任務**就是盡量去了解自己與團體中每個病人及團體帶領人的關係**。入門約談中，許多新成員通常都會產生困惑，提出不以為然的看法，說他們的問題是他們和老闆之間的關係，要不就是和配偶或朋友的，甚至於是在生自己的氣，不懂為什麼要投入到團體成員的關係上去，畢竟他們和這些人未來並不會發生任何關係。

對於這些共同的問題，我的回答是，**團體是一個社會縮影**，治療團體中出現的問題**通常都是那些最初使他們前來尋求治療的問題的翻版**。我瞭解這一步驟至關緊要。後來，我做研究並發表，結果顯示，團體治療前，相較於準備不足的人，有充分準備者的治療效果高出許多。

我與T團體持續維持關係長達數年，曾在全國訓練實驗室新罕布什爾州林肯工作坊，以及俄亥俄州山達斯基（Sandusky）為高階主管所開設為時一週的研討會擔任講師。T團體之於我，教我如何帶領並研究以人際關係為基礎的團體，對其先行前輩，至今我銘感於心。

＊＊＊

多年下來，我逐漸為精神科住院醫師打造了一套密集的團體治療訓練計畫，內容包括：每週一堂課，觀察團體治療，以及每週治療團體聚會後的討論，每週由住院醫師帶領一次、由我指導的治療團體，最後，住院醫師參與每週由我和一位同事帶領的個人經歷團體（personal process group）。

花這樣大量時間學習團體治療，把第一年的住院醫師累得半死，他們又是怎麼反應的呢？啊，真可說是抱怨連天！有些忙碌的住院醫師尤其抗拒每週花兩小時觀察我的團體治療，往往都會遲到，甚至乾脆缺席。但幾個星期過去，意想不到的情形發生了：當團體成員越來越投入，越來越敢於冒險，對於在他們面前開展的戲劇，學生也就越來越感興趣，出席程度隨之大幅提升。過沒多久，提到這個團體時，他們便稱之為「亞隆的裴頓小鎮」（Yalom's Peyton Place）[4]——借用自一九六〇年代一齣連續劇的劇名——在我看來，其效果有如沉迷於精彩的故事或小說，治療師無不急於知道後續發展，這實在是大好兆頭。即便是今日，執業半個世紀，我照樣熱切期盼每個新的療程，無論個人的或團體的，心裡總忍不住琢磨會有什麼樣的新發展。如果這種感覺消失了，如果我對一個療程不再有什麼期待，依我想，病人或許也會有同樣的感覺，並試圖對抗、改變這樣的狀態。

學生的觀察對病人又有什麼效果呢？當學生藏身鏡子後面，我注意到了團體成員的焦躁，這個大問題不免令我憂心忡忡。我一再向病人保證，一如專業治療師，精神科的學生同樣也要遵守保密原則，但效果不大。於是，我做了一個實驗，想要把觀察者帶來的困擾轉變成正面的東西。聚會結束，我叫團體成員與學生交換位置二十分鐘，團體成員進入觀察室，觀察我與學生所做的會後討論。這一招立刻為治療與教學帶來新的活力！治療團體成員興致勃勃地聽著學生對他們所做的評論，學生則覺得有人在監督自己，也就更加用心地觀察團體。最後，我又增加了另外一個步驟：對於觀察者的評論及觀察者本身，團體成員都十分在意（他們甚至覺得觀察者比團體成員還來得緊張），因此，要求另外加時間討論觀察者所做的評論。我也就樂得順水推舟，又再增加二十分鐘，讓學生回到觀察室，病人和我則轉回團體聚會室，討論觀察者所發表的看法。我當然知道，這樣做大幅增加了每天的作業時間，但我相信，也具體提升了團體治療與教學的效果。

過八十歲生日，在家裡辦了一個聚會，遍邀早年在史丹佛共事過的住院醫師。談起團體治療訓練的經驗，許多人都說，**在整個培養過程中，他們唯一第一手觀察過的臨床醫師治療就是我的團體**。當然，這不免又把我拉回到自己在霍普金斯所受的教育，那面讓我們得以一窺治療團體的小鏡小窗。是的，這一切都要謝謝你，傑瑞・法蘭克。

＊＊＊

大學教師的升遷不在於教學。有一句老話說，**不發表就陣亡**，絕不是說著玩的。這在學術生涯中可是千真萬確。門診部有二十個治療團體，都為研究與發表提供了絕佳的機會。治療師如何幫助病人做團體治療的最好準備，如何組成團體，為什麼有些成員會早早就退出，以及最有效的治療要素是哪些，所有這些我都深思熟慮思考過。

由於我在團體治療的教學上未曾中斷過，這使我了解到，一本面面俱到的教科書絕對不可或缺，而自己所有的經驗——講課、研究及治療的發想創新——應該都可以整合到教科書中去。到史丹佛工作，不出數年，我就開始醞釀這樣一本教科書。

這段期間，我和心理研究所（Mental Research Institute，MRI）一群極有創意的臨床醫師及研究人員也時相往返，如葛雷高里·貝特森（Gregory Bateson）、唐恩·傑克森（Don Jackson）、保羅·瓦茲拉維克（Paul Watzlawick）、傑伊·哈雷（Jay Haley）及維琴尼亞·薩提爾（Virginia Satir）[5]。有一整年時間，每個星期五，上一整天維琴尼亞·薩提爾的聯合家族治療（conjoint family therapy）——家庭全員與治療師會面的一種治療形式——對家族治療的效果益發敬佩。當時聯合家族治療遠比今天來得常見，在帕羅奧圖做家族治療的治療師，我知道的至少就有十幾人。

我治療的一個病人，患有潰瘍型大腸炎，我找唐恩·傑克森搭檔，做了幾次家族治療，並聯名發表一篇論文敍述相關的發現。隔年，我繼續看了一個家庭，但到最後卻發現，還是個人及團體治療比較有趣，此後便不再涉足家族治療，但仍然會介紹病人給家族治療師。心理研究所另一位成員葛雷高里·貝特森，知名人類學家，同時也是思覺失調症「雙重約束」（double-bind）理論背後重要推手之一，是個說故事的高手，每星期二晚上在他家有個談話會，我也經常參加並樂在其中。

史丹佛的第一年，另一個吸引我的領域是「性障礙」。住院醫師期間，曾經在帕塔克森研究所（Patuxent Institute）接觸過性犯罪者，到了史丹佛，每逢週末，則定期到阿塔斯卡德羅州立醫院（Atascadero State Hospital）與監禁其中的性犯罪者做諮商，數年下來，看過不少病人，包括窺淫癖、暴露狂，或其他類型的性強迫或性衝動。我治療過男同性戀，回想起來，他們受苦的來源，基本上是世人看待他們的眼光。我以治療這些病人的部分經驗為題材，在史丹佛的病歷研討上發表報告，過沒多久就有了回響，史丹佛外科部整形外科醫師唐恩．勞勃（Don Laub）找上了我，說他正在推一個新的計畫，問我是否願意為好多個要求換性的變性（transsexual）病人做諮商〔當時尚無跨性別（transgender）一詞〕。在那個年頭，美國尚無這類手術，病人要換性都是到提華納（Tijuana）或卡薩布蘭加（Casablanca）動手術。

接下去幾個星期，外科部介紹了十個左右的病人給我做術前評估。病人全都沒有嚴重心理障礙，他們換性動機的強度與深度令我大為驚訝，多數人的經濟條件都不佳，為了動手術，工作多年省吃儉用存錢。全都是生理結構上的男性希望變身為女性，至於挑戰性更高的女變男手術，當時還沒有人做。外科部徵求了一位社工，帶領一個術前團體教導女性化訓練。我參加過其中一堂課，病人坐在長條椅子上，教練將硬幣滾落到他們的大腿間，教他們張開膝蓋用裙子接住，而不是如男性那樣本能地併攏膝蓋。

整個計畫進度超前甚多，但幾個月後卻鬧出了問題：一個術前病人跑到脫衣舞夜店去當舞者，大肆宣揚自己是史丹佛醫院產品，另外一個則在陰莖切除後對醫院提起訴訟，要求賠償身體傷害。計畫於是中止，許多年以後史丹佛才再度提供這類手術。

＊＊＊

搬家到帕羅奧圖的前五年，一九六二至一九六七，正巧碰上民權、反戰、嬉皮及垮掉的一代[6]等運動的發軔——全都以舊金山灣區為核心。學生在柏克萊發動言論自由運動，翹課的青少年群聚舊金山海特—艾許伯里（Haight-Ashbury），但在史丹佛，三十哩之外，卻是相對地平靜。瓊·拜茲（Joan Baez）就住在這一帶，有一次，在一場反戰示威中，瑪莉蓮和她一起遊行。在我的記憶中，這個時期最生動的一幕是在聖荷西（San Jose）參加了一場盛大的鮑伯·狄倫（Bob Dylan）演唱會，瓊·拜茲出其不意地登上舞台，唱了幾首曲子，從此以後，我成為瓊·拜茲的終生粉絲，數年之後，有一次她在咖啡館表演，我居然有機會與她共舞，真人生之至樂也！

一九六三年，約翰·甘迺迪遭刺的消息舉國震動，我們也不例外，帕羅奧圖不受外在世界影響的平靜生活一夕之間彷彿破碎，我們家裡買了第一台電視機，見證甘迺迪的死亡與悼念活動。我一向不喜訴諸任何宗教信仰與習俗，但這一次，瑪莉蓮卻覺得需要團體與儀式，帶著兩個大孩子——八歲的伊芙，、七歲的瑞德——上史丹佛紀念教堂做禮拜。儘管如此，我們並未完全免俗，家裡還是照常舉行逾越節家宴，與家人朋友相聚。由於我始終沒學會希伯來語，家宴禱詞都是請朋友代唸。

儘管童年的記憶多半不愉快，那些把我養大的食物——沒有豬肉的東歐猶太菜餚——卻始終是我的最愛。但瑪莉蓮可不。每當我出遠門，孩子們就知道，有燒豬肉可以大快朵頤了。有些古老的習俗我還是堅守不渝。我讓兒子都接受割禮，事後並與親朋家人共進割禮宴。三個兒子中，長子瑞德舉行過成人禮。這些猶太傳統之外，家裡也有聖誕樹，為孩子掛滿襪子，外加一頓聖誕節大餐。

常有人問我，沒有宗教信仰對我的生活或心理治療是否構成問題。我的答案是不。首先我要聲明，我這個人「不信宗教」，但「不反宗教」。何況我並非特立獨行，我的

全家合照，加州，1975

史丹佛同事和精神科同業，絕大部分和我一樣，宗教在生活中所占份量不是零就是極小。我常和一些信仰虔誠的朋友消磨時光（譬如戴戈芬．佛列斯岱爾（Dagfinn Follesdal），天主教徒，挪威哲學家），對於他們的虔信我深為感佩，但對自己的俗世觀點也深具信心，絕不致於影響我的治療。然而我也不得不承認，篤信宗教之人來找我的還真是寥寥可數，這類人當中，我最常接觸到的，都是帶著瀕危的病人來，每次碰到這種情形，我都熱切地承接，肯定他們尋求宗教上的慰藉。

＊＊＊

一九六〇年代，我埋首於工作，幾乎從來不過問政治，但對於文化的變遷卻不得不關注，由不得我。我的醫學生及精神科住院醫師棄「正常的」鞋子不穿，大家都人腳一雙涼鞋，年復一年，頭髮也越來越長，越來越狂野。有兩個學生送我禮物，帶來的是自家烘焙的麵包。大麻甚至滲透進了教師派對，性風氣也劇烈改變。

這些變化讓我已經覺得有點難以接受，第一次看到住院醫師穿紅色方格條文褲子或其他奇裝異服，我整個人還真是大驚失色。但這裡畢竟是加州，這一類的變化有增無減。漸漸地，我鬆懈下來，脫下領帶，在某些教師聚會的場合享受大麻，和大家一樣穿著喇叭褲。

一九六〇年代，我們的三個孩子——第四個，班傑明（Benjamin），要到一九六九才出生——每日自有他們的天地，讀住家附近的公立學校，走路上學，交朋友，學鋼琴、吉他，打網球、棒球，學騎馬，參加藍鳥（the Blue Birds）及四健會（4-H）[7]，在後院為兩隻小羊蓋畜欄。他們有些朋友，家裡小些，常來我們家裡玩耍。我們的房子是老式的西班牙風格，前門亮紫色的九重葛環繞，前院有一小池及噴泉。進門循路而下，有一棵高大茂盛的木蘭坐鎮，小兒們騎著三輪腳踏車繞樹嬉戲。離家半條街外有一網球場，與鄰居雙打，每週兩次，當鄰人老去，便與我的三個兒子較量。

＊＊＊

一九六四年六月，我們回華盛頓特

輪子家族，帕羅奧圖，1960年代

區探親，我和三個孩子到姊姊家，父母也開車過來。我和女兒坐沙發上，兒子瑞德坐我大腿上，兒子維克多和他表兄弟哈維在地板上玩。父親坐在一旁的軟墊椅子，跟我說他頭痛，兩分鐘後，突然間，一聲不響，昏了過去，猛然翻倒。我探不到脈搏。姊夫是心臟病科專家，診療箱中有注射針筒及腎上腺素，我為父親心臟注射腎上腺素——但沒有效果。後來才記起來，就在他暈過去之前，眼睛定住左邊，顯示是左腦中風，並非心臟停止。母親衝進屋子摟住他。此時此刻，她的哭喊聲猶在我的耳際聲聲迴響：「我親愛的巴洛。」（意第緒語）驚駭之餘，我深受感動，這是第一次，我親眼目睹自己母親這樣的溫柔，第一次瞭解他們是何等相愛。救護車來了，我記得，母親還在哭，但卻對姊姊和我說：「拿他的皮夾。」姊姊和我都沒聽她的，對她在這種時候還把心思放在錢上面，深深不以為然。但她是對的。沒錯，他的皮夾、卡片和錢，在救護車裡消失，再也沒有出現過。

我以前看過屍體——醫學院第一年的大體，病理學課停屍間裡的死屍——但這卻是第一具我所愛的人的遺體。這以後，許多年過去，不再有過同樣情形，直到羅洛．梅去世。父親的葬禮在馬利蘭州安納可斯提亞（Anacostia）一處墓園舉行，告別式過後，每個家人鏟一鏟泥土到棺木上。我也照著做，覺得暈眩，姊夫抓住我手臂將我穩住，才沒有跌入墓穴。一如活著的時候，父親死得安靜，一無聲息。即便到了今日，我仍然後悔對他瞭解得不夠多。我曾經重回墓園，徘徊於成排的墓碑之間，那兒安息著我的父親、母親，以及來自猶太人小村落塞爾茲的所有鄉親，我們之間就此橫著一道無法跨越的深淵，為此，我心痛如絞。

有時候，瑪莉蓮談起她溫馨的回憶，她和她父親牽手散步公園，我總覺得失落，覺得不真實。我的散步何在？父親的關注何在？他一生劬勞，他的店開到晚上十點，一個星期五天，星期六更要午夜才打烊，只有星期天才得空。記憶中，唯一溫馨共度的時刻就是星期天和父親下棋，他總是開開心心的，即便我才十歲、十一歲就已經開始痛宰他，他依然不改其樂。不像我，他從來不曾、一次都沒有，因為輸棋而不高興。或許正是因為如此，我才終生和下棋結下不解之緣。或許因為下棋，我才不致因為用功而徹底和他斷了線，並使我在溫柔敦厚的父親的眼裡永遠是長不大的孩子。

＊＊＊

父親去世，我才剛要在史丹佛開展自己的人生。現在回想起來，我並不認為當時自己充分明白自己是何等的幸運：在一所很棒的大學裡有一個職位，工作上完全獨立自主，住在一塊可能是全世界天氣最好的福地上，從未再見過雪（除了去滑雪勝地），來往的朋友，多數是史丹佛的同事，全都隨和開明，從此再未聽到過任何反猶太的言論。雖不富有，但瑪莉蓮和我都覺得我們要什麼有什麼。在下加利福尼亞（Baja, California），有個多采多姿的小地方叫做穆萊赫（Mulege），則是我們的世外桃源。有一年聖誕節，帶著孩子去那兒，所到之處，托提亞與皮納塔[8]無所不在，他們完全沉迷於那種墨西哥風味，我和孩子們浮潛、射魚，飽餐海鮮，樂不知返。

一九六四年，瑪莉蓮到法國開會，非常希望全家人能夠有一趟歐洲之旅。但比這更棒的，卻是在倫敦待了一整年。

Notes

1 茂誼島（Maui），夏威夷第二大島，也譯作毛伊島。

2 希波克拉底誓約（Hippocratic oath）即醫科學生誓約，新醫生執業前保證遵守醫得手則的誓言。

3 寇特·勒溫（Kurt Lewin, 1890-1947）。心理學家，場論（Field Theory）創始人，社會心理學先驅，傳播學研究中「守門理論」的創始者，以研究人類動機及團體動力學而著名。

4 原著為Grace Metalious的暢銷小說，一九五六年出版，中譯《溫暖人間》。

5 維琴尼亞·薩提爾（Virginia Satir, 1916-1988），美國著名社工師，家族治療先驅，其工作成果後來成為今日身心語言學的三個根本模式之一。

6 垮掉的一代（Beatnik），指二十世紀五十和六十年代，不接受傳統準則及習俗，留長髮，衣著不整的一代。

7 青少年團體，四H，分別指頭（head）、心（heart）、手（hands）及健康（health）。

8 托提亞（tortilla），一種墨西哥薄餅。皮納塔（pinatas），一種紙糊的容器，其內裝滿玩具與糖果，懸掛於節慶或生日，讓人以棍棒擊破，使玩具與糖果掉落。

18 倫敦一年

一九六七年，我獲頒國家心理衛生研究所（National Institute of Mental Health）優良教學獎，使我得到前往倫敦塔維斯托克診所一年的機會。我的計畫是研究塔維斯托克的團體治療方法，同時積極著手一本團體治療教科書的編寫。我們在漢普斯泰德（Hampstead）靠近診所的雷丁頓路（Reddington Road）找了一間房子，一家五口（么子班傑明尚未出世）展開了美好難忘的一年。

我和塔維斯托克診所的傑出精神科醫師約翰．鮑比[1]交換研究，他到史丹佛一年。他的倫敦辦公室位在診所核心，讓我有許多機會接觸診所員工。那一年當中，每天早上我從家裡步行到診所，距離十條街，要經過一座極為精緻的十八世紀教堂，小小的庭院內有墓園，十來塊墓碑，有的已經傾斜模糊，名姓皆不可讀。對街有一較大墓園，頗有幾位十九及二十世紀的名士長眠，譬如達芙妮．杜莫里埃[2]。附近要經過一座莊嚴的有柱豪宅，是德軍佔領法國時期戴高樂將軍的官邸，出價十萬英鎊待售，害得瑪莉蓮和我沒事就幻想手上有一筆錢把它買下來。再遠一點，隔一條街，有一座大廈，是電影《歡樂滿人間》（*Marry Poppins*）中，茱莉．安德魯斯（Julie Andrews）與狄克．范．戴克（Dick Van Dyke）屋頂跳舞的場景。再往下走，過芬奇里路（Finchley Road），到貝爾塞茲巷（Belsize Lane），進入一棟不起眼的四層樓建築，就是塔維斯托克診所了。

約翰．薩特蘭（John Sutherland），塔維斯托克的院長，為人和善，是個超好的蘇格蘭人。我到的第一天，他客客氣氣接待我，介紹我跟同事認識，邀請我參加診所研討會，觀察由幹部帶領的治療團體。經由介紹，我認識了從事團體治療的精神科醫師，整個一年當中，始終都和皮耶．特爾奎（Pierre Turquet）、羅伯．高斯林（Robert Gosling）和亨利．艾茲里爾（Henry Ezriel）保持接觸。依我的觀察，他們雖然都很進入情況，態度親切，但帶領團體的方式卻讓我覺得怪怪的，有距離，不融入。塔維斯托克的團體帶領人從不個別地和成員對話，而是百分之百的指導，高高在上，限制自己只談論「團體」。我記得有一天晚上的聚會，帶領人是皮耶．特爾奎，他說：「下這麼可怕的大雨，團體所有成員都還是從倫敦的各個角落趕了來，聊著板球，太好了，我沒問題啦。」塔維斯托克的團體帶領人遵循的是威爾弗萊德．比昂（Wilfred Bion）的那一套理念，重視的是整個團體的無意識歷程，對人際關係那一塊比較沒有興趣，但若涉及領導和權威時卻例外。因此，談來談去始終都是繞著團體打轉，治療師從不跟個別的病人對話。

就人來說，有些精神科醫師我還是喜歡的，特別是羅伯・高斯林，他邀請我們去他倫敦的家玩，也帶我們去他鄉下的家，但幾個月後，我心裡有了結論，團體治療這樣帶領下去，全然沒有效果，眼睜睜看著許多病人用腳投票，出席率出奇的低。按照他們的規矩，出席不到四人，聚會就取消，說老實話，那還真是司空見慣。

那年稍後，我參加了塔維斯托克在里茲（Leeds）舉行的團體會議，為期一週，參加者多達百人，分別來自教育界、心理學界及企業界。我清楚記得當時開場的情形：參加者按照指示自行分作五組，分別使用指定的房間。開始的鈴聲響起，參加者衝進房間，有人爭取做帶領人，有人要求把門關上以免團體過於龐大，有人則堅持照規矩來。研討會持續以小團體聚會進行，每個都指派一名顧問影響團體的運作，大團體聚會則是全體參加，包括幹部及參加者，唯其如此，才能做出大規模的團體動力研究。

沒錯，塔維斯托克團體仍然被當成一項訓練工具，幫助個人了解團體動力及組織行為，但據我所知，塔維斯托克在心理治療上所採取的方式已經全然式微。

我通常一個星期觀察一或兩次小團體聚會，並參加講座或會議，但那一年的大部分時間，我完全用在自己身上，全心投入團體治療教科書的編寫。一如我看待塔維斯托克帶領團體的做法，他們對我的做法也十分不以為然。我面談許多成功的團體治療病人，用他們作為樣本，針對「治療要素」提出研究報告，英國同事都譏笑那是典型美國式的「顧客滿意」癖好。我就這麼孤伶伶一個美國人，孤立無援可想而知。一年之後，遇到約翰·鮑比，他告訴我，他和塔維斯托克的同事相處也有相同的經驗，有的時候，他甚至幻想自己當場在聽眾中引爆炸彈。那一年下來，我感到切膚的孤立、失落及焦慮，於是決定為自己找一個治療師，一如我在整個人生中碰到困難時。

當時的英國，治療學派林立，但我馬上想到了著名的英國精神科醫師連恩（R. D. Laing）[3]。從他的著作來看，他顯然是個極有創意的思想家，值得一探。當時，他剛在金斯萊會堂（Kingsley Hall）成立一個治療社區，讓精神病人與他們的治療師共同生活。此外，他以平等態度對待病人，這一點非常不同於塔維斯托克。我聽過一場他在塔維斯托克發表的演講，對他的學養印象深刻，但更欣賞他捉弄體制的反傳統觀點，卻也發覺他有點缺乏條理，怪不得現場許多人都懷疑他用了迷幻藥（LSD）——當時他正好於此道。但不管怎麼說，我決定單獨跟他見面討論治療的事情。我還記得，我問他有關他在加州大蘇爾（Big Sur）伊薩倫[4]的經驗，以及演講中他有關那邊舉辦裸體馬拉松的談話。他的回答很玄：「我划我的獨木舟，別人划別人的獨木舟。」我的結論是，對我來說，他太過於隨興（根本沒想到，幾年以後，自己會去伊薩倫參加裸體馬拉松）。

我第二個找的是倫敦克萊恩分析學派（Kleinian analytic school）的掌門人。我記得，他問了很多我人生頭兩年的事情，我問他為什麼，又問他，克萊恩分析通常都要持續七到十年，為什麼？我們談了兩個小時，他的結論（我完全同意）：我不太相信他們那一套做法。如同他所說的：「你的背景音樂（亦即我的抗拒）音量太大，會蓋過了分析的和弦。」這些英國佬的口才，你還真不得不欽佩！

最後，我選擇了查理・賴克羅夫（Charles Rycroft），曾是連恩的分析師，在倫敦的精神醫學界是重要的「中間派」，主要是受到費爾貝恩[5]及溫尼考特[6]的影響。接下來十個月，我們每星期見兩次。他，五十五、六歲人，性情和善，但有點心不在焉。他在哈雷街（Harley Street）的診療室帶著狄更斯筆下的風味，鋪厚厚的波斯地毯，兩張舒適的軟墊扶手椅。他有個習慣，兩個療程之間總要抽根菸，每次我去，只見他匆匆熄了菸，握手招呼我，客氣地要我在他對面就座（不是診療椅）。他把我當同業看待。我特別記得他敘述自己在精神醫學協會趕走瑪舒・可汗（Masud Khan）中所扮演的角色——這一段我後來用到了我的小說《診療椅上的謊言》（*Lying on the Couch*）中。

我們的療程對我雖有助益，但我覺得他應該更主動，更多些互動。他複雜的分析對我幾乎沒有幫助，儘管如此，幾個星期下來，我的焦慮已有改善，寫作的效率提升了。為什麼？或許是因為他全然的接納與同理心吧。對我來說，知道有個人站在我這一邊是十分重要的。在後來的歲月裡，只要我到倫敦，都會去拜訪他，兩個人往往都會談起這一段治療。他說，他對自己死守教條堅持只做分析感到抱歉，他的坦白令我刮目相看。

在倫敦，我的工作時間全都投入教科書的寫作。由於這是我的第一本書，我必須要發明一套方法，整合三項重要的資料：其一，前幾年裡面我給住院醫師上課的講課筆記，其二，好幾百篇我寫好、寄給團體成員的聚會總結，以及第三，團體治療的研究文獻，其中許多得自於塔維斯托克診所極棒的圖書館。我不會打字（那個時代我們這一行的多數都不打字），我每天手寫三或四頁，交給一位塔維斯托克打字員，由我私人雇用，讓他晚上打好，第二天再由我校正。

我要從哪裡起頭呢？我的起頭是每一個團體治療所要面對的第一個問題，亦即：如何挑選病人組成團體。所謂**挑選**，指的是決定某一個病人是否適合某一類團體治療。團體的組成還要處理另一個問題：如果病人合適，但可以容納新成員的團體很多，那麼就要決定，哪一個才是最有利於病人的？還有一種可能情況（雖然可能性極低）：病人名冊多到上百，足夠組成十二個團體，治療師要如何組成這十二個團體而且又都能夠達到最好的效果？我把這些問題放在心上，遍查研究文獻，引經據典，洋洋灑灑，鉅細靡遺，不厭其煩，寫成了兩大章。

剛完成病人挑選與團體組成的兩章，系主任大衛・漢柏格前來倫敦，順道來訪，並帶來一個意外驚喜，說史丹佛任期委員會開會提前通過我的終生任職，我將不會再排入來年的審查，得以免掉坐等待審查的不安，這當然令我大喜過望。在後來的年歲裡，眼看著同事們耐著性子承受那種煎熬，愈加為自己的好運感到慶幸。

終生任職的消息大大地影響了我的寫書計畫。一想到那些審查我任期資格的教授們，個個神色嚴厲，經驗取向，面容削瘦，從此可以不再看他們的臉色寫作，我便大大鬆一口氣，這下子可以好好寫一本教科書了，為完全不同的讀者而寫，為真正發心力學濟世之道的醫學生而寫。因此，接下來所有的章節都變得更為活潑，充滿診療的小故事，有的只有幾行，有的三至四頁。但這最前面的兩章卻有如水泥，梗在我的胸臆之間，找不到方法使之生動。二十五年之後，我發行《團體心理治療的理論與實務》（*The Theory and Practice of Group Psychotherapy*）的第五版，縱使四度大修，每次都花上兩年時間潤飾修葺，這兩章終生任職前在倫敦寫就的東西（當時已是第八及第九章）怎麼看都不順眼，根本就是出自另外一個人之手，通篇生硬死板，沒有生機。要出第六版時，我決心重寫這兩章。

三個孩子，九歲、十二歲與十三歲，很自然地，原先都不願意離開帕羅奧圖學校的朋友，但最後還是都愛上了倫敦的一年。女兒伊芙由於書法拙劣，遭到國會山莊學校（Parliament Hill School）拒於門外，甚感沮喪，但很快就愛上所進的學校，罕普斯泰德希斯女子學校（Hampstead Heath School for Girls），在學校交了幾個知心朋友，一年下來，書法表現優異，雖然只是曇花一現。兒子瑞德進了附近的大學學院學校（University College School），穿一身紅黑條紋外套及帽子，狀甚得意。他的書法拙劣，甚至比伊芙更糟，學校注意到了，卻全不當一回事，因為，校長好幾次跟我說，這小子是個「非常棒的橄欖球球員」。八歲的維克多在英國在地的學校適應良好，只是不喜歡午睡的規定，放學後逛回家路上的小糖果店是他的最樂。

我們在歐洲雖然有買車，但很少用上，出門都搭地鐵，到皇家國家劇院、參加在地的詩歌朗誦，參觀大英博物館及皇家亞伯特音樂廳（Royal Albert Hall）。瑪莉蓮與一本法—美文學雜誌《亞當》（*Adam*）有接觸，我們因此認識了艾力克．康弗（Alex Comfort），結為至交，過從甚密，直至二〇〇〇年他過世。我有幸得以深交的才子有兩個，艾力克是一個——另一個是喬舒亞．萊德伯格（Josh Ledrberg），分子生物學家，史丹佛諾貝爾獎得主。當時的艾力克，把時間切割分作兩部分，妻子、情人各一，在兩邊的家各有一滿櫃的衣櫥。艾力克博學多聞，有如百科全書，不管什麼話題，他都可以聊得源源不絕——英國與法國文學、印度神話與藝術、世界各地的性風俗習慣，專業領域則是老年學及十七世紀歌劇。有一次，他告訴我們，他問老婆聖誕節想要什麼，老婆回答：「什麼都行，音訊就免了！」

我喜歡和艾力克聊天——這樣一個人，學養豐富，風流倜儻，世所罕見。我知道，他非常喜歡瑪莉蓮，但他和我之間也有朋友之義，不僅在倫敦，後來他來我們帕羅奧圖的家亦復如此。

最後，艾力克還是和妻子離婚，娶了情人，寫了《性愛聖經》（*The Joy of Sex*），空前暢銷。接著，主要是為了避英國的稅，搬到聖塔巴巴拉（Santa Barbara），加入一個智庫，民主制度研究中心（Center for the Study of Democratic Institutions），距離帕羅奧圖僅幾小時遠。艾力克雖以《性愛聖經》知名，但著作等身，多達五十餘本，包括老年學、詩與小説。他下筆神速，有若行雲流水，令我瞠目結舌，為之拜倒，他寫東西，初稿即是定稿，反觀我，出每一本書，無不是反覆修改，非十遍、二十遍無法脱稿。對艾力克，我的幾個孩子都是未識其人就已先知其名，因為，他們在帕羅奧圖所念的學校教科書就選錄了好幾首他的詩。跟他在我們家附近散步，那才真是無比

作者與家人，倫敦，1967-1968

的享受，不管什麼鳥雀，只要開口鳴啼，他就喊得出名字，仿其鳴叫，輕而易舉。

＊＊＊

倫敦雖然令人流連，但我們卻心繫加州，尤其懷念太陽。一個能幹的旅行社業務為我們安排了一個星期的度假，把全家人送到了杰巴島（Djerba），位於突尼西亞外海，傳說中食蓮人（Lotus Eaters）所居之島，奧德賽（Odysseus）一度受困之地。[7]我們逛了市集，巡禮古羅馬遺跡，參訪一座兩千年歷史的猶太會堂。進入會堂，一位管理人員，穿一身阿拉伯長衫，問我是不是族人，我點頭，他便與我把臂攜手走向讀經台，亦即會堂中央的祭壇。他拿一本古舊的《聖經》放我手上，還好沒有考我的希伯來文。

Notes

1 約翰·鮑比（John Bowby, 1907-1990），英國發展心理學家，以提出「依附理論」而著名。

2 達芙妮·杜莫里埃（Daphne du Maurier, 1907-1989），英國小說家、劇作家，代表作品有《蝴蝶夢》及《牙買加客棧》。

3 可參閱心靈工坊出版《瘋狂與存在：反精神醫學的傳奇名醫 R. D. Laing》。

4 此處指的是伊薩倫學院（Esalen Institute）。

5 費爾貝恩（Ronald Fairbairn, 1889-1964），蘇格蘭精神醫師、精神分析師，以及客體關係理論的核心人物。

6 溫尼考特（Donald Winnicott, 1896-1971），英國精神分析師，主要影響的領域也在客體關係理論。

7 典出荷馬史詩《奧德賽》。食蓮人食蓮之果實，食後即會滿足健忘，流連忘返。

19 會心團體旋風

一九六〇年代中期至一九七〇年代初期，加州乃至於全國各地吹起一陣會心團體（encounter group）旋風。會心團體無處不在——有的十分類似治療團體，因此引起我極大的興趣。位在史丹佛大學附近的一個社區，曼洛公園（Menlo Park）的自由大學（The Free University），個人成長團體的廣告貼得到處都是。史丹佛宿舍的會客室成了各種會心團體辦活動的場所，包括二十四小時的馬拉松團體、心理劇團體、T團體、人類潛能團體。此外，許多史丹佛學生都到附近的成長中心——譬如伊薩倫——體驗團體經驗，要不然就如全國一窩蜂地加入ＥＳＴ或生命之泉（Lifespring），兩者都曾有過大型集會，但往往打散成為類似會心團體的較小團體。

和所有的人一樣，我也感到困惑。這些團體，如同許多人所擔心的，難道是一種警訊，是社會解體的一種徵兆？又或者正好相反，有可能因此而提升個人的成長？越是大肆張揚，狂熱分子喊得越兇，保守派的反應也就越激烈。依我的觀察，T團體有訓練有素的帶領人帶領，許多成員獲益匪淺。我也參加過心理劇團體，眼看其過度投入，不免擔心成員在心理上是否會受到損害。在伊薩倫，我則參加了一次二十四小時的裸體馬拉松團體，但沒有對團體追蹤體驗的效果。在我看來，十五名團體成員中，有些人是得到了幫助，但那些比較不是那麼暢所欲言的人，我就無從得知了。對於這些新興的實驗團體，評價有褒有貶，情況仍然有待於實證的評估。

在芝加哥一次團體治療會議上，我聆聽了芝加哥大學教授默特．萊柏曼（Mort Lieberman）的一席話，對他的工作成果印象深刻。我們一聊好幾個小時，直到晚上，同意針對會心團體的效果好好做一番探究。我們志趣相投，他不僅在社會科學調查上著有成效，也是一位訓練有素的T團體帶領人及團體治療師。他計畫在史丹佛花一整年時間，我們立刻爭取哥倫比亞大學教育及心理學教授麥特．邁爾斯（Matt Miles）加入我們的團隊。邁爾斯同時也是一位傑出的研調人員及統計專家。我們三個針對會心團體的效果規畫了一項頗具規模的研究調查。會心團體在史丹佛校園內相當普遍，許多教師都擔心，團體的強烈對立、缺乏節制的反饋，以及反體制的態度，很有可能對學生造成傷害。事實上，大學當局非常擔心學校裡的這些團體，因此，很快就批准了我們的研究調查，同時，為了確保取得大量樣本，學校甚至批准我們對參與的會心團體給予學分。

研究計畫定案，要找一百二十個學生做樣本，並隨機將他們分發至一個對照樣本，亦即二十個團體中的一個，每個團體聚會總時數為三十小時。學生可以得到三學分。我們挑選了十種當時流行的治療方法——以每種治療方法成立兩個團體——分別是：

傳統的全國訓練實驗室（NTL）T團體

會心團體或個人成長團體

完形治療團體（Gestalt therapy groups）[1]

伊薩倫（感官覺醒團體）

TA〔transactional analytic（交換分析）〕團體

心理劇團體

戒癮治療（synanon）〔反「熱席」（hot seat）〕團體

心理分析取向團體（Psychoanalytically oriented groups）

馬拉松團體

無帶領人（leaderless）、磁帶帶領（tape-led）團體

接下來，我們分別從這些療法的領域聘請兩位知名的專業團體帶領人。默特·萊柏曼更研發一系列的工具，用以檢測成員的變化，評估帶領人的行為，我們又招募並訓練一批觀察

員，考察成員與帶領人在每次聚會中的表現。等到學校的人類研究召集小組通過我們的研究調查計畫，我們隨即展開這項空前的計畫——針對這類團體所做規模最大也最為縝密的研究。

研究結束，我們寫了一篇厚達五百頁的專文，由基本書局（Basic Books）出版，書名《會心團體：第一真相》（*Encounter Groups: First Facts*）。整個研究結果令人刮目相看：修了四分之一課程的學生中，百分之四十在個人的特質上取得了重大而正面的變化，持續至少六個月。但話又說回來，也有十六個「傷兵」——學生說，經歷過這次團體經驗後，接下去六個月他們都感覺更糟。

我撰寫的篇章是有關每個團體的臨床發展和演變、帶領人的行為，以及對「高學習者」與「傷兵」的影響。有關傷兵那一章，頗引起會心團體反對方的重視，全國有多達數百家的報紙引用，正好為保守派提供他們所需要的彈藥。另一方面，高學習者的那一章，極多的學生說，十二次聚會下來，他們獲得了很大的個人變化，反倒沒有得到注意。這其實才是最大的不幸，因為我始終覺得，這一類的團體如果帶領得宜，應該是蠻有效果的。

十年之後，會心團體旋風煙消雲散——在許多史丹佛的宿舍，取而代之的是聖經團體（Bible groups）。隨著會心團體的消失，我們的書《會心團體：第一真相》也失去了讀者，唯一的例外是學者，他們倒是在書中找到了寶，其中不乏好用的研究調查工具。我寫了那麼多書，唯一絕版的就是這本。至於老婆，對這個計畫從來沒有好感，只因為它佔了我太多的時間，甚至在她生下我們第四個孩子班傑明．布萊克（Benjamin Blake）後，竟因為要開一項重要的業務會議，無法開車從家裡送她去醫院。她回憶說，有一個評論家談到這本書時說：「作者們一定都很辛苦，因為文章讀起來就很累人。」

＊＊＊

至於我的教科書《團體心理治療的理論與實務》，我又多花了兩年時間，定稿後隨即飛往紐約，去見大衛．漢柏格幫我安排的出版商。與亞瑟．羅森陶（Arthur Rosenthal）共進午餐，這位基本書局的創辦人讓我極為激賞，決定把書交給他付梓，儘管也有其他出版商爭取。回顧花在這本書上的時光，令我想起大衛．漢柏格之於我真是貴人，不僅在我的研究上支持我，連我的出版也幫忙照顧。

《團體心理治療的理論與實務》很快獲得成功，不出一兩年，國內多數心理治療課程就採用作為教科書，後來許多其他國家也跟進。由於在團體治療師的訓練上發揮著很大的作用，這本教科書出了五版，銷售超過一百萬本，長期下來，為瑪莉蓮和我帶來極大的財務安全。一如多數的年輕精神科醫師，為了增加收入，我都會在週末到各家精神科醫院打工諮商，但教科書出版後，我便不再週末諮商，代之而來的是受邀講演團體治療。

教科書出版大約五年後，我的收入來源發生了劇烈的改變。當時，我應邀到紐約福特翰大學（Fordham University）發表一場演講。一如往常，我帶了前一週團體治療聚會的錄影帶做為教材。但福特翰的影帶操作人員失誤，最後不得不放棄，害得我整個上午手忙腳亂做即興式的演出，緊張到不行，下午又是一場與聽眾的問答互動，一天結束，整個人累到精疲力竭。當聽眾魚貫出場，我隨手瀏覽節目單，看到討論會的入場費是四十元（當時是一九八〇年）。環視整個觀眾席，估計約可容納六百人，心裡迅速做了個估算，主辦單位應可進帳兩萬多元，他們該付我的則是四百元！從此以後，我愛上了每場會議抽成，不消多久，我的演講收入就使我的大學薪水相形失色。

Notes

1 完形治療法是一種植基於現象學與存在思想的心理治療學派，創始於一九四〇年代，創始者為波爾斯（Friedrick S. Perls，1893-1970）及其夫人勞拉（Laura P. Perls）。

20 維也納小住

維也納在我的心目中始終佔有重要地位，它是佛洛伊德的出生地，是心理治療的搖籃。我遍讀佛洛伊德傳記，每想到這座名城孕育過那麼多自己喜愛的作家——包括史蒂芬．褚威格[1]、佛朗茲．韋爾[2]、亞瑟．史尼茲勒[3]、羅伯特．穆齊爾[4]及約瑟夫．羅特[5]——我總是覺得格外親切。因此，一九七〇年，史丹佛給我一個機會，要我到史丹佛的維也納校區大學部教一個暑期班，我立刻就接受了。這次異動對我來說絕不簡單，我有四個孩子，當時分別是十五歲、十四歲、十一歲及一歲。與我們隨行的還有一個二十歲的鄰居，女兒的好朋友，她將與我們一同住在學生宿舍，照顧我們最幼小的孩子班。我欣然接受與史丹佛大學部同仁工作的機會，至於瑪莉蓮，任何到歐洲小住的機會，她永遠樂得抓住。

生活在佛洛伊德住過的維也納市中心，感覺真是美妙無比。我投入他的世界，漫步他走過的街道，去他上過的咖啡館，到佛洛伊德住過四十九年的家，伯格斯十九號（Berggasse 19），傻傻地看著那棟沒有門牌的大公寓建築。多年之後，西格蒙德．佛洛伊德基金會買下這棟房子，成立佛洛伊德博物館，用一塊紅色橫額醒目地標上，開放遊客參觀。我當年去的時候，沒有任何標示說明他曾經在這兒生活、工作過，倒是其他有名，甚至只是小有名氣的維也納人，市政當局都在其住處立了銅牌，多達二十餘處，其中包括莫札特住過的好幾個地方，獨不見佛洛伊德生前的生活痕跡。

憑弔佛洛伊德的故居，走過他走過的維也納街道，三十年之後，在我寫小說《當尼采哭泣》（*When Nietzsche Wept*）時，都派上了用場。憑著當年的記憶及拍下的照片，我與尼采及維也納名醫約瑟夫·布雷爾（Josef Breuer）——佛洛伊德老師——的會面場所栩栩如在目前。

我在維也納的主要工作，是在史丹佛大學部教授佛洛伊德的人生與作品。我所準備的四十堂課，後來都成為我往後十五年對精神科住院醫師教授「理解佛洛伊德」的底稿。我常向學生強調，佛洛伊德不僅開創了精神分析（在今天所有的治療中所占比例不到百分之一），而且也是心理治療整個領域的開創者，佛洛伊德之前，不曾有過任何形式的心理治療。對於當代正統的佛洛伊德派精神分析，儘管我多所批評，但對佛洛伊德的原創與勇氣卻始終尊崇，做治療時，也總是把他放在心裡。舉例來說，最近有一個新病人，對自己家人存有淫穢的妄想，並深為所苦，我馬上就想到佛洛伊德說過，這種難以排除的妄想往往是怨恨在作祟。而今，佛洛伊德居然這樣就過時了，我其實蠻覺得可惜。正如我在《生命的禮物》中其中一章章名：「佛洛伊德也有對的時候。」

在我離開史丹佛前往維也納之前，有兩件大事使我深感痛苦。其一，一位知交因腎臟癌過世，令我震動不已。艾爾・衛斯（Al Weiss）是我在史丹佛認識的住院醫師，最重要的是，他是我鏢槍射魚的好搭檔，我們一起去過下加利福尼亞旅行。

另一件事情是，出發前一天去看牙齒，牙醫師在牙齦上發現一處可疑的傷口，他做了切片，說在我到了維也納之後會接到病理報告。當時，我正讀到佛洛伊德罹患致命的口腔癌，可能是抽菸太多所致，因此，對自己抽菸的習慣也起了戒心：我多數時間抽煙斗，收集菸斗，每天選不同的抽，尤其喜歡巴爾幹索布拉尼菸草（Balkan Sobranie）的香氣。在維也納等報告時，一想到自己有可能罹患與殺死佛洛伊德同樣的癌症，整個人便變得極端焦慮。

在維也納的第一個星期，我斷然把菸戒了，結果卻導致睡眠困難，含吮咖啡口味的硬糖，一袋接著一袋以解口饞。終於，牙醫師拍電報來，說我的切片是陰性。但不管怎麼說，在等待家人來到的那段期間，喪友之悲仍然籠罩。我試著強迫自己工作——我提早一個星期抵達維也納，為四十堂課預作準備，但仍舊焦慮不已，於是決定尋求協助，本來想要找一位傑出的維也納治療師做諮商，維克多・法蘭可（Viktor Frankl），《活出意義來》（*Man's Search for Meaning*）的作者，但他的電話答錄說，他到海外演講旅行去了。

等妻子和孩子來到，我安定下來，越來越覺得自在，在維也納與史丹佛學生共度的三個月，為一家人都留下了難忘的回憶。兩個大孩子每天和史丹佛學生接觸，尤其過得愉快充實。我們每一餐都和學生一塊進食，包括慶祝兒子班周歲的那一頓，大蛋糕搬上桌子，全體學生齊唱「生日快樂」，女兒伊芙則抱著將他高高舉起。瑪莉蓮分別帶每個孩子到薩赫酒店，一人一塊聞名遐邇的薩赫蛋糕[6]，是我所嚐過最棒的人間美味。

學生班級旅遊，我們跟著去過兩次。第一次是沿多瑙河而下的船遊，但見沿岸向日葵花盛開，燦爛多姿，機靈地隨著天上太陽的足跡轉動。一天結束，船抵布達佩斯，在俄羅斯人佔領之下，雖然灰暗肅殺，但仍不失其迷人的魅力。然後是學期結束，我們又隨同班級搭乘火車前往薩格勒布[7]，並在這裡與學生揮別。把孩子留在史丹佛宿舍，交給保母，瑪莉蓮和我則租一輛車，花數天時間驅車南下，沿著美到令人難忘的達爾馬提亞[8]海岸直至杜布羅夫尼克[9]，轉而穿越恬靜的塞爾維亞鄉間。

在維也納期間，儘管全副心力都放在課業和學生身上，但若說抗拒得了那兒的文化寶藏卻是絕不可能。瑪莉蓮當我的嚮導，領著我參觀貝韋德雷博物館（Belvedere Museum），介紹我認識克林姆[10]及席勒[11]的作品，連同文生．梵谷，兩人都成為我最愛的畫家。儘管從未和我的德國出版社提到過克林姆，多年之後，他們出版我的著作的德文譯本，幾乎全都是用克林姆的作品當封面。

在蔥翠蒼鬱的城市公園裡，孩子們散步，小心翼翼，絕不踏上草坪——年長的維也納婦人會罵人的——在城市四周的樹林裡，他們健行，逢人就聽到親切的招呼聲：「Gruss

Gott」[12]。當然，我們去歌劇院，看了一場《霍夫曼故事》（*The Tales of Hoffmann*），演出令人難忘。維也納有著豐盛的傳奇景觀，最近才從納粹的禁制中重新開放。而我做夢也沒想到的是，四十年之後，這個城市會頒獎給我的一本書，免費發行十萬本，舉辦長達一個星期的慶祝活動。

維也納小住接近尾聲，終於和維克多．法蘭可在電話裡接上了線，我自我介紹，說是史丹佛精神病學系教授，為一些個人問題所擾，需要協助。他說他十分忙碌，但同意當天下午晚些時候見個面。

法蘭可，矮小、白髮、有魅力，友善地在門口接待我，立刻對我的眼鏡產生了興趣，當場就跟我打聽製造廠商，但我毫無概念，取下來交給他。這副眼鏡的鏡框是便宜貨色，在加州一家名叫「四眼」的連鎖店買的，稍微檢視之後，他便覺得索然。倒是他自己那副鐵灰色的鏡框十分好看，我這樣對他說，只見他微微一笑，引我進到客廳，舉手一揮，指著一排巨大的書櫃，滿滿都是他那本《活出意義來》的譯本。

在客廳有陽光的角落裡坐下，法蘭可打開話匣，說他無法談得太久，他昨天剛從英國旅行回到家裡，回書迷的來信到凌晨四點，但我卻覺得怪怪的，他擺明了是要讓我感覺到他的重要性。此外，他根本不問我為什麼找他，卻對曾經拒絕承認他貢獻的史丹佛精神病學圈子表示高度興趣，問了許多問題，隨即話題又是一轉，說起維也納精神病學界的僵化，拒絕承認他的成就。我開始覺得自己掉進了「瘋赫特的茶會」（Mad Hatter's tea party）[13]：我來找他做治療諮商，他卻為了自己未能受到維也納業界的尊重向我來尋求慰藉。我們整個療程的剩餘時間全都是他的訴苦不斷，關於我來的原因卻完全不問。第二天，我們第二次會面，他提出一個問題：史丹佛是否可能邀請他到加州向精神病學系師生發表演講。我答應他我將盡力安排。

《活出意義來》，寫於一九四六年，好書一本，動人心弦，激勵人心，全球擁有百萬讀者，迄今仍是心理學方面的暢銷書。書中法蘭可敍述他在納粹大屠殺期間親身經歷的故事，以及他得以存活的主要原因與動力——決心將自己的故事與全世界分享。他有關生命意義的演講我聽過好多次，他，確實是個優秀的演說家，隨時不忘傳達激勵人心的話語。

但話又說回來，幾個月後他到史丹佛的造訪還真是問題多多。他偕同妻子來我家拜訪，對他來說，加州那種不講究形式的文化顯然令他極不痛快。有一回，我們的互惠生[14]，一個年輕瑞典女孩，和我們一同住，幫忙照顧孩子，哭著跑來找我們，說法蘭可責罵她，為的只是他要喝茶，她用的杯子是陶杯而不是磁杯。

他為史丹佛住院醫師做一次臨床示範，結果變成一場災難。他的意義治療[15]示範，大體上來說，包括十至十五分鐘的詢問，確定病人的生命意義，並以威權的模式將之加諸於病人。示範性的訪談正進行中，一個住院醫師，大概是比較桀傲不馴，一頭長髮、穿著涼鞋，站了起來，大搖大擺走出診療室，口中唸唸有詞：「這不人道！」那一刻，真是糟到了極點，大家都束手無策，再多的道歉也無法撫平法蘭可的心情，只見他反覆要求，這名住院醫師的這門課必須當掉。

有好幾次，我只是想和他做些反饋，但他總是將之看成有害的批評。他離開加州後，我們時常通信，一年後，他寄來一份手稿，請我批評指教。其中有一段，非常詳細地描述他在哈佛的一次演講，聽眾起立鼓掌五次之多。儘管他要我提出看法，我卻躊躇再三，內心折磨了好一陣子，決定實話實說。我的回覆盡量把語氣放緩，寫道，花這麼多的筆墨在聽眾的鼓掌上，恐怕會分散了讀者對他演講內容的注意，同時會讓有些讀者以為你這個人太在乎掌聲。他立刻回覆說：「歐弗，你這就不明白了——你不在現場，他們**的確**起立鼓掌五次。」縱使最優秀的人，對於自己的創傷與渴望讚揚，一樣不時盲目。

漢斯・史坦納教授（Professor Hans Steiner）是史丹佛的同事兼好友，就在最近，我閱讀他一九六〇年代在維也納醫學院求學時期的自述，讓我看到了另外一面。身為學生，漢斯對維克多・法蘭可的印象極端正面，按照他的說法，他是一個傑出的老師，相對於維也納精神病科其他老師的僵化，他覺得他的療法具有創意，有如呼吸清新的空氣。

多年之後，維克多・法蘭可和我同時受邀在一場大型精神治療會議講話，我出席了他的演講，他談的是《活出意義來》。一如往常，他征服了聽眾，贏得如雷的掌聲喝采。事後我們見面，他和妻子艾莉娜爾（Eleanor）熱烈擁抱我。又是多年以後，撰寫《存在心理治療》（*Existential Psychotherapy*）時，徹底重溫他的作品，對於他在我們這個領域裡的創新與基本貢獻，我有了比以前更加深刻的瞭解。莫斯科有一所心理治療研究所，設有意義治療博士學位，不久前我去參觀，一幅維克多真人尺寸的照片引起了我的注意。凝視著照片，我突然體會到，他的勇氣何等巨大，他的痛楚何等深沉。讀他的書，我知道奧斯威辛集中營（Auschwitz）的恐怖對他造成了巨大的創傷，但早年我們在維也納與史丹佛交會時，我卻準備不足，未能充分與他共鳴，或給予我可以提供的支持。後來，在我與這個領域中其他重要人物的關係上，譬如羅洛．梅，我便未再重複這種錯誤。

Notes

1 史蒂芬．褚威格（Stefan Zweig, 1881-1924），奧地利猶太裔作家，中短篇小說巨匠。

2 佛朗茲．韋爾（Franz Werfel, 1890-1945），奧地利作家。

3 亞瑟．史尼茲勒（Arther Schnitzler, 1862-1931），奧地利猶太裔醫師、小說家、劇作家。

4 羅伯特．穆齊爾（Robert Musil, 1880-1942），奧地利作家。

5 約瑟夫．羅特（Joseph Roth, 1894-1939），奧地利作家、記者。

6 薩赫蛋糕（Sachertorte），奧地利國寶級食品，奧地利人法朗茲．薩赫（Franz Sacher）一八三二年所發明。

7 薩格勒布（Zagreb），克羅埃西亞首都。

8 達爾馬提亞（Dalmatian），克羅埃西亞南部、亞得里亞海東岸地區。

9 杜布羅夫尼克（Dubrovnik），克羅埃西亞南部海港城市。

10 古斯塔夫．克林姆（Gustav Klimt, 1862-1918），奧地利第一位象徵主義知名畫家。

11 埃貢．席勒（Egon Schiele, 1890-1918），奧地利表現主義畫家，師承古斯塔夫．克林姆。

12 Gruss Gott，德語中類似「hello」的招呼用語，但是較為敬重，原本是一個祈禱詞，全稱是「Gott Gruss dich」，意思是「上帝保佑你」。

13 赫特（Hatter）是《愛麗絲夢遊仙境》中的人物，「瘋了的茶會」（Mad tea party）也典出《愛麗絲夢遊仙境》。

14 互惠生（au pair），指的是年輕學生與寄住家庭基於平等互惠的關係所形成的一種生活。寄住家庭提供一切生活所需，每月甚至給予零用，另一方面，學生則為家庭照顧孩子，做簡單的家務。

15 意義治療（logotherapy）為法蘭可所創始的心理治療學派，又稱為意義治療與存在主義分析。

21 日漸親近

寫這本回憶錄使我有機會回顧自己作為一個作家的生命軌跡。人生走到某個時候，我的寫作從研究取向的學術論文與書籍，轉移到為一般讀者所寫的心理治療文章，追索此一轉變，要從一本內容十分特別、書名也異乎尋常的書說起。《日漸親近：心理治療師與作家的交換筆記》（*Every Day Gets a Little Closer*），一九七四年出版。在這本書裡，我拋棄量化的調查語言，嘗試把自己當成一個說故事的人，學習那些我一生都在讀的書。當時，完全沒有想到，自己會透過四本小說和三本故事集，教授心理治療。

轉變始於一九六〇年代末期，當時我介紹金妮・艾肯（Ginny Elkins，化名）——史丹佛史達格勒獎學金研究生（Stegner Fellow），主修創意寫作——加入我的治療團體，她的治療遇上問題，因為她生性害羞，不願意面對團體的要求，無法接受團體的關注。幾個月後，她完成學業，找了一個夜間教書的工作，正好又和治療團體聚會的時間撞期。

金妮想要跟我做個別治療，但史丹佛的索費太高，她負擔不起，於是我提議給她做一個不尋常的安排。我同意降低收費，條件是：每次療程結束後，她要寫一份總結，把我們在一起時她**沒有**以言說表達出來的情緒和想法寫下來，至於我，完全一樣，同樣也寫一份，兩個人都將寫好的東西封在信封裡交給我的秘書。然後，治療幾個星期後，我們再彼此讀對方的總結。

為什麼會想到這樣一個不尋常的怪點子？事情是這樣的，金妮對我的看法不切實際——用心理治療的術語來說，就是高度正向感情轉移（soaring positive transference）：她把我理想化了，在我的面前，她畢恭畢敬，把自己當小孩看。就我來說，每次療程後讓她看到我毫無保留、未經修飾的想法，這種現實檢驗[1]對她或許有所助益，特別是要讓她瞭解，我想幫助她，但卻充滿疑慮與不確定。因此，我刻意要在治療中更加敞開自己，希望藉此鼓勵她也能夠做到這一點。

但這中間其實還有另外一個更為個人的理由：我渴望成為作家——真正的作家。撰寫五百頁的學術性教科書，接著又與人合著五百頁有關會心團體的研究專論，其勞苦令我窒息。這個與金妮合作的計畫，在我的想像中，正好可以是一種不尋常的練習，一個打破我職業枷鎖的機會，在每個小時的療程之後，立刻把心裡想到的東西表達出來，藉此找到自己的聲音。更重要的是，金妮是個文字高手，我認為，用書寫而不是用口說溝通，對她來說或許更自在些。

每幾個月的筆記交換非常具有啟發性。任何時候，參與者如果會去研究彼此的關係，對於他們的對象便會更深入地投入。每一次我們閱讀彼此的總結，治療就變得充實起來。此外，筆記產生了一種羅生門的效果，也就是說，我們雖然是一同度過一個小時，但我們對那一個小時的體驗各自不同，對於療程的評價也各不相同。我的詮釋說明既簡潔又出色，真的嗎？哈，她甚至充耳不聞！倒是一些個人的小動作：我稱讚她的穿著或容貌，為自己遲到兩分鐘道歉，嘲笑她的諷刺，教她如何放鬆，她都看得很重，我卻一點感覺都沒有。

好多年之後，我拿這些總結當心理治療課的教材，上課的精神科住院醫師看了，對我們的不同表達和觀點都表現出強烈的興趣。我又拿給瑪莉蓮看，她覺得讀起來有如一本書信體小說，提議出版，並馬上表示自願擔任編輯。不久，她和兒子維克多有一趟滑雪之旅，每天上午維克多上滑雪課，她就修改潤飾我們的總結。

聽說要出書，金妮熱心的不得了，這將是她的第一本書，我們同意版稅平分，瑪莉蓮得百分之二十。一九七四年，基本書局將之付梓，書名《日漸親近》。回想起來，瑪莉蓮所提議的副題標題「舊話重提治療」（A Twice-Told Therapy，霍桑[2]用語）還要更好些，但金妮喜歡巴迪．霍利[3]的歌〈每一天〉（Everyday），還一直想要拿這首歌當作她的婚禮歌曲。幾年後，巴迪．霍利的電影問世，我仔細聽了歌詞，吃驚地發現，金妮把歌詞弄錯了，歌詞實際上是：「Every day it's a-gettin' closer（每一天它更加接近）」[4]。

金妮和我各寫了一篇前言及結語，這兩篇東西的記憶迄今鮮活。平常時候，我寫專業上的東西都是在我精神科門診部的辦公室，但對作家的靈感來説，我覺得這裡太忙也太吵。當時的精神科在史丹佛醫院的南廂，包括科主任及教職員辦公室和許多間診療室。緊鄰的房舍是研究猴子的卡爾．普里布萊姆（Car Pribram）在使用，時不時總有一隻猴子跑出來喧鬧，弄得門診間和候診室天下大亂。普里布萊姆的實驗室之外，再過去則是檔案室，是病人的病歷存放處，裡面滿布灰塵，沒有窗戶，但非常安靜隱密，而且夠大，大到可以在裡面徘徊踱步，構思文句，並且大聲唸出來。這間鬼氣森森的房間，我喜歡，讓我想起青少年時期獨自在地下室用功的無數時光，我寫詩，只朗誦給自己聽（偶爾會唸幾首給瑪莉蓮聽）。

一個房間，滿布灰塵，我獨享其間的時光，尋字覓句。那是一個關鍵的轉捩點——去他的資料、事實、數據和教學——只有文思流轉。我不會唱歌，但我自唱自聽。同時，我確信，身邊周遭堆積如山的圖表及無數病人的故事正滲透進入我的意識，如此這般，我寫下我的前言：

> 每當我找到舊的預約簿，看到上面寫滿著記不太清楚，但都曾經與我建立過非常親近關係的病人名字，我總是會感到一陣心酸。這麼多人，這麼多美好的時刻。他們現在怎麼了？好幾層的檔案櫃，如小山般高的錄音帶總是讓我想起某個大墳場：生命被擠壓到臨

床報告中，聲音被困在錄音帶上，沉默而永恆地上演他們的戲碼。活在這些紀念品當中，讓我感到非常虛幻。就算知道自己沉浸於當下，我也能感覺到衰敗的惡魔正在窺伺——能夠使一切生命經驗消失的衰敗，但是它的無可避免，又帶來一種敏感與美麗。我有強烈的欲望想敘述金妮的經驗，感覺有機會延緩衰敗，延長我們在一起的短暫時光。這真的非常好，能夠知道這段經驗將存留於讀者的腦海中，而不是堆放在未讀的臨床報告或未聽的錄音帶的廢棄倉庫中。

寫下這一篇前言，是我人生轉捩的關鍵一刻。我追尋更詩意的聲音，同時將自己的關注轉移到了無常的現象，將自己的著眼點導入了存在的世界觀。

＊＊＊

大約與我治療金妮的同時，我碰到了另一個文學機緣。瑪莉蓮的一個同事送給我們一份罕見的禮物，讓我們得以從一個不為人知的角度看到了海明威（Ernest Hemingway）——一九六一年自殺身亡。事情是這樣的：瑪莉蓮的同事在一所大學圖書館的隱密處發現了一批海明威的書信，從來未曾發表過，是他寫給朋友巴克．蘭亨（Buck Lanham）的。巴克．蘭亨，率領美軍進攻諾曼第的將領之一。館方不同意複印，但瑪莉蓮的同事口述信件並以一小錄音機予以錄音，再加以謄寫，借給我們幾天，並允許我們轉述改寫，但不得引用原文。

這些書信大量透露了海明威的精神狀態。為求進一步的瞭解，我特地跑了一趟華盛頓特區，拜訪當時在全錄（Xerox）擔任高階主管的巴克·蘭亨，承蒙他熱心接待，談了許多他與海明威的友誼。重讀海明威的許多作品之後，瑪莉蓮和我請了一個保母，兩個人躲到加州薩拉托加（Saratoga）的蒙塔佛莊園藝術中心（Villa Montalvo Arts Center），共度一個漫長的週末，合寫了一篇文章。

我們的文章〈海明威：一個精神醫學的觀點〉（Hemingway: A Psychiatric View）一九七一年刊登於《美國精神醫學學會會刊》（*Journal of the American Psychiatric Association*），全世界數百家報紙立即予以轉載。我們兩個所寫的東西，無論之前或以後，再也沒有造成如此轟動的。

文中，我們檢視了海明威粗獷外表下的心虛。他雖然不斷鍛鍊、鞭策自己從事種種艱難的男子氣慨活動，如拳擊、深海捕魚及大型狩獵，但在寫給蘭亨將軍的信裡卻十足像個脆弱的小孩。他崇敬的是真材實料——叱吒風雲，勇冠三軍的將才——說自己是個「膽小的作家」。作為一個作家，我極度欣賞他，但他的公眾形象我卻不太敢恭維——太過於粗魯，太過於陽剛，太缺乏同理心，太沉迷於酒精。讀他的信，看到的是一個溫和、虛心的孩子，魅惑於世間真正強悍勇猛的男子漢。

文章開宗明義就交代了我們的想法：

海明威因面對危險與死亡而對存在有所省思，我們固然激賞，但在海明威的作品裡，我們卻看不到類似托爾斯泰、康拉德（Conrad）或卡繆的那種普世與永恆的格局。我們自問，為什麼會這樣？為什麼海明威的世界觀如此狹隘？我們猜想，海明威的眼光之所以不夠開闊，與他個人的心理侷限有關……沒錯，他是一個擁有極高文學才華的作家，但同樣無可懷疑的是，他也是個極端神經質的人，終其一生嚴厲驅策自己，疲於奔命，深陷偏執憂鬱精神疾病之苦，終以六十二歲之齡自我了結。

瑪莉蓮和我雖然合作無間——我們都會閱讀對方作品的初稿——但這一篇卻是我們唯一共同執筆的文章。時至今日，回想起這次經驗，歡喜依然，而且總覺得，儘管高齡至此，或許還可以再來一次合作的計畫。

Notes

1 現實檢驗（reality-testing）是一種心理治療療法，是以外部世界的感情與思想對照內心世界的認知，使接受檢驗者得以分辨虛幻與真實，跳脫不切實際的扭曲認知。最初是由佛洛伊德設計。

2 霍桑（Hawthorne, 1804-1864），美國小說家，其作品《紅字》為世界文學經典。

3 巴迪．霍利（Buddy Holly, 1936-1959），二十世紀五〇年代美國搖滾歌手。

4 這裡的「它」，指的是「愛」。歌詞的前三句是：Everyday it's a-getting' closer/ Goin faster than a roller coaster/ Love like yours will surely come my way.（每一天它更加接近／像雲霄飛車越來越快／像妳這般的愛一定會來到我這邊）。

22 牛津・史菲卡先生施了魔法的錢幣

在史丹佛多年，多到我老是會在記憶中搞混，但說到休假，在我的心裡可是清清楚楚。一九七〇年代初期，我繼續教導醫學生及住院醫師，也會找他們一起做心理治療研究，並在期刊上發表酒癮團體治療及喪偶團體治療的文章。到了一個時候，出版社找我再版我的治療教科書。我明白茲事體大，需要狠下一番功夫才行，便向學校請六個月的假，一九七四年，瑪莉蓮和我帶著我們五歲的兒子班赴牛津，沃尼福特醫院（Warneford Hospital）精神科為我準備了一間辦公室。女兒伊芙已經就讀衛斯理學院，兩個兒子則留在帕羅奧圖繼續學業，交由住家裡的老朋友照顧。

我們已經在牛津市中心租好了房子，但還沒抵達，一架英國飛機墜毀，全部乘客罹難，包括租我們房子那一家人的父親。因此，事到臨頭了，我們在牛津拚命另外找住的地方，卻苦尋不著，迫不得已在布萊伯頓（Black Bourton），一個只有一間酒吧的小村落，租了一間迷人的茅草屋子，離牛津約三十分鐘車程。

布萊伯頓，典型的英國小村，非常僻靜，寫作正好！修訂教科書，最是費力單調，但書若要與時俱進，卻又不可或缺。我剛做完了一些研究，目的都是要瞭解什麼在治療中是對病人真正有幫助的。我的樣本數龐大，都是成功的團體治療的病人，問卷包括多達五十五項的陳述（都與感情宣洩、理解、支持、引導、普遍性、團體凝聚等相關），而且臨到了最後一分鐘，我丟了五項名之為「存在要素」的非正統陳述進去——諸如「承認無論我與別人的關係多麼深厚，我仍然必須獨自面對人生」，或「承認某些生命的痛苦與死亡乃是無可逃避的」。我要求病人將這些陳述分類（Q分類，Q sort）[1]，從最少幫助到最有幫助，結果令人驚訝，所有加進去的存在要素項目得分都高於我的期望。很明顯地，存在要素在有效的團體治療所扮演的份量超出我們的理解，於是我著手另立一個新章加以闡明。

就在我剛要動手之際，接到美國來電，通知我獲頒頗具聲望的精神醫學史特雷克獎（Strecker Award）。我當然是大喜過望，但並不長久。兩天以後，正式通知來了，詳細說明了細節：一年之內我必須在賓夕法尼亞發表一場大型演講。這一點沒有問題。但接下來，我必須在四個月之內提交一篇專題論文，題目自選，由賓州大學（University of Pennsylvania）限量發行。要我寫這樣一篇專論，那就是在給我出難題了。我這個人，一旦開始寫作計畫，就必須一心一意，屏除其他一切事情。而我現在手頭上正有教科書的修訂要完成。因此，我打算回絕這個獎項，但好多同事都力勸我萬萬不可，最後，我想到了一個折衷辦法：我的專論以團體治療中的存在要素為題，但要一魚兩吃，既作為史特雷克獎的專題論文，也作為我修訂後的教科書的一章。如今回顧那一刻，我認為，正是這件作品的開始最後促成了我的另一教科書《存在心理治療》（*Existential Psychotherapy*）的問世。

布萊伯頓地處考茨沃德（Cotswolds），英國南部一個鄉村地區，以春夏兩季繁花點綴綠野而知名。我們送班就讀的幼兒學校極好，整個生活環境也好得沒話講，唯一美中不足的是——天氣。我們被陽光的加州寵壞了，才六月中旬，瑪莉蓮迫不及待，買了一件厚重的羊皮外套。到了七月中，我們整個人像是泡在水裡，極度渴望陽光，因此，一個下雨的上午，只見我們出現在牛津的一家旅行社，要求飛往一個距離陽光最近而又物廉價美的地方。業務員會心一笑——她以前處理過哀號的加州觀光客——為我們訂了一趟希臘之旅。「你們和希臘，將會成為最好的朋友。」她給我們打包票。

我們為班在溫徹斯特（Winchester）一個溫馨的夏令營報了名，兒子維克多六月學期結束就來和我們會合，去愛爾蘭參加一個青年單車旅遊團。於是，瑪莉蓮和我登上飛雅典的飛機，第二天，從那裡出發，展開為期五天，保證陽光普照的伯羅奔尼撒（Peloponnesus）巴士之旅。

著陸雅典，心情輕鬆，準備探險，但行李卻沒有跟上，我們只有一件隨身行李，大部分都是書，到了雅典投宿的飯店，時已深夜，附近找到一家百貨店，買了些旅行必需品，刮鬍刀、刮鬍膏、牙刷、牙膏、內衣褲及一套瑪莉蓮穿的紅黑條紋夏裝。接下去五天，我們都穿同樣衣服，瑪莉蓮若要游泳，就穿她的T恤和我的內褲。沒了行李的沮喪很快煙消雲散，我們逐漸習慣了兩袖清風的旅行。事實上，隨著日子過去，眼看同行觀光客大行李齜牙裂嘴地搬上搬下巴士，而我們蹦跳自如有如鳥雀，相視不禁會心而笑。輕衣簡行，我們覺得自己與所到之處更深切地結合：奧林帕斯山，二千五百年前奧林匹克運動會首次舉行的地方；埃皮達魯斯（Epidaurus）古劇院；頒布德爾菲神諭的聖山，瑪莉蓮的最愛，講到它的美麗與靈秀，將之喻為法國的韋澤萊（Vezalay）。旅程結束，回到機場，令我們大吃一驚的是，看到我們的兩只箱子兀自在空蕩蕩的行李輸送帶上打轉。帶著幾分矛盾的心情，收了它們，展開下一站之旅：克里特島（Crete）。

到了克里特機場，租一輛小車，優哉游哉環島一個星期。四十年過去，記憶中僅存殘餘，但瑪莉蓮和我都清楚記得克里特的第一個夜晚，坐在小酒館前，不過幾呎外，運河流過桌前，月光映在水中，配上前菜數碟，有茄泥沾醬、青瓜酸乳酪醬汁、紅魚子泥沙拉、地中海式葡萄葉捲飯、波菜派、奶酪麵團餅和希臘肉丸，我們都讚不絕口，我就愛這幾味，在希臘從未點過一道主菜。

第二天，走訪克里特首府伊拉克里昂（Heraklion）城外的威尼斯古牆，牆外有尼可斯·卡山札基[2]之墓，墓誌銘曰：「我無求，我無懼，我自由」，讀之，渾身雞皮疙瘩。飛來希臘途中，機上讀《基督的最後誘惑》（*The Last Temptation*），即是卡山札基的作品，他也正是因為寫了這本書而遭到希臘正教逐出教門，死後甚至不准葬在城內。我跪下，向這個偉大心靈致敬，旅途餘程大部分時間則讀他的《奧德賽：現代續篇》（*Odysse: A Modern Sequal*）。

＊＊＊

來到佔地廣袤的克諾索斯[3]王宮，濕壁畫令人著迷，畫中女祭師主持儀式，碩壯赤足的婦女捧奉供物獻祭。從認識瑪莉蓮以來，她一貫如此，遊歷所到之處，無不如數家珍，對於女性人物主導的場面，尤其用心考究。二十年後，在她一九九七年出版的《乳房的歷史》（*History of the Breast*）中就討論到了當日之所見。

驅車進山，前往戒律森嚴的格利坦（Gretan）修道院。儘管我們是受邀午餐，但卻只准參觀一小部分，以免打擾到僧侶的清修。此外，女性禁止進入主堂，甚至雌性動物，包括母雞！

在伊拉克里昂時，我們開始去找尋古希臘錢幣，當作長子瑞德高中畢業禮物。來到第一家商店，他們說，賣古錢給觀光客是非法的，但每個錢幣商都我行我素，隨時可以——雖是偷偷摸摸——帶我們到私密的所在。所有錢幣店中，印象最深刻的首推史菲卡的店，國家博物館正對面，正面窗戶上畫著一大幅金色的大黃蜂。史菲卡先生為人和氣，一陣討價還價，大家心照不宣，我們為瑞德買了一枚希臘銀幣，另外兩枚給瑪莉蓮和自己當作墜飾。史菲卡信誓旦旦，如果不滿意，隨時可以退貨。第二天，我們到一家地下室小店，老闆是個乾癟的古物商，買了些不便宜的羅馬銀幣，交易過程中，將剛從史菲卡那兒買來的錢幣拿給他看。他稍微檢驗，權威地說：「贗品——高明的贗品，但畢竟是贗品。」回到史菲卡的店，要求退錢。他彷彿知道我們會來，二話不說，大步走到現金櫃，神色莊重，抽出一個裝著我們的錢的信封，遞給我說道：「錢還你，我說到做到，但有一個條件，本店不再歡迎閣下。」

我們繼續環島的旅程，又到別家錢幣店，好幾次提到我們在史菲卡店的遭遇。「什麼？」他們的反應都是：「你得罪了史菲卡？史菲卡，國家博物館官方鑑定師？」只見他們拍著額頭，博浪鼓一樣地搖著說：「你們該去給他一個道歉。」

找不到適合的替代禮物，我們對於自己退掉錢幣的決定開始動搖。停留克里特島的最後一夜，決定好好享受一下牛津一個同事送我們的度假禮物：一支瘦巴巴的大麻捲菸。雖然不習慣吸菸，我們還是點了，去到市場一家戶外餐廳用餐，在那兒享受神奇的食物、音樂和舞蹈，一耗幾個小時。餐後，在伊拉克里昂街上閒逛，漸漸有點搞不清楚方向，總懷疑有警察在跟蹤，又攔不到計程車，在迷宮似的街上一陣亂闖，找我們住的飯店，不知怎麼的，夜深人靜時，來到一條空蕩蕩的街上，站在一家店前，窗上畫著一隻巨大黃蜂——史菲卡的錢幣店！傻愣愣地瞧著那隻大黃蜂，就在這時，一輛計程車奇蹟般出現，我們揮手招呼，沒多久安全回到飯店。

回倫敦的班機要到中午過後才起飛，瑪莉蓮和我慢條斯理吃著早餐，享用克里特起司蛋糕，討論起前一晚的遭遇。雖然不信邪，我卻不得不懷疑，我們必定是受到某種神祕訊息的招引，結果才會去到史菲卡的店前。越是討論就越覺得我們一定是犯了什麼可怕的錯誤，唯有低聲下氣去向史菲卡道歉並買回錢幣才能彌補。於是，我們回到那家店，顧不得史菲卡的禁令，踏進店裡，一見到他，便咕咕噥噥說些道歉的話，卻只見他手指放在唇上，打斷我們，二話不說，拿出原來那三枚錢幣，我們則如數付了原來的價錢。幾個小時後，回倫敦的飛機上，我對瑪莉蓮說：「假如他是和克里特所有的錢幣商串通好的，假如他膽敢拿同樣的假貨賣我們兩次，那我也只能說：『史菲卡先生，我服了你了！』」

回到牛津，我們把錢幣拿到阿什莫林博物館[4]請求鑑定。一個星期後，鑑定結果出爐：所有錢幣都是贗品，唯有在地下室小店買的羅馬小錢幣例外。就這樣，我們為自己一生的希臘冒險揭開了序幕。

Notes

1 Q分類為史蒂芬森（Stephenson）於一九五三年所創的技術，主要目的在於評量自我觀念或其他情感變項，研究者根據目的與需要，設計一些描述行為特質的詞句如「快樂的」、「努力的」等，再將這些詞句分別寫在卡片上，卡片數目介於六十至九十張，由受試者針對卡片內容所分等級作答，等級從非常符合（同意）到非常不符合（不同意）通常以九至十一個等級為宜。

2 卡山札基（Nikos Kaasntzakis, 1883-1957），希臘小說家、詩人，散文和郵寄作家，名著有《希臘左巴》及《不自由勿寧死》。

3 克諾索斯（Knossos），銅器時代最大的考古遺址，咸認為是歐洲最古老城市，位於克里特島北部。克諾索斯王宮為米諾斯文明（Minoan civilization）的宗教及政治中心。

4 阿什莫琳博物館（Ashmolean Museum），全名阿什莫琳藝術與考古博物館，位於牛津市中心，公認是英語世界中第一個成立的大學博物館，其建築始建於一六七八—一六八三年之間。

23 存在治療

早在住院醫師時期，讀了羅洛・梅的《存在》，並在霍普金斯修了第一堂哲學課之後，就一直在思索一個問題：如何才能將這些前人的智慧融入自己的精神醫學領域。哲學讀得越多，我也就越加瞭解，精神醫學其實忽略了許多哲學理念，並相當後悔自己在哲學及一般人文科學上的貧乏，決心開始彌補自己在求學歷程上的這些缺口。

我開始在史丹佛大學部旁聽現象學及存在主義的課程，其中多數都是由達格芬・法羅斯達爾（Dagfinn Follesdal）教授執教，他是一位頭腦清晰的思想家、演說家，講授的內容雖然艱深，但引人入勝，尤其是胡塞爾[1]和海德格[2]。海德格的《存有與時間》（*Being and Time*）總讓我覺得太過於艱澀，卻趣味無窮，因此，達格芬的海德格課程我從頭到尾上過兩次。我們師生一場，兩人也結為終生知交。史丹佛另外一位教授范・哈維（Van Harvey）開的課我也感興趣。儘管是個頑強的不可知論者，這位先生卻是史丹佛宗教學系的首席，坐在教室的前排，聽他講齊克果與尼采，聽到入神而不知有其他，是兩門我上過最難忘的課。范・哈維也成為知心好友，直到今日仍然定期聚餐聊哲學。

我的整個專業走向起了很大變化，越來越少與系裡面的同事合作科學方面的計畫。心理學教授大衛．羅森罕（David Rosenhan）休長假，我代他大學部的課，教變態心理學，但那也成了我的絕響——最後一次教那一門課。

我逐漸漂離自己原來熱愛的醫學科學，開始在人文科學上安身立命。這是一段很愜意的時期，但也是一個自我懷疑的時期：常常覺得自己有如一個局外人，在精神醫學上和新的發展脫節，同時，在哲學與文學上又只是一個半吊子。漸漸地，我開始挑選和自己的領域最相關的思想家。我擁抱尼采、沙特、卡繆、叔本華及伊壁鳩魯[3]／盧克萊修[4]，繞過康德、萊布尼茲、胡塞爾及齊克果，因為，他們的理念對我來說在臨床應用上比較不明顯。

此外，幸運的是，我還去上了英文教授亞伯特．格拉德（Albert Guerard）的課，後來，更榮幸的是，與這位傑出的評論家及小說家在教學上攜手合作，並與他和妻子瑪克琳——也是作家——結為至友。一九七〇年代初，格拉德教授成立「現代思想與文學」哲學博士研究班，瑪莉蓮和我都加入了他的教學團隊。我教的課在人文學科方面開始增加，在醫學院則越來越少。在現代思想與文學博士班，我最初開的課包括「精神醫學與傳記」，由我和史丹佛英文系主任湯姆．毛瑟（Tom Moser）共同執教，我們也成為好友。瑪莉蓮則與我合教「死亡與小說」，我另外還和法羅斯達爾合教「哲學與精神醫學」。

在閱讀方面，我這時已經大幅轉移到存在思想家的小說及哲學上，諸如杜斯妥也夫斯基（Dostoevsky）、托爾斯泰（Tolstoy）、貝克特（Beckett）、昆德拉（Kundera）、赫塞（Hesse）、穆蒂斯（Mutis）及漢姆笙（Hamsun），這些作家基本上並不處理社會階級、求愛、性追求、神祕或復仇這一類的題材，他們的主題深刻得多，都觸及到了存在的範疇。在這個無意義的世界，他們拼命尋求意義，坦然面對無可逃避的死亡及無法跨越的疏離。我理解人生的這些困境，覺得他們講的正是我的故事，不僅是我的故事，也是每個找我諮商的病人的故事。我越來越體悟到，我的病人所對抗的許多問題——老年、失落、死亡、人生的重大抉擇如事業的追求與嫁娶的對象——小說家與哲學家處理起來往往比我這一行的人更有說服力。

我漸漸開始有一種想法，我可以寫一本書，將存在文學的理念帶進心理治療，但同時又擔心自己這樣做會不會太膽大妄為，真正的哲學家會不會一眼就看穿了我的淺薄？就算把這種疑慮擺到一邊，我開始寫了，但心虛所導致的焦慮有如蜂鳴繞耳絲毫未曾緩和過，我心裡也明白，這將是一場長期抗戰。生活上，我每天上午安排四個小時，在車庫上頭我的小工作室裡閱讀並做筆記，然後，到了中午，騎二十分鐘腳踏車去史丹佛，將一天剩下的時間都付與學生和病人。

除了溫習文學的功課，我也開始整理大量的臨床筆記，時不時提醒自己打掃心裡每天的憂慮，冥想無可化約的存有經驗。死亡的念頭經常飄進我清醒的意識，也在我的夢裡縈繞不去。剛開始寫書的那段期間，做了一個非常可怕的夢，至今鮮活清晰，猶如昨夜所夢。

母親和她的親戚朋友，全都已經去世，靜靜坐在一列台階上，我聽到她的聲音，尖著嗓子喊我的名字。我特別注意看嬸嬸蜜妮坐在最上頭那一階，紋風不動，但突然開始動起來，起先很慢，然後，越來越快，到最後，振動的比大黃蜂還要快。就在那個時候，台階上的每個人，全都是我童年時的大人，全都死了，開始振動，越來越快。亞伯叔叔伸手掐我的臉頰，口中咯咯有聲：「親愛的孩子。」一如昔日所為。然後其他人也伸手掐我臉頰，先是親暱的，但越掐越重越痛。我嚇醒來，臉頰抽痛，時在三點，凌晨。

這夢是與死亡的邂逅。首先，是死去的母親喊我，我則看到所有去世的家人，陰森森地靜坐台階上一動不動。接下來，他們開始動。我特別注意看我的嬸嬸蜜妮，她得了閉鎖症候群，活了一年去世。她嚴重中風，癱瘓好幾個月，除了眼睛以外，全身所有的肌肉都動彈不得。每想到她的情況我就嚇到不行。在夢裡，蜜妮動了起來，但很快就變成失去控制。我想像死去的親人掐我，親暱的掐我，以緩和心裡的害怕。但卻越掐越重，後來變得有惡意了，象徵我要被拉進去加入他們，死亡也找上了我。嬸嬸有如大黃蜂般振動的形象接連數日纏繞縈迴，揮之不去。她的完全癱瘓、雖生猶死，對我來說，恐怖到難以承受，因此，在夢裡我讓她動起來，藉以消除我的恐懼。死亡與暴力的電影，特別是猶太人大屠殺的電影，經常會引發我做惡夢。至於我應付死亡恐懼的主要方法？毫無疑問，逃避而已。

我常相信自己會在六十九歲時死去，那是父親過世的年齡。記得很小的時候就聽家族裡面高壽的人說亞隆家族男性兩件事情：脾氣溫和，還有就是短命。父親兩個兄弟五十幾歲死於冠狀動脈血栓，父親四十七歲時差一點死於血栓。讀醫學院時，多瞭解了一些病理學，知道飲食對冠狀動脈粥樣硬塊的影響，斷然地徹底改變自己的飲食習慣，大量減少動物脂肪的攝取，不吃紅肉，並逐漸改以素食為主，服用降膽固醇藥物施德丁（statins）數十年，注意體重，固定運動，活得超過了六十九歲，自己都感到驚訝。

＊＊＊

經過幾個月的研究與思索，我得到一個結論，面對死亡必須成為存在療法的主要焦點，我認為其原因在於，對死亡的恐懼有其強烈性與普世性，但時至今日，回顧這一決定，我不排除另一個可能性，亦即，由於我個人對死亡充滿焦慮，以致於我的看法或許有偏頗之處。一連好幾個月，我遍讀自己所能蒐集到的有關死亡的書，始於柏拉圖，終於托爾斯泰的《伊凡．伊里奇之死》（*Death of Ivan Ilyich*）、杰克．蕭宏[5]的《死亡與西方思想》（*Death and Western Thougtht*）及厄內斯特．貝克爾[6]的《拒斥死亡》（*Denial of Death*）。

有關死亡的學術文獻浩如煙海，但缺乏系統，能夠望其堂奧者往往又甚少，而且不在精神醫學的範圍內，因此我瞭解，我可以從我與病人的工作上做出獨特的貢獻。當時，在臨床的文獻中，幾乎無人論及死亡，我瞭解，我必須自己走出一條路來。但話又說回來，與我的心理治療病人討論有關死亡的問題，不論我多麼努力都無法使討論持續，通常都是剛把主題端出來，談沒幾分鐘就離題了。回顧那個時期，現在想起來，我一定是在無意識中把還未準備要講的事情跟病人說了。

因此，我做了一個影響我後來十年臨床治療的重大決定：我要去找那些因為臨終而不得不談死亡的病人。我到史丹佛腫瘤科，去和診斷出罹患無藥可醫癌症的病人做諮商。當時，我去聽了伊莉莎白·庫伯勒羅斯[7]的一場演講——她是與臨終者打交道的先驅人物——令我印象深刻的是，對一個重病的病人，她問的第一個問題是：「你病得多重？」我發覺這個問題大有價值，傳達了許多東西，無異在說，我願意做任何事，願意到你（病人）想去的任何地方，即使是最黑暗的地方。

我印象特別深刻的是末期病人所面對的巨大孤獨。孤獨的來源有二：其一，病人有很多病態的、可怕的想法，但他們忍住不談，怕家人及親友擔心；其二，與病人親近的人避免談到病情，怕會讓病人更加難過。我看過的癌症病人越多就越相信，治療團體有助於消除這種孤獨。我向腫瘤學家提出我的計畫，剛開始時，他們都持謹慎態度，不表示支持。不管怎麼說，那畢竟是在一九七〇年代初期，那樣一個團體，感覺起來失之草率，很可能弊大於利。更重要的是，這乃是史無前例，為癌症病人組織治療團體，在科學文獻上從所未見。

但當我身體力行，我就更加相信這樣的團體可以發揮很大作用，於是，開始在史丹佛的醫學圈子裡大力推銷。在那不久前，寶拉．威斯特，一個乳癌轉移的婦人，出現在我的辦公室，從此在我與癌症病人的工作上扮演重要角色。雖然要應付癌細胞轉移脊椎所帶來的痛苦，寶拉卻優雅從容以對。在《媽媽和生命的意義》（*Momma and the Meaning of Life*）一書中，我在〈與寶拉同行〉的故事裡談到我們的關係，我是這樣開始的：

> 她第一次走進我的辦公室，我立刻被她的外貌吸引：她的氣質尊貴；那深深吸引我靠近她的燦爛笑容；那頭很有朝氣、短得像男孩、白的發亮的頭髮；還有她那雙充滿智慧、湛藍的眼睛裡所散發出來的某種東西——我只能以明眸來形容。
>
> 她一開口就抓住我的注意力。「我叫寶拉．威斯特，癌症末期，但我不是癌症患者。」誠然，在我與她同行的這許多年來，我從未把她看做病人。接著她簡短明確地敘述她的病歷：五年前診斷出乳癌；手術切除乳房；另一邊乳房罹癌，也切除掉。然後是化療，伴隨一大堆常見的可怕副作用：噁心、嘔吐、掉光頭髮，然後是放射治療，而且是可容許的最大劑量。但所有方法都無法延緩擴及頭骨、脊椎、眼窩的癌症擴散。寶拉的癌症

不斷要求餵食，外科醫師不斷獻上供品：她的乳房、淋巴結、卵巢、腎上腺，癌細胞依舊貪得無厭。

我想像寶拉的裸體，胸部疤痕交叉，沒有乳房、脂肪或肌肉，就像大帆船發生船難之後剩下的骨架，胸部底下是留下手術傷疤的腹部，完全仰賴醜陋、因類固醇而變肥厚的臀部支撐。簡而言之，這是一個去除胸部、腎上腺、卵巢、子宮的五十五歲女人──我也確定去除了性慾。

我一向欣賞女人結實優雅的身材、豐滿的胸部和明顯的感官樂趣。但我和寶拉第一次見面卻發生奇怪的事：我覺得她很漂亮，而且愛上了她。

寶拉同意加入一個團體，和另外三個來日不多的病人一起。我們五個人在精神科大樓一間舒適的團體室內聚會了九十分鐘。我只做簡單的開場：「所有的人都是在和癌症周旋，我相信，藉由分享彼此的想法和情緒，我們都可以得到好處。」

成員中有個叫塞爾的，三十來歲，坐輪椅，和寶拉一樣，是個活得特別出色的人。儘管多發性骨髓瘤惡化（一種侵犯骨骼的癌細胞，導致骨骼脆化），整個人都用鐵衣框住，從脖子到臀部，但卻不屈不撓，死亡的逼近反而使他的生命滿溢一種新的意義，使他脫胎換骨，覺得自己的疾病是一種使命的召喚。他同意加入團體，希望幫助別人找到同樣的拯救。

塞爾加入我們團體雖然早了六個月——當時團體還太小，無法提供他所想要的聽眾——但他找到了另外一個平台，主要是中等學校，在那兒，他向問題青少年講話。我聽到他用宏亮的聲音把自己的訊息傳達給他們：

你們願意用藥物摧毀自己的身體？用酒精、大麻、古柯鹼殘害身體？你們要讓自己的身體在汽車裡撞毀？喪失生命？從金門大橋丟下去？你們不要自己的身體？好！把你的身體給我！讓我擁有，我需要，我願意接受，因為我想活下去！

聽他講話，讓我激動不已。那種我們在將死之人的話語中感覺到的特殊力量大大增強了他演講的強度。靜靜地，中學生聽著，同我一樣感受到他的所說所言句句出自肺腑，他沒有時間再虛耗，再唬弄自己。

另外一個病人，艾芙琳，嚴重的白血病，給塞爾帶來另一個使命召喚的機會。坐著輪椅進來，一面還在輸血，跟團體大夥說：「我知道自己快要死了，我能夠接受，這已經不重要了，**真正**重要的是我的女兒，她在毒害我殘餘的日子。」艾芙琳說她的女兒是「一個心存報復的冷酷女人」。早幾個月前，女兒照顧艾芙琳的貓，餵錯了食物，母女兩個無謂地大吵一場，從此不再講話。

聽她講完，塞爾說道，簡單明瞭但溫暖：「艾芙琳，聽我說，我也快死了。妳的貓吃什麼有什麼重要？誰先低頭有什麼重要？妳知道你的時間不多了，我們就不要再假裝了。妳女兒的愛是這世界上對妳最重要的事。離開前一定要讓她知道這件事，千萬不要帶著遺憾離開！那會毒害她的一生，她將永遠無法恢復，然後會將毒害繼續留給她的女兒！打破這個惡性循環吧！打破惡性循環，艾芙琳！」

塞爾的呼籲奏效。雖然艾芙琳不出數日就死去，但病房護士告訴我們，艾芙琳把塞爾的話聽了進去，含淚與女兒和解。我以塞爾為榮，這是我們團體的第一個勝利。

幾個月過去，我覺得自己大有長進，可以開始組織人數較多的病人了，同時也想到，同質性的團體效果可能更好。我諮商過的病人當中，轉移性乳癌的占相當多數，因此，我決定組織一個團體，成員全部為這一類的病人。寶拉熱心地開始拉人。經過約談，我們接受了七個新病人，正式開張。

令我吃驚的是，寶拉居然以一個哈希德教派[8]的老故事為第一次聚會揭開序幕：

一個拉比[9]與上帝談論天堂與地獄。「我帶你去看地獄。」上帝說完便引領拉比進入一個房間，裡面有一大張圓桌。一桌的人都飢餓又絕望。桌子中央有鍋燉湯，香味四溢，連拉比都忍不住要流口水。桌邊每個人都拿一支握柄很長的湯匙，剛好碰得到湯鍋，但因湯匙的柄比人的手臂還長，每個人都吃不到。拉比看到他們確實非常痛苦。

「現在我要帶你去看天堂。」他們進入另一個房間，和第一間完全一樣。同樣的大圓桌，同樣一鍋燉湯。圍坐的人和第一間一樣都拿著長柄湯匙——但這裡，每個人都營養充足，白白胖胖，談笑風生。拉比無法理解。上帝說：「很簡單，但需要某種技巧。你瞧，在這間房裡，他們都學會幫彼此餵食。」

帶領團體好幾十年，從未經歷過這樣漂亮的開頭。團體很快就凝聚起來，碰到有人去世，我就引進新成員，並繼續帶領長達十年。後來，又邀請住院醫師一同帶領一年。之後，大衛・斯皮格爾（David Spiegel），一位新來的精神科醫師，加入行列，共事數年之久。

這個團體不僅為許多病人帶來極大安慰，我也從中學到許多寶貴的東西，這裡舉一個例子。我想到的是一個婦人，她每星期都來，但每次來都一副愁眉苦臉，我們全都想盡辦法安慰她，卻徒勞無功。突然有一天，她眼裡閃爍著光輝，一身鮮亮地出現在我們面前。「今天怎麼啦？」我們問她。她感謝我們，說道，上個星期的團體討論幫她做了一個重大決定：**她下定決心要給她的孩子做個模範：面對死亡，如何優雅勇敢地活著**。人一旦覺知了生命的意義，幸福感油然而生，比這更好的範例我還沒有見過。在幫助許多人減輕對死亡的恐懼上，這也是所謂「漣漪」概念的顯著的例子。漣漪，指的是我們可以將自我傳遞給別人，甚至給不認識的人，有如一粒石子在池塘裡激起的漣漪，不斷擴散，擴散，直到看不見，仍然以奈米的幅度傳遞出去。

從一開始，我就邀請史丹佛住院醫師、醫學生乃至大學部的學生，透過雙向鏡觀看團體的運作。對於學生在旁觀察這種事，史丹佛傳統的團體治療雖然予以容忍，但卻覺得焦慮不安，而癌症病人團體的反應則極端不同，他們**歡迎**學生。與死亡對抗，讓他們對生命懂得了更多，他們熱切想要將之傳遞給別人。

對伊莉莎白·庫伯勒羅斯的悲傷階段論[10]，寶拉就十分不以為然。相反地，她特別重視與死亡的對抗，她認為從中可以學習，可以成長，並說過去活過來的這三年是她的「黃金時期」。團體裡面有好幾個成員也有同樣的經驗。其中一人講得好：「真可惜，居然要等到今天，等到自己的身體被癌症搞得百孔千瘡了才知道如何生活。」這句話在我的心裡生根發芽，幫助我形成存在治療療法。我常這樣說：**我們雖然無所逃於死亡的現實，卻可在死亡的概念裡找到生機**。人生既然只活一次，就要活得充實，要死，也要死得盡量少有遺憾。

我與末期病人所做的，漸漸地也運用到健康病人身上，因為，他們畢竟也有一死，我希望藉此可以改變他們的生活態度。這往往只需要傾聽，並強化病人對自己生命有限的覺知。我最常用的辦法是讓他們做一個清楚易懂的練習：我要病人在一張紙上畫一條直線，然後說：「線的一端代表出生，另一頭代表死亡，現在請在線上做一個記號，標示你現在的位置，並思考這張圖。」激發病人意識到生命的短暫可貴，這個練習幾乎屢試不爽。

Notes

1 埃德蒙・胡塞爾（Edmund Husserl, 1859-1936）奧地利哲學家，現象學之父，被譽為近代最偉大哲學家之一。

2 馬丁・海德格（Martin Heidegger, 1889-1976）德國哲學家，在現象學、存在主義、解構主義、詮釋學、後現代主義政治理論、心理學及神學均有舉足輕重的影響，被喻為二十世紀最重要哲學家之一。

3 伊壁鳩魯（Epicurus, B.C.341-270），古希臘哲學家，伊壁鳩魯派創始人，學說主要宗旨在於追求不受干擾的寧靜狀態，

4 盧克萊修（Lucretius, 約B.C.99-55），羅馬共和國末期的詩人及哲學家。

5 杰克・蕭宏（Jacques Choron, 1904-1972），俄羅斯出生的美國哲學家。

6 厄內斯特・貝克爾（Ernest Becker, 1924-1974），猶太裔美國人，文化人類學家，《拒斥死亡》獲一九七四年普立茲獎。

7 伊莉莎白，庫伯勒羅斯（Elisabeth Kubler-Ross, 1926-2004），美國精神科醫師，最有名的著作為《論死亡與臨終》，提出膾炙人口的「臨終前五階段論」：否認、憤怒、討價還價、憂鬱、接受。

8 哈西德教派（Hasidim）為猶太教在東歐地區逐漸壯大的教派，希伯來文Hasidim，意思是「虔敬」，故也譯為「虔敬教派」。

9 拉比為猶太教的領袖或經師。

10 同註7。

24 與羅洛·梅面對死亡

我們的癌症病人團體前前後後有五十位男士和女士，後來全都因病去世，唯一例外的是寶拉。癌症沒能擊敗她，但後來死於狼瘡。從一開始我就明白，寫死亡在生命中扮演的角色，若要寫得誠實而又有助益，我就必須要向那些面對死亡的人學習，但為了上這門課也要付出代價。團體療程之後，我往往都會感到嚴重的焦慮，擔心自己的死亡，難以入睡，經常夢魘不斷。

從旁觀察治療過程的學生也出了問題。觀察過程中，療程尚未結束，經常就會有人情緒失控，開始抽泣。時至今日，我都還後悔沒有為這些學生做好心理準備或為他們提供治療。

隨著死亡焦慮增加，我想到自己過去做過的各種心理治療——住院醫師期間所做的長期分析、在倫敦那一年的治療、跟帕特·包姆加勒（Pat Baumgartner）為期一年的完形治療，以及好幾個療程的行為治療和一個短期的生物能治療（bioenergetics）[1]。回顧這些治療時刻，記憶裡不曾有過任何有關死亡焦慮的討論，連一次都沒有。**這怎麼可能？死亡，焦慮的**

主要來源，卻從來不曾被提到過——在我接受的所有治療中？

我告訴自己，如果我還要繼續與病人面對死亡，自己就必須要重回治療，這一次要找個願意陪我一起進入黑暗的人。當時，我剛聽說《存在》一書的作者羅洛·梅已經從紐約搬到加州，在提柏朗（Tiburon）開業，距離史丹佛約八十分鐘車程。我打電話給他約診，一星期後，在他蘇格洛路（Sugarloaf Road）俯瞰舊金山灣漂亮的家裡見面。

羅洛高大、穩重、英俊，六十過半的人。平常總是一件米色或白色高圓領襯衫，外加一件輕皮夾克。辦公室兼書房，就在客廳外邊。他是個滿不錯的畫家，牆上掛著幾幅年輕時的畫作，我特別喜歡那幅尖塔高聳的法國聖米歇爾教堂（Mont Saint-michel）〔他去世後，他的遺孀喬琪亞（Georgia）將這幅畫送我，至今在我辦公室日日與我相對〕。幾次療程之後，八十分鐘開車的時間大可利用來聽前一療程的錄音，於是向他建議錄音，他立刻同意，對我將我們的談話錄下來，顯然毫不介意。每次開始前，我在車上已經聽過前一次的療程，因此大幅增強了專注力，我認為這也同時提升了我們的工作效能。從此以後，若有病人來我辦公室要開長途車，我就建議他們如法炮製。

如今寫這些東西時，還真希望能夠聽聽這些錄音的療程，但是，老天，根本不可能了。錄音帶全都存放在我亟需整修的樹屋中一張老桌子抽屜裡。一九七四年，我和家人出發前往牛津時，我委託一位有了年歲的好好先生，名叫塞希爾，負責整修這間辦公室。話說從頭，多年前，這位來自中西部的萬事通，出現在我家大門前的台階上，想要找份差事做。由於我自己對房子的維修一竅不通，我們就全都交給了他處理。沒多久，塞希爾來了，帶著他胖嘟嘟、笑咪咪、烤得一手好蘋果派，彷彿剛從電影《歡樂滿人間》裡面跳出來的妻子瑪莎，兩口子把他們的小拖車開進我們莊園的一個角落，就此住了下來，打理我們一切的維修，一做好幾年。等我休假回來，發現塞希爾已經把我的工作室大肆整修過了，但所有不堪使用的家具，包括那張老朽的桌子及塞在抽屜裡面我與羅洛做療程的錄音帶全都跟著消失。這些帶子就此人間蒸發，任我怎麼找都不見下落，偶爾我還異想天開，它們全部的內容會出現在網路上的某個地方。

如今，四十年過去了，要我回憶療程的細節實在很困難，但我知道，我的焦點大部分落在我對死亡的想法上，羅洛雖然覺得不舒服，但即使我的想法病態到極點，他也不迴避和我討論。在那段時間，我和末期的病人做治療，常常會在夜裡做惡夢，但醒來就忘了。有一次，我跟他提議說，我到附近的汽車旅館過夜，以便第二天早晨第一件事情就是去看他。他同意了。這些在我的夢境還鮮活時做的療程就特別充滿能量。我告訴他，我父親死於六十九歲，我怕自己也會死在那個歲數，並對此充滿了恐懼。他說那還真奇怪，我那麼理性的人，居然執著那樣的迷信。我談到自己和將死之人做治療，他們引發我對死亡的焦慮，他說，承擔這樣的工作的確需要勇氣，如果不焦慮，那才令人驚訝。

記得我跟羅洛說過，每想到莎士比亞《馬克白》中主角所講的那一段話：「生命呀，只不過是一個行走的影子，一個舞台上的戲子，一時昂首闊步，一時唉聲嘆氣，不一會兒就沒了聲息。」我整個人就驚嚇得不知所措，還有，青少年時候，從這段話想到那些影響我人生的的大人物——富蘭克林．羅斯福（Franklin Roosevelt）、哈利．杜魯門（Harry Truman）、理查．尼克森（Richard Nixon）、湯瑪斯．吳爾夫（Thomas Wolfe）、米奇．維儂（Mickey Vernon）、查爾斯．戴高樂（Charles de Gaulle）、溫斯頓．邱吉爾（Winston Churchill）、阿道夫．希特勒（Adolf Hitler）、勞倫斯．奧立佛（Laurence Oliver）、伯納德．馬拉穆德（Bernard Malamud）——全都曾經昂首闊步，曾經唉聲嘆氣，在我身處的世界裡創造歷史，今朝又在何處，全都化為塵土，空無一物！萬事萬物，沒錯，萬事萬物，全都會過去。陽光下，我們所擁有的，就只是那一瞬間，稀罕的、天賜的瞬間。這樣的想法經常籠罩於我，至今仍然撼動我，屢次不爽。

從來沒問過他，但我確信，多次這樣的療程必定使羅洛也感到不舒服，畢竟，他長我二十二歲，離死亡不遠。但他從不閃躲，總是陪著我，一同面對人類難逃一死這個最黑暗的疑惑。記憶中，那種「茅塞頓開」的時刻，沒有，但我和瀕死病人的工作漸漸地有了轉變，人也覺得舒服得多。他讀我的作品，讀得很多，包括《存在心理治療》的草稿，對我一向毫不保留，令我銘感五內至今。

羅洛第一次見瑪莉蓮的情景我清楚記得，那是我和他的治療結束多年以後的事。羅洛設午宴款待英國精神學家連恩（在倫敦期間我也曾找他諮商過），我們前來赴宴，剛剛抵達。羅洛打開前門接待我，然後伸出雙手迎向瑪莉蓮。她說：「沒想到你居然如此熱情。」分秒不失，羅洛回道：「沒想到妳居然如此美麗。」

病人在治療結束後和治療師發展出這樣密切的社交關係，不僅不常見，而且往往大有問題。我們結為至交，友誼未嘗稍斷，直至他過世。時不時，我就到他在提柏朗最愛的館子卡埔里（Capri）與他共進中餐，而且好幾次找他一起檢討我的治療。我們都知道，他這個人很好用，至於如何個好用法，對我們來說，卻說不出個所以然。不止一次他說：「我知道，在治療方面你想從我這裡要些東西，但你要什麼我不知道，該怎麼給我也不知道。」如今回想起來，我認為，羅洛給我的無非就是陪伴——他毫不遲疑地隨同我進入黑暗領域，讓我重溫父愛。他上了年紀，懂我，接納我。讀了《存在心理治療》的手稿，他說是本好書，為書封面寫了強力的推薦。後來，他又為《愛情劊子手》（*Love's Executioner*）的封面寫心得：「團團包圍我們的魔鬼亞隆，書寫起來有如天使」，是我所受過最高的讚揚。

* * *

就在這一段時間，瑪莉蓮和我的婚姻開始出現嚴重問題。她辭掉了海沃德加州州立大學

作者與羅洛・梅，1980

的終生教授，接受史丹佛的一份工作，負責新成立的婦女研究中心（Center for Research on Women，CROW），也為她自己在這一塊剛起步的婦女研究領域建立全新的生涯。她培養年輕學生，結交史丹佛頂尖的婦女學者。工作成為她生活的核心，我覺得她嚴重忽略了我們的婚姻。她有一個全新的社交圈子，我越來越少看到她，感覺到了我們彼此間的疏離。我清楚記得，一天晚上在舊金山的義大利小吃城晚餐，我對她說：「你的新生活——妳的新職位，妳對婦女問題的投入——對妳非常好，但對我非常不好。妳太過於投入，我覺得我們的感情淡了，我不再有感覺，或許我們應該考慮分……」我話沒有說完，瑪莉蓮突然痛哭失聲，很大聲，三個侍者聞聲衝了過來，餐廳裡所有的客人也轉臉朝我們看過來。

這是我們感情上的低潮時期，也是瑪莉蓮和我經常與羅洛及喬琪亞碰面的期間。一天晚上，羅洛很想做個實驗，邀請我們過去嘗試一下人家送給他的禮物——一些高檔搖頭丸。喬琪亞不加入，扮演監護人。瑪莉蓮和我都沒嘗過搖頭丸，但有羅洛及喬琪亞一起，我們覺得安全，結果是：這是一個格外溫馨及療癒的夜晚。服用搖頭丸後，我們聊天，吃晚餐，聽音樂，就在這一天，我們兩個都相信，也不知為什麼，我們的婚姻問題就此解開。我們變了個人：放下一切負面情緒，珍惜彼此更甚於從前。更重要的是，這一變，永不再變！什麼原因，我們兩個都說不上來，還有，也說不出個道理來，我們都沒有再碰過搖頭丸。

一九九〇年代初期，約八十歲左右時，羅洛罹患短暫性腦缺血發作（TIAs），每逢發作人便糊塗、焦慮，為時數小時，有時候長達一、兩日。有時候，碰到情況特別嚴重時，喬琪亞會打電話給我，我都會趕過去，陪他在他家後山上走走聊聊。也只有到了今天，八十五歲了，我才充分瞭解他的焦慮。如今自己也會有短暫的糊塗，一時忘了身在何處，或在做什麼。這正是羅洛以前的經歷，但他的狀況不是一時的，而是一來就幾個小時或幾天。但他還是繼續工作直到去世。在他人生最後階段，我參加過一次他的公開談話，言談依舊有力，聲音渾厚平靜，但到了末了，卻會重複幾分鐘前講過的東西。聽在耳裡，我就難過，為他感到難過，且常提醒我的朋友們，請毫不避諱地告訴我何時必須終止我自己的演講工作。

一天夜裡，喬琪亞來電，說羅洛可能過不去了，要我們馬上過去。那一晚，我們三個人輪流坐陪羅洛，他已經失去意識，末期肺水腫，呼吸相當費力，有時候深而長，接著又短而淺。最後，輪到我守望時，坐他身邊，撫摩其肩，他抽搐一下，吐完了最後一口氣。喬琪亞請我幫她為他淨身，以備明日一早葬儀社人員送他去火葬場。

那一晚，羅洛之死以及他的即將火化令我心神不寧，做了一個難忘的夢：

我和爸爸、媽媽、姊姊，在一個大賣場裡走著，然後決定上樓。接下來卻發現只有自己在電梯裡——家人都不見了。電梯往上升，時間很久，到了外面，是一處熱帶海灘，但還是不見家人，儘管我找了又找。雖是個好地方——熱帶海灘對我來說無異樂園——但我擔心得要死。

接下來，我穿一件睡衣，上面是一張冒煙熊[2]的可愛笑臉。然後，衣服上的笑臉越來越明亮燦爛，不久便成為夢的焦點，彷彿夢的能量全都轉移到了小小冒煙熊那張可愛的笑臉上。

夢使我醒過來，並非全是因為驚嚇，而是因為睡衣上明亮耀眼的圖案，彷彿有泛光燈突然在我臥室裡點亮。

冒煙熊耀眼的形象代表什麼？我確信與羅洛的火化有關。他的死亡使我面對我自己的大限，夢裡面，家人不見了，我孤獨一人，電梯沒有止境地往上升，在在傳達了我的心理狀態。自己在無意識狀態下居然如此迷信，令我大為吃驚。好萊塢式的永生，天上的樂園，以熱帶海灘收尾，無意識中的自己居然相信這一套，還真讓我覺得困窘。

那天晚上，我的睡眠就這樣被羅洛的死與他的即將火化所造成的恐怖打亂，我的夢其實是要緩和並消除那恐懼，使其變得可以承受。夢裡，死亡善意地化作一趟電梯之旅，上升前往熱帶海灘。火化的烈焰化成一件睡衣，可以穿著進入死後的長眠，上面印著讓人想要擁抱的可愛小熊寶寶。但恐懼還是克制不住，冒煙熊的形象燒醒了我。

Notes

1 生物能治療（bioenergetics），指一種整合按摩與其他物理療法的心理治療。

2 冒煙熊（Smokey the Bear），美國的一張海報，由美國國家森林人協會製作，旨在教育民眾森林野火的危險。

25 死亡、自由、孤獨與意義

一九七〇年代，存在心理治療教科書在我心裡盤桓了數年之久，但似乎總是散漫無章，難以充分掌握，始終無法落筆成文，直到有一天，艾力克・康弗來訪，事情才有所改觀。記憶中，我們倆坐在整修過的樹屋工作室裡聊天，我談到自己為這本書所讀過的書及心裡的想法，他非常仔細聽著。大約講了一個半小時，艾力克打斷我，一本正經說道：「歐弗，我有在聽，從頭到尾都在聽，而且完全有信心，鄭重向你宣告，是時候了，你可以停止閱讀開始寫作了。」

我需要的，正是這句話！要不然我可能還要胡亂摸索個好幾年。艾力克懂書——他已經出版了五十幾本——加上他的口氣充滿說服力，對我信心滿滿，將我的疑慮一掃而空。時機也配合得正好，因為史丹佛行為科學高等研究中心（Stanford Center for Advanced Study in the Behavioral Science）邀請我從事學術研究，為期一年。一九七七至一九七八年，雖然還繼續為少數病人看病，我幾乎整個學年都在寫作。可惜的是，沒能抓住這個難得的機會深入認識三十幾位其他領域的學者，包括最高法院法官魯斯・貝德・金斯伯格（Ruth Bader Ginsburg）。所幸還能和社會學家辛西亞・艾普斯坦（Cynthia Epstein）結為知交，友誼維持至今。

寫書進行順利，一年後完稿。全書始於一位亞美尼亞人的烹飪課，教師是艾芙蘿尼亞・卡查多里安（Efronia Katchadourian），好朋友兼同事赫倫・卡查多里安（Herant Katchadourian）的母親。艾芙蘿尼亞是個名廚，但不怎麼能說英語，上課完全靠親手示範。她準備料理時，我快速記下所有的食材及各項步驟，但不論怎麼努力，自己弄出來的就是不及她做的美味。我確信問題並非無解，決定更靠近一點做觀察，下一次上課時，我觀察她的每個動作，只見她準備好料理後便遞給跟了她一輩子的助理露西放進烤箱。這時候，我盯著露西，看到了不一樣的東西：就在送往烤箱途中，露西隨手一抓，滿手的各種香

作者與評論家亞佛列・卡勤（Alfred Kazin）及史丹佛法學教授約翰・卡普蘭（John Kaplan），行為科學高等研究中心，1978

料就丟了進去。我絕對相信，正是這些額外的「投入」使一切都不一樣了。

我用這個小故事當引子告訴讀者，存在心理治療並不是什麼稀奇的新療法，只不過一向都是出之以有價值的投入，但沒說出來而已，這也是多數有經驗的治療師都會做的。

全書分為四章——死亡、自由、孤獨及意義——我在每一章都分別說明我的資料來源、臨床觀察，以及我引用的哲學家及作家的作品。

四章裡面，談死亡的最長。有關治療面對死亡的病人，我在別的地方已經寫過許多專門論述，在這裡，我的重點則是治療身體健康的病人時，病人對死亡的覺知所扮演的角色。死亡之為物，我雖然認為有如野餐時的遠雷，但我也相信，能夠真正面對人之必死這一真實，可以改變我們生活的態度，可以幫助我們看輕世間俗事，激勵我們活著卻不至於累積悔憾。就像我的一個臨終病人曾如此哀嘆：「真可惜，居然要等到今天，等到自己的身體被癌症搞得百孔千瘡了才知道如何生活。」許多哲學家也以不同的方式表達過同樣的心聲。

對許多存在哲學家來說，自由乃是最核心的終極關懷。依我的理解，自由之為物，無非是說，由於我們並非生活在一個預先設計好的宇宙，因此，每一個人都應該是自己的創作者，創作自己的生活、選擇與行動。這樣的自由會產生極大的焦慮，因此許多人寧願擁抱神明或獨裁者，交出沉重的負擔。如果我們是自己所經歷一切事物「無可爭議的創作者」（沙特語），那麼，我們最鍾愛的理念，最推崇的真理，我們賴以建立信念的基石，全都會因為我們覺察到宇宙一切事物的無常性而毀於一旦。

第三個主題，孤獨，指的不是人際的孤獨（亦即孤立），而是一種更為根本的孤獨，亦即每個人都是單獨一人被拋擲到這世界，因此，註定了要單獨離去。在古老的故事《每個人》（*Everyman*）裡面，死亡天使找上了一個人，告訴他說，他的時間到了，必須啟程去接受審判。這人提出請求，讓他找個人在路上陪他，死亡天使回答道：「沒問題——只要你找得到人願意去。」故事後來敘述他找了許多人都沒有成功——譬如他的堂兄說，他無法陪他，因為他的腳趾頭抽筋。最後，總算有了一個願意陪他的，但在這個基督教的道德故事裡，願意陪他的不是別的，而是**善行**。人之將死，唯一可以陪著我們讓自己感到安慰的，就是知道自己活得不枉此生。

有關孤獨的討論，很多是聚焦於治療師與病人的關係，希望彼此融合，擔心各行其是。當死亡接近，許多人都覺知，自己一旦消亡，那整個獨屬於他們的世界也將消亡——那個別人，甚至人生伴侶，所無法分享的視覺、聲音與經驗世界都將隨之而去。我自己到了八十五、六歲時，這種孤獨感就越來越強烈。我想到自己的童年世界——星期日晚上聚在姑媽魯巴（Luba）家裡，廚房飄過來的氣味，烤牛胸肉、喧鬧、馬鈴薯燉肉、大富翁遊戲、和父親下棋、母親波斯小羊皮襖的氣味——我明白這一切如今只存在於記憶裡時，禁不住顫抖起來。

第四個終極關懷——無意義——的討論，會觸及到這樣的問題，諸如：「我們為何生在這裡？如果一切都不長久，人生所為何來？生命的意義是什麼？」我每想到都會感動不已，阿倫·懷利斯[1]敍述他丟棍子讓他的狗蒙帝去撿回來的文章：

只要我彎身撿根棍子，他馬上來到我面前。好戲上場了。他有一個任務了……對他來說，他絕不會去對這個任務多做考量，他唯一要做的就是完成任務。不管多遠距離，不論奔跑或游泳，躍過穿過任何障礙去撿棍子。

撿到了，就帶回來。因為他的任務不止是撿而已，更是要帶回來。但他漸漸接近我時，腳步卻慢了下來。他想要把棍子給我，要把任務作個結束，但他其實不喜歡這項任務，不喜歡再回到待命的位置……

有我丟棍子給他，那是他的運氣。我現在就在等上帝丟我的棍子，等很長時間了。誰知道，如果有的話，什麼時候祂會再次想到我，給我，如同我給蒙帝那樣，派個任務？

相信上帝自會為我們設定目的，這樣想，挺令人安心。世上眾生若是知道自己的棍子還要自己來丟，心裡想來必然不踏實。知道在某個地方自有一個既靠得住又現成的人生目的擺在那兒，而不是光**意識到**人生要有目的，豈不更叫人安心？說到這裡，想起歐維德[2]講過的話：「有神到底還是好，所以，就相信有神吧。」

在我看來，我的《存在心理治療》是一本為前所未有的課程而寫的教科書，儘管如此，我卻也從未想過要創立一門新的治療領域。我的目的只是要提醒所有的治療師，要關注病人生活中的存在議題。近年來，出現了存在治療師的專業性組織，二〇一五年，存在治療師在倫敦召開首次國際大會，我也透過視訊參與。治療中越來越重視存在議題，我當然感到高興，但把它當作一個獨立的治療學派，光想都覺得很困難。國際大會的組織者要為這個學派建立一個周延的定位，但困難重重。不管怎麼說，接受治療的病人基本上都難免有人際關係問題，或自我評價、或性生活、或成癮問題，對於這些病人，存在的問題未必立即攸關。此外，這還牽涉到訓練。幾乎每個星期都有學生問我，要到哪裡去受訓才能成為一個存在心理治療師。我總是勸他們，首先還是要訓練自己成為一個普通治療師，學會一系列的療法，等到了研究所或管理階層，再督促自己去深入瞭解存在心理治療的專門課題。

Notes

1 阿倫・懷利斯（Allen Wheelis, 1915-2007），美國精神分析師、小說家，以作品《好爸爸》聞名於世。

2 歐維德（Ovid, BC43-17or18），古羅馬詩人，代表作《變形記》。

26 住院病人團體・巴黎

一九七九年，應要求——以短期為前提——出任史丹佛精神科住院部主任。在那個時期，全國的精神病患住院事宜都一團混亂：保險公司削減精神病患住院的保險範圍，堅持病人必須盡快轉到比較便宜的病房及醫療護理。大多數病人只能留院一個星期或更短，團體的組成很少有兩個連續療程是相同的，聚會變得混亂而沒有效果。主要也因為這種亂象，醫護人員的士氣空前低落。

雖然不打算另起團體治療的爐灶，卻也不讓自己休息，我尋找新的挑戰。我的桌子清出來了，存在治療的書已經完成，我準備了一個新的計畫。儘管對團體療法的效果深具信心，為住院病人的帶領創造一條新路的挑戰也相當刺激，但我還是只同意擔任這個職務兩年。我找了一個史丹佛研究所畢業的精神科醫師，請他負責病房的藥物（精神藥理學，既非我的強項也不感興趣），自己則全心全力為改變中的住院病房設計一套新的團體治療。一開始，我先到全國的精神病醫院住院病房觀摩團體聚會，發覺到處都一團亂，即便是最知名的教學醫院，照樣看不到有效的住院病人團體方案。由於成員的流動太過於快速，團體的帶領人不得不在每個新療程開始時引進一兩個新成員，並請他們說明住院的原因。這類幾乎一成不變的陳述充溢著整個聚會，接著再由治療師連哄帶勸叫其他團體成員做出回應。顯然沒有人能夠從這些團體得到益處，因此，中途退出者甚多。整個策略已經到了非改弦更張不可的地步。

史丹佛的急性部門有二十個病人，我將他們分成兩組，一是較高功能團體，一是較低功能團體，每個團體六到八名成員（剩下的病人多數是剛住院的急性病人，由於太過於散漫，剛來的兩天，無法加入任何團體）。幾次實驗之後，我開發了一個可行的模式。由於流動性太高，我完全放棄聚會的延續性——即一次聚會延續到下一次——而是另謀出路，開發一個新的範例：**每個團體的壽命就只有一個療程**，帶領人的任務則是盡可能地提升這個聚會效率與效能。我為較高功能團體規劃了一個架構，分成四個階段：

1. 每個病人依次針對某些人際關係問題擬定一份討論事項，在聚會中討論（這項工作至少花掉聚會三分之一的時間）。
2. 團體聚會剩下來的時間用來完成每個病人的討論事項。
3. 團體聚會結束，觀察者（透過單向鏡觀察聚會的醫學、心理或諮商學生、住院醫師及護士）進入房間討論剛才的聚會，病人則在外圈觀察。

4.最後，利用最後十分鐘，團體成員針對觀察者的討論做出回應。

第一階段，擬定討論事項，對病人及治療師來說都是最困難的工作。依我的界定，討論事項無關於病人住院的原因——譬如，無關於他們聽到的可怕的聲音，或抗精神病藥物的副作用，或生活中某些創傷性的事件——而是某些人際關係上的問題——譬如，「我覺得孤單，需要朋友，但沒有人理我」，或「每當我說出心裡話，卻引來訕笑」，或「我覺得自己在別人眼裡既討厭又煩人，若真是這樣，我想要知道原因」。

治療師的下一步是要將每個病人的討論事項落實到現場當下。譬如，當一個成員說：「我覺得孤單……」時，治療師可以說：「可以談一談你在這裡，在這個團體裡的感覺嗎？」或說：「在這個團體裡，你想要和誰接近？」，或者：「我們來探討一下，在我們討論的過程中，你今天在這個團體裡的孤單，你自己扮演了什麼角色。」

治療師必須非常主動，如果進行順利，團體成員會互相幫助改善彼此的人際互動，效果會比只注意病人住院原因來得顯著。

我盡量讓觀察者——護士、精神科住院醫師及醫學生——在團體裡面扮演積極角色，結果顯示，觀察者對團體治療的療程做出了顯著貢獻。在一項調查中，病人就把聚會的最後二十分鐘（與觀察者的討論）評為聚會最有價值的部分！事實上，在團體聚會開始前，有些病人會習慣性地偷瞄觀察室的動靜，如果當天沒有觀察者，他們參加的意願就會降低。這樣的反應類似我的門診病人團體。團體成員如果見過觀察者，同時又接受了觀察者的反饋，有利於治療工作。至於較低功能病人每天的團體，我制定了一個模型，其中包括一系列安全的結構化練習，訓練成員的自我揭露、同理心、社交技巧，以及認清自己想要的改變。

最後，為了要提升醫護人員的士氣，我成立一個每星期集會一次的內部團體，亦即一個由員工（包括醫務組長及護理長）組成的團體，討論彼此之間關係。這樣的團體帶領起來十分困難，但到最後，在緩解員工壓力上發揮了極好的效果。

每天帶領住院病人團體，兩年之後，我決定休個長假（史丹佛教職員可以每六年休半年的全薪假，或休一年的半薪假），針對帶領住院病人團體治療的心得寫一本書。最初的打算還是想到倫敦去，那裡的寫作環境實在宜人，但瑪莉蓮堅持巴黎。因此，一九八一年夏，我們打道巴黎，帶著十二歲的兒子班一道〔當時，女兒伊芙已經在唸醫學院，瑞德在史丹佛唸完了大學，維克多唸奧柏林學院（Oberlin College）〕。

* * *

旅程首站，拜訪好友詩蒂娜與赫倫·卡查多里安，他們兩夫妻家住芬蘭外海的一個島嶼。赫倫任職史丹佛精神病學系數年，由於具有行政長才，奉派出任大學的監察員及學務長。天生一副好口才，他開設的關於人類性慾的課程，已經成為傳奇，創史丹佛有史以來選課人數最多紀錄。詩蒂娜曾任記者，也是翻譯家、作家，和瑪莉蓮興趣相投，他們的女兒妮娜也和班結為終生好友。

島上松樹藍莓遍佈，有如仙境，大海環繞，與世隔絕。拜訪期間，幾經赫倫慫恿，要我從蒸氣浴室一躍而入冰冷的北海，我還真幹了——但也只此一次。從芬蘭，我們搭夜班渡輪去哥本哈根。我一般都會暈船，甚至看到船的圖片都會，但拜一小劑大麻之賜，平平靜靜漂到了哥本哈根，為丹麥的治療師開了一天的討論會。我們也觀光，走訪了齊克果（Soren Kierkegaard）與安徒生（Hans Christian Andersen）的墓地，兩個人同葬阿西斯騰墓園（Assistens Cemetery），相去不遠。

一到巴黎，我們就在一棟公寓的五樓安頓下來，沒有電梯，位於巴黎第五區聖安德烈藝術路（rue Saint-Andre-des-Arts），距離塞納河三條街。靠瑪莉蓮的幫忙，我得到一間辦公室，距離模菲塔路（rue Mouffetard）兩條街，是法國政府為外國學者所準備的。

非常愜意的小住。每天早晨，班五層樓爬上爬下，幫我們買早點和《國際前鋒論壇報》（*International Herald Tribune*），然後搭巴黎地鐵去國際雙語學校上學。瑪莉蓮正準備一本新書：《母道、死亡與瘋狂的文學》（*Maternity, Mortality, and the Literature of Madness*），一部心理學的文學評論作品。我認識了她的許多法國朋友，我們應邀參加許多飯局，但溝通困難，法國人說英語的不多，而我雖然有個好法語老師，但進步不大。在社交場合，總覺得自己像個鄉巴佬。

在中學及大學我都學過德語，或許因為德語和父母說的意第緒語相近，我學得滿好。但法語的抑揚頓挫我總是搞不清楚，這或許和我無法記住旋律唱出來是同樣的毛病。缺乏語言基因想來是遺傳自母親，她的英語程度就大有問題。但法式料理呀！我特別期待早上的牛角麵包和下午五點的小點心。我們那條街本身就是一個戶外賣場，有攤販叫賣難得一嚐的超甜草莓，也有高檔的店，賣成片的雞肝醬餡餅及兔肉砂鍋。在糕餅麵包店，瑪莉蓮和我獨鍾香草野莓蛋，班則偏愛巧克力麵包。

法文懂得不多，雖然沒能跟瑪莉蓮上劇院，但我還是陪她聽了幾場音樂會——一場是難忘的男高音，在聖禮拜堂（Sainte-Chapelle），另一場是激勵人心奧芬巴哈（Offenbach），在夏特列（Chatelet）——但我的最愛是博物館。莫內（Claude Monet）的睡蓮當然不能放過，尤其是班、瑪莉蓮和我搭乘火車去到吉維尼（Giverhy）莫內的鄉下老家，看過那跨睡蓮而過的知名日本風格小橋後更是如此。羅浮宮讓我看了個遍，特別是存放古埃及與波斯藝品以及蘇薩[1]壯觀的陶磚獅子簷壁的展廳，令我格外流連忘返。

美好的巴黎小住，不到六個月就寫好了《短期團體心理治療》（*Inpatient Group Psychotherapy*），遠遠快過我寫的任何一本書。也是唯一由我口述的一本。史丹佛待我甚厚，特別派給我一個祕書，畢伊．米歐爾，隨同我們來到巴黎，每天上午我口述兩、三頁的草稿，由他謄寫；到了下午，我再加以校訂，並準備次日要寫的內容。畢伊・米歇爾和我相處愉快，每天我們漫步兩個街區到模菲塔路，在街上眾多的希臘餐館中找一家吃中餐。

一九八三年，基本書局出版《短期團體心理治療》，影響及於許多住院病房團體治療的實施。此外，許多實證的研究也支持這種療法的效果。但我卻沒有再回到住院病房，而是再度回到老路，在存在思想上拓展自己的所知所學。

我決定繼續自己的哲學教育，學習更多的東方思想——一個我極度無知的領域——徹底放掉《存在心理治療》。在啟程前往巴黎之前的幾個月，我已經開始閱讀這方面的東西，並向史丹佛這個領域中的學者請教，其中包括我的一個住院醫師，詹姆斯・譚佐，他曾經追隨知名佛教老師葛印卡（S. N. Goenka），在印度伊格德布里（Igatpuri）的法崗（Dhamma Giri）內觀中心參加過靜修。所有我諮詢過的專家都勸我，光是閱讀不夠，重要的是要踏踏實實從事內觀修行。因此，到了十二月，巴黎之行結束，我揮別巴黎、瑪莉蓮與班（他繼續多留一個月），獨自飛往印度拜訪葛印卡。

Notes

1 蘇薩（Susa），古波斯王朝夏宮所在的城市。

27 穿越印度

這趟旅程格外有趣，即便今日，三十五年之後，許許多多的細節依舊在心。事實上，最近以來，對於靜觀修行，我是愈加放在心上，也愈加看得重大，這一路下來的點點滴滴自然也就格外地鮮活。

在孟買下飛機，正逢一年一度的象神節，無數人群簇擁著巨大的象頭神伽內什（Ganesh）。從未獨自旅行那樣長的時間，對眼前的新世界和新冒險不禁興起莫名的愉快。次日，從孟買前往伊格德布里，為時兩個小時，坐進火車包廂，坐在一起的是可愛的印度三姊妹，全都一身耀眼的洋紅袍服。

三姊妹當中最漂亮的一個坐我旁邊，醉人的肉桂及荳蔻香氣襲人。另外兩姊妹坐對面。三個同伴美到令人屏息，時不時我就瞄上兩眼，但多數時候還是望著窗外的驚人景象。火車沿河而行，河岸上滿滿都是人群，涉水誦唱，將小尊的伽內什神像浸入水裡，還有許多人也捧著紙糊的球。指著窗外，我問身旁的女子：「不好意思，這是什麼回事？他們都在唱些什麼？」

只見她轉頭望著我，操一口優雅的印度腔英語回道：「『敬愛的伽內帕提（Canapati），來年再見』。」

「伽內帕提？」

另外兩個女子忍不住笑起來。

我的同伴答道：「我們的語言和風俗很亂，這我明白，但你也許知道這個神比較常用的名字，伽內什。」

「謝謝妳。我還想要知道他們為什麼把他浸入河裡？」

「古老規矩教導給我們的宇宙法則是：從有形到無形的輪迴永世不變。伽內什像是泥塑的，到了水裡便化為無形。身體會消亡，但住在裡面的神卻常在。」

「真有意思，謝謝妳，最後一個問題：為什麼人們都捧著黃色的紙球？」

這一問，三個人都笑了起來。「那些球代表月亮。關於伽內什有個古老的傳說，說他吃了太多的喇度（ladoos）……」

「喇度？」

「喇度是我們的一種酥餅，油炸麵糰包荳蔻糖漿內餡。伽內什愛吃，一個晚上吃了許多，跌倒在地，肚子爆掉了。月亮目睹這一切，覺得太好笑了，笑呀笑，笑個不停。伽內什大怒，將月亮逐出宇宙。但沒有多久，每個人，甚至神，都想念起月亮來，於是集合起來向伽內什的父親大神濕婆（Lord Shiva）求情，叫伽內什大氣一點。甚至月亮也加入進來，向伽內什道歉，他總算讓步，減了月亮的處罰：一個月裡面，月亮只一天不見，其他日子則是部分不見。」

「謝謝妳。」多麼有趣的故事，這個象頭神還真是好笑。

我的同伴想了一會兒，又說道：「請千萬不要讓我講的話使你看輕了宗教嚴肅的一面。我們不妨來看看伽內什的特徵，那才真有意思——每一樣特徵都代表了一些東西。」只見她解開袍服下圍在脖子上的一副伽內什胸針，舉到我眼前說：「仔細看伽內什。他的每項特徵都有一個重要的意思。大頭是告訴我們要想大，大耳是要聽好，小眼是要專注。啊，還有一事，小嘴是要少言，啊，這突然叫我想起來，我是不是話太多了。」

「啊，不會，絕對不會。」她實在太漂亮了，害得我有時無法專心聽她講話，當然啦，這我可沒講出來。「請繼續，告訴我，他為什麼只有一支象牙？」

「提醒我們要守住好的，丟掉壞的。」

「那他手上拿的又是什麼呢？看起來像把斧頭。」

「沒錯，意思是說我們應該要斬斷執著。」

「這聽起來有點像佛教了。」我說。

「不要忘了，佛陀是來自濕婆的大洋的。」

「最後一個問題了。他腳底下的老鼠呢？我看到每一尊伽內什像都有。」

「啊，這可是所有屬性裡面最有意思的了。」她說道。她的眼睛使我著迷，覺得自己融入了她的眼神當中。「老鼠代表『欲望』，伽內什教我們要控制欲望。」

突然，連續的剎車聲傳來，火車慢下來。我這幾個同伴，我還不知道她的名字，說道：「啊，伊格德布里到了，我要收拾東西下車了。我的姊妹和我來這裡是要參加一項內觀[1]修行的。」

「啊，我也是要來參加靜修的。真高興聊了那麼多，也許到了靜修精舍還可以繼續聊聊——用茶或用餐的時候。」

她點頭，說道：「唉呀，到那裡可就不能再聊了……」

「這我就不懂了。妳口說不，卻點頭說是。」

「沒錯，沒錯，我們的點頭對美國人來說還真是個問題。當我們上下點頭時，意思是『不』，我們左右搖頭時，意思才是『是』。我知道你們的習慣剛好相反。」

「所以說，妳的意思是不行，為什麼？為什麼不能再聊？」

「靜修的精舍，不可以言語。在內觀靜修的地方，**高貴的靜默**[2]是規矩，是規定——接下來的十一天完全不可言語，還有，這個，也不許。」她指著腿上的書。「不可以分心做別的事。」

「好吧，再會了。」我說，又充滿希望地加上一句：「或許，靜修之後，可以在火車上再聊。」

「不對，朋友，連這我們都不可以想。葛印卡教導我們，要活在當下，過去的記憶和未來的想望都只會製造不平靜。」

我經常想起她臨別的話語：「過去的記憶和未來的想望只會製造不平靜。」這話說得何等真切，但代價何等巨大。我不認為我能夠或願意付出這麼大的代價。

＊＊＊

到了伊格德布里，叫短程計程車到內觀中心，報了到，他們說要捐錢。我問，參加的人平均大約要付多少費用，他們告訴我，大部分參加的人都很窮，完全不需付費。我捐了兩百美元，心想，靜修十一天，區區費用，還包括食宿。但報到處的人員對於我的出手闊綽顯然大吃一驚，頻頻搖頭表示讚許。我四下裡看著，略顯顧慮地檢視一下，發現兩百名左右報到者當中，我是唯一的西方人！

一位工作人員將我的書全都放進前排辦公室的儲物櫃，然後領著我到睡房。或許是因為捐獻可觀，我被帶到一間只有四個同修的房間。我們互相默默招呼，其中一人是盲人，大約有三或四次，他弄錯地方，躺到我的墊子，我便引他回到他的位置。整整十天，全然無言。只有葛印卡，偶爾他的助理，說話。

看了每日的行事曆，才知道自己承諾要接受的規矩有多嚴苛。每天五點半起身，簡單早餐，然後靜坐，念經，整日聽講。唯一真正的一頓飯是中午的一餐素食，但過沒有多久，我就失去了胃口，不再在乎食物——靜修常見的一種情形。

早餐後在大廳集合，廳中有一講台，略高於地面，供葛印卡用的。大廳地上鋪有蓆子，當然，沒有家具。兩百名參加者全都坐蓮花坐，靜待葛印卡出現。靜默數分鐘後，四名隨從護著葛印卡來到講台。葛印卡，威嚴、英俊、古銅色皮膚，一襲白色長衫。講課之前先誦古佛經的經文，用的是巴利語，一種失傳的印歐語系語言，上座部佛教作法事時使用的語言。靜修期間，每天早晨，他依例吟誦，格外渾厚的男中音，將我牢牢地釘在當下。我心裡明白，無論接下來的是什麼，每天早晨聽葛印卡吟誦的喜樂，這一趟旅程的辛苦也都值得了。靜修結束，我提醒自己，買了一些他的卡帶，多年來，每天晚上泡在熱水浴缸裡聆賞。

我自問，為什麼這吟誦會如此令我感動，第一個想到的是父親的聲音，是他跟著唱機唱片裡意第緒歌手唱的。然後，我又想到，葛印卡的誦經依稀讓我聽到猶太教會堂裡領唱者的歌聲。青少年時期，會堂我是避之惟恐不及的地方，但如今回想起來，領唱人的好聲音依稀在耳，令我歡喜。我只能猜想，在我的性子裡面的某個地方還是深埋著某種渴望，渴望魔法，渴望透過儀式和權威緩解孤獨的痛苦。在我看來，沒有這種渴望的人極少。我看過沒穿衣服的國王，聽過太多位居高位的人心裡的祕密，還知道，只要是人都免不了絕望，免不了渴求神的安撫。

＊＊＊

前面兩日，葛印卡教我們觀息，體會吸進去的氣是涼的，呼出來的氣經過肺的呵護，是暖的。但話又說回來，第一天，才不過幾個小時，蓮花坐就坐出了大問題，坐在地板上，沒有一刻舒服過，膝和背都開始痛。午餐休息時間，我把問題向葛印卡的一個助理說了（雖然規定禁語，但若真屬緊急，可以跟助理說）。他詫異地看著我，不解地說，我一定是在前世做了什麼才有這樣一副不合作的背。儘管如此，他還是給了一把簡單的木頭椅子，靜修剩下來的日子裡，夾在兩百個信徒當中，我就這樣坐在椅子上，他們卻都蓮花坐坐得自在。附帶地說，助理有關前世的說法，是在整個靜修期間唯一聽見過提到超自然的。紀律無所不在，直到一天晚上，有人放了一個響屁。先是兩個人笑出聲，緊接著，估計有八到十個人一陣嘩笑，持續好幾分鐘。葛印卡立刻停止上課，第二天早上，我發現聽課的人少了些，嘩笑的人都沒出席，毫無疑問，都開除了。

第三天，葛印卡正式開始教內觀修行，教我們專注於自己的頭皮，直到感覺到某種感覺，也許是癢，也許是刺痛，然後把注意力往下移至臉部，等到有某種感覺出現了，就可以再往下移至身體的下一個部位，至脖子，至肩膀，直到抵達腳趾頭為止，整個過程中，都要留心呼吸，要體會無常。後面的教導，無非就只是強調這種內觀修行的學習，葛印卡反覆提醒，佛陀就是用這個法門修行的。

除了講課誦經，葛印卡還做了幾次激發動機的講話，但我覺得，幾乎所有都沒切中要點。他向我們保證，我們現在是富有的，因為我們現在擁有一個法門，可以使我們更有意義地運用時間。舉例來說，在公車站等車的時候，就可以用內觀的法門靜觀，潔淨我們的心意識，一如園丁清除園中的雜草。他強調，如此一來，我們就比別人多得一樣好處，他們等公車時就只是在浪費時間而已。最後面的這個想法，內觀可以讓一個人比別人多得一樣好處，實在不怎麼高明，而且不符合葛印卡的靈性訴求。

葛印卡沒完沒了的叮囑之後，過沒幾天，我突然有所頓悟，使我的內觀修行整個為之改觀。我開始「大掃除」，覺得彷彿有蜜兜頭倒下，慢慢往下滲，裹住整個身子。那感覺極為甜美，身體彷彿要飛起來，突然間，靈光一閃，我看清楚了一切：現在我完全瞭解了，為什麼會有那麼多的信徒會選擇處於這種狀態，幾個星期，甚至幾年。沒有憂思，沒有焦慮，沒有自我意識，沒有疏離感，只有妙音盈耳，天降暖流，傾瀉而下，沐浴全身。

唉，這種超凡脫俗的甜美狀態只持續了一天半日，再也無法重溫。總的來說，我擔心自己的內觀修行完全不及格。幾天下來，我的睡眠整個亂掉——靜修期間，很少睡超過四小時，偶爾五小時。之所以如此，一來是太多靜坐的影響，再來是我的盲眼同修搞不清楚地方，老是上我的床，三則是夜間保全巡邏內觀中心，整夜嗚哨驅盜。時間有如蝸步，日子難熬，煩躁愈甚。無事可做，只好洗自己的衣服，卻又不是因為衣服真的需要洗，等洗好了，甚至還不時探看，瞧瞧衣服乾了沒有。

時不時，遠遠望著我那美麗的火車同伴，當然，我們不能講話，但可以確定，她也正凝望我。儘管她警告我，對未來的想望會亂擾心的平靜，我還是常常做我的白日夢，想像靜修之後我們在火車上重逢，只她一人，姊妹都不在身邊。連連春夢，我拼命驅之趕之——沒錯，這春夢確實阻斷了我通往寧靜的道路。

而最糟糕的是，沒書可看！我是個一日不能無書的人，每天總要讀一兩章小說，但按照規定，所有可以閱讀的東西在報到時就已經和我分道揚鑣。我感覺快要瘋了，蜷縮得活像毒癮發作。在我的小背包裡，瞄到一張皺巴巴的白紙，不禁突發奇想，一小截鉛筆在手，想像自己正構思一個故事。火車同伴的話語在耳畔響起：「過去的記憶和未來的想望只會製造不平靜。」此刻，鉛筆在手，我思考著這種思想將會帶來的災難。想像莎士比亞若將這句話奉為金科玉律，於是決定不寫《李爾王》了。果真如此的話，恐怕還不止李爾王，文學上所有偉大的人物都要胎死腹中。沒錯，涅槃乃是殊勝的寧靜，但代價，太大了！

靜修之後，搭火車回到孟買，未再遇見印度姊妹。離開印度之前，想要走一趟印度的靈性之都瓦拉納西[3]，但中間要經過加爾各答，卻在那兒面對了自己前所未聞的人間悲慘。從機場搭計程車進城，途經破棚陋屋，彷彿沒有盡頭，戶戶一個木炭爐子，黑煙升騰，飄入空氣，刺人喉嚨，遮蔽日頭，時間是下午兩點。一踏出飯店，迎面就是憔悴的乞丐、盲人、痲瘋病人和骨瘦如柴的小孩眼巴巴地等著。痲瘋病人跟著我，一追好幾條街，若不施捨，便威脅要用他們的惡瘡來碰我。每出門，口袋便裝滿滿硬幣，但窮困與缺乏卻永遠都填不滿。竭盡所能使出剛學過的內觀法門，但卻得不到平靜。面對現實世界的不安，新手如我，靜觀卻無法自得。

在加爾各答三天後，我搭上火車，晚上抵達聖城瓦拉納西，空空蕩蕩的車站裡，我是唯一的旅人。一個小時後，一個腳踏拖車車伕來到車站，一番討價還價之後，同意載我去瓦拉納西並幫我找個住的地方。但城裡滿滿都是佛教的朝山客，空床一位難求。最後，經過兩個小時的尋找，總算在一間西藏寺院找到一個小房間，設備用品倒是充足，只是太吵。那一晚睡得極少，譚崔[4]教徒誦經，歡聲雷動，終宵不息。次日，行走不同的寺院，參加經論研討，上瑜珈課，觀想修行。講到修行，我雖然一事無成，但對佛經的研討和講座卻是樂之不疲，從來不曾懷疑佛教的傳統藏有大智慧，但也不考慮再報名參加觀想修行的訓練。這會兒我是唯我論[5]——在別處，我自有一個完整的人生：我深愛的妻子和家人、我的工作，以及我自有的待人處事方法。

搭船沿恆河而行，但見河岸上日日有人火化，樹上、屋頂上猴子成群，隨著導遊——一個騎機車的大學生——尋幽訪勝。接下來去到鹿野苑（Sarnath），處處佛教聖地，譬如佛陀第一次向弟子說法的鹿園，以及佛陀在樹底下開悟的那株菩提樹（自原樹斷處重生的）。

到車站去買車票回加爾各答，然後再從那兒搭飛機，經泰國飛回美國，但售票員說，沒有座位，要等幾天。令我大惑不解的是，車站明明冷冷清清。回到飯店，找經理幫忙，只見他微微一笑，說這問題的謎底好解，對於印度我還有得學的，說著便陪我回到火車站，跟我要了一張五元鈔票，然後把鈔票塞給售票員，售票員客客氣氣，馬上生出一張票來。更過分的是，上了車才發現，整節二等車廂自己是唯一乘客。

從加爾各答飛到泰國，遊覽水上市場和佛教寺院，經由一位在家朋友介紹，和一位佛教學者晤談茶敍，相見甚歡。晚上，堂兄弟傑伊的朋友帶我逛城裡的花花世界。到一處海鮮餐廳雲集的地方用餐，侍者也不拿菜單，而是陪著我們到餐廳四周的水塘，要我們自挑想要的魚。只見他用一長柄漁網撈魚，然後領我們去一處大蔬菜攤子，同樣叫我們自挑配菜。我小心翼翼，用自己會的一句泰語Phrik rxn（不要太辣）吩咐侍者，但一定是我的發音錯得離譜，引發一陣大笑，其他侍者也湊過來笑成一團。飯後，導遊帶我去第一次也是最後一次的泰式全身按摩院。一位女助理領我進入房間，要我脫衣沐浴，之後，為我全身抹上按摩油，當此之際，美麗的女按摩師裸身進來，開始為我按摩。我轉念一想，這才明白自己誤解了全身按摩一詞的意思，那可不是說按摩**我的**整個身體，而是她用**她的**整個身體按摩我。按摩結束，只見她微笑鞠躬，極盡嬌羞之能事，問道：「還有什麼您想要的嗎？」

從曼谷搭乘巴士到清邁，看到大象在做清理森林的工作。遇見一位旅行者，澳洲觀光客，我們合請一位導遊，帶我們乘獨木舟溯湄公河而上。上岸，是一處土著的村落，加入圍圈而坐享受鴉片之樂的男性，至於女性，當然啦，操勞著整個部落的工作。我僅此一次的鴉片經驗平淡無奇：只不過輕微地陶陶然，持續數小時。我們繼續行程前往清萊，所過之處，寺院層層疊疊，宛如仙境，看似隨時都會凌空而去。在清萊，與其他觀光客一同走上一座連結泰國與緬甸的橋樑，行至過半，遇上緬甸軍隊警衛，個個神情嚴峻，卻准許我們稍微觸摸邊界拒馬，因此，我們也可以說是到過緬甸了。接著，飛往普吉島，停留數天，海灘漫步，水肺潛泳，然後啟程返回加州。

雖然喜歡這一趟旅行，到頭來卻付出了代價。回家不久，生了一場怪病，一連幾個星期，倦怠、頭痛、暈眩、沒有食慾。史丹佛醫院所有的大牌一致同意，我罹患了某種熱帶疾病，但沒有一個說得出個名堂來。幾個月後，充分復原，我們來了一趟加勒比海的短期之旅，以示慶祝。我們在一座小島上租一間小木屋，為期兩個星期。剛到沒幾日，一天在沙發上小睡，醒來全身都是昆蟲的咬傷。第二天，我覺得情況比我從印度回家時更為嚴重。我們飛回家，史丹佛醫學系花了好幾個星期把我當登革熱及其他熱帶疾病診治，雖然用盡了現代醫學各種診斷檢查，卻從未解開我的疾病之謎。

這一病就是十六個月，每天只能勉強到史丹佛去，需要大量休息。瑪莉蓮的一個好友後來跟她說，許多人都認為我是中風。最後，我決心重建自己的身體：到健身房去鍛鍊，強迫自己每天外出工作。不論自己覺得有多糟，我絕不為自己的身體找任何藉口，維持每天到健身房復健，終於回復了健康。回首這段期間，猶記得十二歲的么兒班進到我的臥房，默默坐著陪我，兩年來，我沒陪他打網球，沒教他下棋，沒和他一起騎腳踏車〔雖然他記得我們玩過雙陸棋，朗誦過史蒂芬・唐納森（Stephen Donalson）的《湯瑪斯・卡維儂編年史》（*The Chronicles of Thomas Covenant*）〕。

從此以後，凡是診斷無門的不知名疾病，諸如慢性疲勞症候群或纖維肌痛，我對這類病人都抱著感同身受的極大同情。那是我生命中的一個黑暗篇章，那些日子的記憶全都已經淡去，但我知道，對我的韌性，那是一次嚴酷的試煉。

＊＊＊

雖然多年不曾再觀想修行，但對修行一事，我卻付出更大的關注，一來，我認識許多人，修行為他們的苦痛帶來緩解，再者，修行為他們打開了一條通往慈悲的道路。過去三年，我讀了更多有關觀想的書，跟同事談論觀想修行，與不同的治療取向相互實驗。常常在夜裡覺得焦慮不安時，網際網路上有數不清的睡眠觀想，隨便擇一而聽，聽著聽著，往往還未結束就睡著了。

印度是我深度認識亞洲文化的第一次，但不是最後一次。

Notes

1 內觀，梵文Vipassana，音譯為毗缽舍那，印度教及佛教術語，意為以智慧觀照，是修行禪那的方法之一。

2 高貴的靜默（Noble silince），亦即「禁語」。

3 瓦拉納西（Varanasi），位於印度北方邦，濱臨恆河，為世界上少有的從史前時代至現代持續有人居住的城市，為印度教的聖城。

4 譚崔（tantric），印度教及佛教的一個教派，繼承印度教中性力派（縱樂派）的思想，認為通過性交可以激發人類靈魂及肉體中的潛能。

5 唯我論（solipsism），認為世界一切事物及他人均為「我」的表象或「我」的延伸的哲學觀點。

28 日本、中國、峇里島．愛情劊子手

一九八七年秋，在東京的飯店辦理入住登記時，跟我的日本接待人碰上了面。他是一位心理學家，英語流利，從紐約飛來，充當翻譯，住隔壁房間，一整個星期，隨時待命，我有問題就可以找他。

「你能明確說說我的行程嗎？」我問。

「你這個星期的行程，長谷川醫院的專案負責人並沒有特別交代。」

「不知道為什麼，我問過了，但他們沒有答覆，似乎有點故弄玄虛。」

他只是看著我，聳聳肩。

第二天上午，抵達長谷川醫院，我們受到熱烈歡迎，一大群精神科醫師及職員代表等在醫院入口，獻上一大把鮮花，並說明第一個上午的行程：一個很特別的安排，醫院全體人員出席，聽我談論住院病人治療的團體聚會。接著，引我進入一個大約坐了四百人的禮堂。團體聚會已經講過不知多少回，我放鬆下來，往後一靠，就等著做一場口頭說明或放一段

團體聚會錄影帶。但結果卻大出我的意料，他們精心準備了一場以戲劇形式重現的團體聚會。他們錄製了一次團體療程，上一個月在醫院病房做的，然後加以改編，指派不同的員工扮演當中角色，而且為了這一齣戲，顯然花了很多的時間彩排。演出完美，但是，老天，這可是我看過最糟糕的一次團體聚會。帶領人繞著團體打轉，輪流給每個成員提意見並指定各種練習。成員之間完全沒有對話和互動——依我的觀點，這是做團體治療最不應該有的情形。如果這只是一次團體治療的錄影，我會毫不遲疑地叫停，然後提出替代方案。但一齣精心改編，需要經過無數小時彩排的演出，我怎麼能夠就此予以打斷呢？這樣做，太傷人了；因此，我坐著全程觀看整場演出（有我的翻譯在我耳邊低語）。然後，到了討論時，我客氣地、非常客氣地，提出一些建議，強調人際互動的基礎。

東京一個星期，我竭盡所能傾囊相授，但卻不覺得有用。我心裡明白，日本文化中有些根深蒂固的東西反對西方的心理治療，尤其是團體心理治療，關鍵在於日本人羞於揭露自己或家庭的私事。我自願為治療師帶領一個體驗團體，但遭到婉拒，說老實話，我還真是鬆了一口氣。心想，到時候只怕會碰到強烈的沉默抗拒，結果一事無成。一個星期下來，聽眾莫不慎重其事，專心聽講，但沒有人發表意見，也沒有人提問題。

在這次旅程中，瑪莉蓮也有相同經驗。在一個日本婦女機構安排下，她發表了一次講演，講題是二十世紀美國婦女文學。整個活動精心策畫，禮堂經過特別挑選，聽眾踴躍，演講由舞蹈表演揭開序幕，聽眾同樣慎重其事，專心聽講。但當她請大家發問或提意見時，回應卻是一片靜默。兩個星期後，在北京外國語大學講同樣題目，結束後，中國學生的問題卻有如猛烈轟炸。

東京，任何想像得到的禮數無不齊備。午餐的便當，七樣菜色，排列精緻典雅，深得我心。聚會，以歡迎我的名義舉辦的，無不豪華闊氣，主人更慷慨地邀請我使用他在夏威夷的三百六十度觀景大樓公寓，隨時歡迎。

研討會結束後，旅遊日本，無論走到哪裡，無論主人或陌生人，無不慷慨大氣。一天晚上，在東京，去歌舞伎劇院迷路，遇一清洗樓梯婦人，出示戲票，借問方向去路，她竟然馬上丟下工作，陪同我們走四條街，直到抵抵達劇院門口。另一次，在京都，下了公車，在市內信步閒逛，聽到身後傳來急促腳步聲，竟是一老婦人，氣喘吁吁趕上，送來我們忘在公車上的雨傘。過沒多久，在一佛寺，遇一陌生人，一位大學教授，停下與之攀談，馬上邀我們去家中用餐。但他們的文化卻無法接受我的治療方法，我的著作也少有日文翻譯。

＊＊＊

日本是我年休假的第一站。當時，剛完成一項辛苦工作——團體治療教科書的第二次修訂。教科書這類作品，不寫則已，寫了第一版，如果成功的話，那就是一輩子的事。教科書每幾年就必須修訂，特別是在那個領域有新的研究與改變時——而在團體治療上，正好就碰到了這樣的情況，如果不加以修訂，教師上課就要去找更新的教材。

一九八七年秋，我們碰到了空巢期：么兒班離家進入史丹佛大學，在我將教科書的修訂版送交出版社後，瑪莉蓮和我痛痛快快做了一整年的海外旅行，在峇里島及巴黎長住，隱居寫作。

寫一本十分不一樣的書，這事在我心裡已經醞釀許久。我這個人，一輩子都是個喜愛故事的人，常常會把治療的故事——有的只有幾行，有的多達數頁——夾帶到我的專業寫作中。多年來，許多讀我團體治療文章的讀者跟我說，我那些連篇累牘的枯燥理論他們之所以還願意忍受，是因為他們都知道，拐個彎就會有帶有寓意的故事。因此，到了五十六歲，決心在人生上做個重大改變。雖然還會繼續用我的作品教導年輕心理治療師，但要把故事的地位提升到一個高度：將故事放到第一位，使故事成為我教學的主要載具。我覺得，是時候了，我該釋放我內心的那個說故事者了。

啟程前往日本前，迫不及待想要學會一個嶄新的小玩意：一台筆記型電腦。於是，我們在奧勒岡州艾希蘭（Ashland）租了間小木屋，為期三個星期。我們曾多次走訪這個小鎮，為的是那裡有個特別不一樣的戲劇節。晚上看戲，白天用心練習筆記型電腦。等到自己學得有信心了，我們便出發年休假的第一站：東京的研討會。

那時候我還是個單指鍵盤手，之前的書或文章全都是手寫（要不就是在匣子裡，口述的）。既要使用這種新電腦，就得學會打字，而我用的是一個全然不同的方法：利用長途飛行前往日本途中玩一個早年的電子遊戲：我的太空船遭到外星人船艦的飛彈攻擊，飛彈是以英文字母射出，若要將之擊退，就必須按鍵盤上相對應的字母。這一招還真是管用，到飛機降落日本時，打字已經手到擒來。

＊＊＊

東京之行結束，我們飛往北京，和四個朋友會合，外加一名導遊——那個時期間法律的強制要求——展開兩個星期的中國之旅。我們到了長城、故宮，放舟遊桂林，沉醉於遠處如筆插天的山峰。這一路上，心裡一直掛著要寫的治療故事集。

一天，在上海，覺得人有點不舒服，未與大夥同行，上午休息，我隨身都帶一只提箱，裡面塞滿口述的療程筆記，隨手拿出一疊（共二十五疊），是我與索爾——六十五歲，生化研究員——七十五次療程的大綱，我大略讀完。

下午，獨自沿上海小街漫步，碰到一間天主教堂，頗有規模，外觀不俗，但已廢棄。大門未鎖，拾階而入，穿廊而行，走到盡頭，一間懺悔室吸引了我的目光，確定確實只有我一人後，做了一件一直都想要做的事情，溜進懺悔室，往神父的位子一屁股坐下！心裡想像，在這個小小房間裡，神父輩的人物聽人懺悔，聽到的無非都是悔恨、羞恥、罪惡。我還真羨慕這些上帝的人手，羨慕他們可以對那些罪人宣布：「你得到寬恕了。」何等療癒的力量！我真是相形見絀。

坐在這在傳統上代表權威的座位上，一坐一個小時，滿腦子想呀想的，驚奇的事情發生了：一場白日夢裡面，〈三封未開啟的信〉的整個情節就此呈現。整個故事，一切了然於胸——人物、發展，以及其中的懸疑起伏。十萬火急，我必須馬上記下來，免得到頭來一場空。但既沒有紙也沒有筆（那是還沒有智慧型手機時代），我沒有辦法寫下我的想法。教堂裡四處細找，發現一個空書架上一截一吋長的鉛筆，但沒有紙張，一張都沒有，於是，把腦筋動到唯一可動用的紙上——護照裡面的空白頁——匆匆寫下故事的要點。這也就是我最後命名為《愛情劊子手》的小說的第一篇。

數天之後，揮別我們的朋友及中國，飛往峇里島。才一抵達，我就迫不及待下筆，瑪莉蓮也有一個寫作計畫——亦即她後來的《鮮血姊妹：女性記憶中的法國革命》（*Blood Sisters: The French Revolution in Women's Memory*）。儘管想念我們的孩子，但自由高於一切：這也是蜜月以來，三十三年來，第一次延長沒有孩子在身邊的海外長住。

峇里島的住處，全然不同於我們住過的任何房子。從外面看，只見一片高牆環繞著一座大莊園，園裡熱帶花木扶疏。屋子裡沒有牆壁，只有垂簾隔出房間，臥室在樓上，浴室在另一棟建築。第一晚終生難忘：約至夜半，一大群昆蟲飛來，凌空而下，不計其數，鋪天蓋地，我們不得不拉起床單罩住頭部。看著行李，一心想著，等天亮了，儘早離開這裡，離得越遠越好。但太陽升起，一切安靜下來，一隻昆蟲不見，僕人發誓說，這種白蟻成群交配的事一年就只這麼一晚。眼見五彩斑爛的鳥雀無懼地棲停園中枝葉繁茂的枝頭，鳴唱從所未聞的旋律，奇花異香醉人，廚房裡好幾樣水果，奇形怪狀，六名員工都住莊園裡的小屋，日時工作，從打掃、烹飪、園藝、演奏音樂到插花供果以備常有的宗教節日。後門出去，步行三分鐘，循一沙徑而行就是美麗的庫塔灣——當時尚乏人問津，狀態保持良好。而所有這一切，所費卻遠低

峇里，1988

於我們為帕羅奧圖的家所收取的租金。

＊＊＊

寫完〈三封未開啟的信〉——索爾的故事，取材自我在護照上所做的筆記——連著好幾個上午，都消磨在園中長椅上，翻尋個案筆記，準備後面的故事。下午則和瑪莉蓮漫步沙灘，一連好幾個小時，幾乎在不知不覺中，一個故事就開始生根、發展，動能十足，逼得我不得不把別的筆記都丟到一邊，全心投入剛形成的故事。一旦開始寫，故事便自行開展，不知將止於何處，或形成什麼模樣。彷彿自己竟是一個旁觀者，看著它生根，開枝散葉，轉眼茂密成蔭。

常聽作家說，故事是自身寫出來的，但始終不明其意，直到那一日才恍然大悟。兩個月後，想起多年前瑪莉蓮跟我講的一個老故事，愈加有全新的體會並識其深意。故事是十九世紀英國小說家威廉・薩克萊[1]的軼事：一天晚上，薩克萊走出書房，妻子問，今天寫得如何，他回道：「啊，可怕的一天！潘德尼斯（薩克萊書中的一個人物）搞得自己醜態畢露，我卻阻止不了他。」

沒過多久，聽我的人物互相對話也就變得習以為常。隨時都聽得到，甚至一整天的寫作已經結束，我和瑪莉蓮手挽著手散步在無邊的潔白沙灘上時都是這樣。過不久，又有了另一種作家才有的體驗，是我人生中最高妙的體驗之一。有的時候，深入故事到了一個程度，我會察覺到自己不安分的心思已經在和另一個故事調情，一個在意識之外形成的故事。我把這種情形看成是一個信號——一種無從解釋的信號，自己傳達給自己——正在寫的故事就要結束了，新的一個即將誕生。

如今，越來越感到不安的是，自己所有的文字都只存在於不熟悉的電腦裡，紙本作品不復存在——那個時候，記憶棒、時光機器（Time Machine）和雲端服務（Dropbox）這類東西都還沒誕生。不幸的是，我的手提式柯達列印機又不喜歡旅行，在峇里島才過了一個月就掛掉了。生怕作品就此永遠埋葬電腦深處，我開始求助。整個峇里島就只有一台列印機，在首府丹帕沙（Denpasar）一所電腦學校。一天，帶著電腦到學校，直等到放學，又是拜託又是賄賂的——不記得了，好像是雙管齊下——老師才幫我把全部連同最新完稿作品列印成寶貴的紙本。

靈感在峇里島來得特別快。沒有信件，沒有一通電話，又沒有其他事情分心，下筆如有神，又好又快，從所未有。兩個月下來，完成了十篇故事中的四則。每個故事我都花很多時間替病人的身分化妝，改變形貌、工作、年齡、國籍、婚姻狀況，有的時候甚至包括性別。希望完全做到沒有人能夠認得出他們，當然，我也會把故事拿去給當事人看，徵求他們的同意。

不工作的時間，瑪莉蓮和我便在島上四處探看。我們羨慕峇里人的優雅，欣賞他們的藝術、舞蹈、偶戲、雕刻和繪畫，讚嘆他們的宗教遊行。海灘漫步與浮潛無比美好。一天，司機帶著我們和兩輛腳踏車去到峇里的最高點，我們滑行下山，長達數哩，穿過村落，經過賣波蘿蜜及榴槤的攤販。令我驚訝的是，下棋在峇里甚為普遍，到處都找得到人對奕，我經常一早就去附近一家餐廳，與侍者廝殺。

我和瑪莉蓮協議過，年休假的另一半要到歐洲去過。我愛熱帶島嶼，瑪莉蓮愛法國，這在我們的婚姻生活中相互妥協過。瑪莉蓮已經正式辭去她在史丹佛的行政職務（但迄今仍然留任資深學者），卻還有些工作上的責任，因此在我們前往歐洲途中折返帕羅奧圖一趟，我則落腳夏威夷，在歐胡島日本主人漂亮的建築裡隱居寫作，完成超過兩個故事。五個星期後，瑪莉蓮來電，通知我重啟旅程的時間到了。

下一站，義大利的貝拉吉（Bellagio）。一年前，我們分別向洛克斐勒基金會貝拉吉中心（Rockefeller Foundation Center in Bellagio）申請短駐，兩人均獲同意，她做她的法國革命女性回憶，我寫我的心理治療故事。

貝拉吉短駐算得上是學術界的最佳犒賞之一。短途步行即至科摩湖（Lake Como），洛克斐勒園區有漂亮的庭園，有超好的大廚，做一手上好的義大利麵食，每晚上的菜色都不同，還有一棟別致的別墅，可容三十位學者，各個都有書房。用餐時，學者們齊聚，晚上則交換意見，各自提出作品。瑪莉蓮和我每天上午工作，下午則搭渡船至科摩湖畔一個迷人的小村落。學者中有一人，我花滿多時間與他相處：史坦萊·埃爾金斯（Stanley Elkins），一個了不起的喜劇小說家，因小兒麻痺不良於行，使用輪椅，每天晚上固定收聽談話性廣播節目尋找情節和人物。

貝拉吉之後，年休假剩下的四個月全都在巴黎度過，在皇家港口大道（Boulevard Port Royal）租一公寓。瑪莉蓮在家工作，我則在先賢祠（Pantheon）附近一家露天咖啡座寫完了最後四個故事。同時，再度去學法文，但老天，如同以往，依然沒用。黃昏及夜晚，我們在城裡散步，跟她的巴黎朋友吃飯。

露天咖啡座特別對我胃口，寫起來特別有效。後來，回到家，在舊金山北灘（North Beach）發現一家露天咖啡座（瑪維諾咖啡，Café Malvino），寫作氣氛極佳，此後就繼續在那兒操筆。由於我原先的發想是要為年輕治療師寫一本教學故事的集子，準備在每個故事結束後寫幾段文字，點出其中的理論要點。但這個構想證明不可行，於是，我又花了幾個星期寫了六十頁的後記，附在書末。然後將原稿寄給出版社，心滿意足。

兩三個星期之後，基本書局的指定編輯菲比·豪斯和我聯絡。菲比之為編輯，來自地獄（但也來自天堂），我們註定了要有一場艱苦漫長的大戰。在我的記憶裡，菲比對於各篇故事只有極小的更動，除了一個地方，在胖女人那篇故事中加入了「體肉橫飛」的字眼。這一詞對我來說簡直如鯁在喉，因為任何編輯加什麼都無不可（我還希望多加些哩），但這絕對是唯一的廢詞。還不止此，當菲比讀了我的後記長文，整個人氣到不行，堅持要整個拿掉。她信誓旦旦說，結尾的理論說明根本是畫蛇添足，故事本身就已經足夠說明一切。菲比和我展開一場大戰，一打就是好幾個月。我前前後後交了好幾個版本的後記，每篇都被狠狠刪過退了回來，直到幾個月之後，她把我的六十頁刪到剩下十頁，而且堅持要移到書的前面。今天回想起來，當時那股極度心不甘情不願的惱怒再度襲上心頭，但菲比其實還真是一個不可多得的編輯，像她這樣的編輯我從此未再碰到過，這本書以簡明前言開始，如今重讀，菲比絕對是對的。

書要出版了，瑪莉蓮和我飛往紐約，出席出版社辦的新書發表會（如今不流行這一套了，當年卻極普遍）。發表會訂在一個星期天的晚上，但《紐約時報》星期天的負面書評給每個人當頭澆了一盆冷水。這書的形式殊少前例，勉強接近的也只有佛洛伊德的個案病史及羅伯特．林納[2]有關催眠治療病人的《一小時的五十分鐘》（*The Fifty-Minute Hour*）[3]。《紐約時報》的評論員，一個初出茅廬的精神病學者，看不順眼這書的形式，在她尖刻的書評結尾說，她寧願讀她自己在專業期刊上發表的個案病史。

星期天，午夜過後幾分鐘，被電話吵醒，是我那欣喜若狂的出版社老闆打來的，說《紐約時報》星期三會發表一篇評論，見人之所未見，作者是伊娃．霍夫曼（Eva Hoffman），知名作家、評論家。直到今天，我感謝伊娃．霍夫曼，同時多年後有幸得以結識。在紐約以及十幾個城市的書店，我為這書主持說明會。這種全國走透透舉辦新書發表會，以及到機場去接了作家再送他們去講演的書籍行銷專員，如今大體上都是過去式了。幾乎在每一個書店，奧利佛．薩克斯[4]都先我一步，推銷他的新作《錯把太太當帽子的人》（*The Man Who Mistook His Wife for a Hat*）。我們多次錯身而過，我覺得我們有緣，但可惜的是，從來不曾相遇。我非常喜歡他的作品，讀他最後一本書《勇往直前》（*On the Move*）後，以粉絲的身分寫一信給他，不久，他即去世。

出版之後幾個星期，完全出乎我的意料，《愛情劊子手》擠進了《紐約時報》暢銷書排行榜，歷時好幾個星期。訪問及演講邀約接踵而至，很快地，我就應接不暇，還記得當時和菲里普．羅培特（Phillip Lopate）吃飯聊天，抱怨自己的疲倦與壓力。羅培特是個傑出的散文家，在班寧頓學院（Bennington College）的寫作班當過我的指導老師。他勸我說：「放輕鬆，好好享受這種風光，暢銷作家可不是隨便撿來的，天知道，你可能不會再有下一次了。」啊，他說得真對。

二十三年之後，出版社決定換個封面再版《愛情劊子手》，要我寫一篇新的前言。重讀此書——許多年之後的第一次——反應強烈：驕傲之外，加上對自己垂垂老去的懊惱，以及對自己青春年華的羨慕。不得不對自己說，**這小子寫得比我好多了**。開心的是，有機會見到我的那些老病號，他們很多都已不在人世。但有一個例外：〈胖女人〉的故事。記得這故事是在巴黎一家咖啡屋寫的，開頭的一段花了好幾個鐘頭，介紹反移情（countertransference）的概念，亦即治療師對病人自發的感情反應。

貝蒂踏進診療室的那天，當我看到他挪動一一二公斤、一五七公分的龐大身軀走向我那張簡單的高科技辦公椅時，我深知等待我的是一場與反移情作用的艱苦奮戰。

這故事的本意是要教導治療師的，而我，甚至更甚於那病人，自身就是主角。故事講的是治療師對病人懷著一些非理性的、有時候甚至是憎惡的感情，以致對治療形成一道牢不可破的障礙。治療師對病人有可能懷著極端強烈愛慕之情，也有可能無意識地做出強烈的負面反應，這狀況有可能是來自於治療師過去與某個負面人物的遭遇。對肥胖婦人懷有負面感情，其理由我雖然無法盡知，但可以確定的是，我和母親的關係想必扮演了某種角色，自己也明白，這種難以控制的情緒必須努力加以克服，以人本的、正面的態度對待病人。這故事所要講的無非就是這些，而且我故意放大了自己的反移情的力道。如此一來，我對貝蒂的負面反移情與我想要幫助她的願望便形成衝突，這也就是整個故事的核心。

特別有一件事情，使我對貝蒂打從心裡產生強烈的同情。透過地方報的人事廣告，貝蒂和某人約會（在網路興起之前的時代，這是很平常的事），頭上插一朵玫瑰以為識別。結果男人沒有出現。對貝蒂來說，類似情形已經不是第一次，她心裡有底，對方遠遠地瞧到她便消失了。貝蒂描述她如何忍住情緒，保持鎮定，坐在人群喧嘩的酒吧裡獨飲，我心淒然，強忍眼淚不使奪眶而出。

我特別欣賞自己在故事結束時所做的收尾。故事裡面，貝蒂要走了，要求來一個告別擁抱，我是這樣寫的：「我們擁抱時，我驚訝地發現雙手可以環抱住她。」

我之所以寫這故事，就是要狠狠揭露自己認為肥胖可恥的偏見。不，不全然如此，還有更多的東西：為求文學的張力，我故意誇大自己的反感，技巧地將故事導入一場對決：身為一個治療者的角色，以及在背後作祟的惡意，兩者之間所形成的衝突。

把故事拿給貝蒂，徵求她的同意時，我心裡還真是七上八下。當然，我換掉了各種識別的細節，還問她有沒有其他想要改動的地方，又告訴她，為求達到教學的效果，我誇大了我的情緒。貝蒂說她明白，簽下一紙同意書。

這個故事引起的反應非常激烈。〈胖女人〉造成一波巨大的負面回應，來自覺得自己受到傷害而被激怒了的婦女。但也產生了更巨大的正面迴響，來自年輕的治療師——他們在工作上用自己的負面感情對待某些病人。他們說，我的坦白使他們能夠比較寬心地面對自己內心的負面感情，也使他們能夠坦然地向長官或同事招認這種感情。

泰莉．葛羅斯（Terry Gross）在公共廣播電台（PBS）甚受歡迎的節目《清新空氣》（*Fresh Air*）中訪問我時質問我，對於這個故事，或許「該受譴責」才是更精確的用詞吧。最後，出於自衛，我理直氣壯地說：「妳難道沒有看到故事的結尾？難道不懂得這個故事講的是我自己在治療上的心路歷程？沒錯，我對某些病人有負面的偏見，但最後我改變了，身為一個治療師，我成長了，妳難道沒看見嗎？在這個故事裡，主角是我，不是病人。」從此以後，她再也沒有邀我上節目。

儘管貝蒂沒跟我說過，但在我的心裡，這個故事想必是使她傷心的。當時，我矇上了眼罩，太過於自以為是，太過於不知輕重，只顧著痛快發揮自己作為一個作家的衝動。對此，我懊悔至今。若換到今天來寫這個故事，我會把肥胖換成完全不同的情況，更徹底地將治療過程虛構化。

＊＊＊

給《愛情劊子手》寫了一篇新的前言，得了一個連那個比較年輕的我都會為之驚訝的結論，亦即：八十歲了，眼光還不錯，超出預期。沒錯，我不否認，晚年的人生就只是該死的失去，一個接著一個的失去；但即使如此，我發現，在我的七十、八十乃至九十之年，我活得平靜安詳，超出自己的想像。此外，還有一份紅利：**讀自己的作品也來得更過癮**！記憶的衰退有其出乎意料的好處。翻到〈三封未開啟的信〉、〈不該死的人卻死了〉，以及封面故事〈愛情劊子手〉時，我覺得好奇心在燃燒自己，因為，故事是怎麼結尾的，我都忘了！

Notes

1 威廉・薩克萊（William Thackeray, 1811-1863。），英國維多利亞時代與狄更斯齊名的小說家，最著名作品是《浮華世界》（*Vanity Fair*）。

2 羅伯特・林納（Robert Lindner, 1914-1956），美國心理學家與作家，最著名的作品為《沒有理由的背叛》（*Rebel Without A Cause*）。

3 「一小時的五十分鐘」，心理治療過程中一種常用的術語，指的是一小時中治療師給病人的時間，中斷的十分鐘讓治療師記筆記，喝咖啡等等。

4 奧利佛・薩克斯（Oliver Sacks, 1933-2015），英國著名醫師、生物學家、腦神經學家、作家。

29 當尼采哭泣

一九八八年，重回教書和門診的崗位，同時與蘇菲亞・維納格列多夫（Sophia Vinogradov），前史丹佛精神科住院醫師，為美國精神醫學出版社（American Psychiatric Press）合撰《團體心理治療概論》（*Concise Guide to Group Psychotherapy*）。不消多久，一種熟悉的不安興起，心裡念著文學上有件想要做的事情還沒做，總覺得不踏實。又沒過多久，發現自己再度沉溺於尼采的某些作品。讀尼采一直是我所愛，很快地就為他剛猛的語言所陶醉，心思連寸步都離不開這個十九世紀的哲學怪才——如此才氣縱橫的一個人，但如此孤獨，如此絕望，如此無助。一連幾個月，埋首於他早期的作品，但覺曙光乍現，覺得我的無意識已經替自己選好了下一個目標。

這一來，我覺得自己被兩件想做的事扯裂了：繼續史丹佛的研究及教書生涯，還是把自己一頭栽進去，寫一本小說。這次內心的掙扎我不太記得了，只知道自己總算想到了一個辦法，將這兩個難以得兼的部分縫到了一塊：寫一本可以當作教材的小說，試著把這塊園地裡的學生在時間上帶回到十九世紀的維也納，讓他們看到心理治療的誕生。

為什麼是尼采？沒錯，他雖然活在佛洛伊德開啟了心理治療的時代，但從來沒有人認為他和精神醫學有什麼關聯。但話又說回來，早在心理治療的黎明降臨之前，尼采許多擲地有聲的話語——與治療師的養成有著密切關係——就已經閃耀於他的作品中。例如：

「醫師，治療你自己；唯其如此，才能治療你的病人。把這當成治療的不二法門——使他，你的病人，得以用他的眼見到治癒他的人。」

「你要把自己打造得勝過自己超越自己。但首先要打造自己，身心並重。不僅要創造自己，且要創造更崇高的東西。」

「我就是那樣的人，徹頭徹尾：收容，養育，培植，一個培植者、塑造者、嚴厲的調教者，反躬自省，不為別的，只為成為自己。」

「**對人生有一個『為何』的人，再多的『如何』皆不足為懼。**」

「我們對欲望之愛，往往勝過所欲。」

「有些人解不開自己的鎖鏈，但仍然能夠救贖朋友。」

我曾經想像過一部虛構的歷史：在心理治療的演進上，尼采扮演了一個重要角色。我想像，如果他和那幾個與心理治療誕生密切相關的人物——佛洛伊德、布雷爾（佛洛伊德的導師）及布雷爾的病人安娜．歐氏（Anna O，第一個接受精神分析療法治療的人）——互動，心理治療的面貌將如何變化，我很想知道，尼采，一個哲學家，在我們這個領域是否扮演過關鍵角色。

在這段醞釀時期，剛好讀到安德烈．紀德[1]的小說《拉伕卡迪歐的冒險》（*Lafcadio's Adventures*），看到一句再貼切不過的話：「歷史是已經發生的小說，小說是可能發生的歷史。」為之震動不已：這講的豈不正是我想要做的事——寫一部**可能**成真的小說。我想要寫的，是一個心理治療的天才，如果歷史的軸心稍微轉動一下，那是有可能發生的。我還真希望自己的小說寫的是真實的存在。

剛提筆，我就感覺到我的人物蠢蠢欲動，掙扎著要活過來。他們需要我把全副心力放在他們身上，但我的史丹佛責任既費時又耗力，要教住院醫師及醫學生，要參加系務會議，還有個別病人與團體治療病人等著會診。我明白，既要寫這小說，就得擺脫一切俗務，因此，一九九〇年，安排了四個月的休假。一如往常，瑪莉蓮選一半的地點，另一半我選。我挑了世界上最寧靜、最孤立的島鏈——塞席爾群島（Seychelles）——她一如往常，選了巴黎。

第一個月，我們在塞席爾的主島馬埃島（Mahe）度過，第二個月則在一個小島，普拉斯蘭島（Praslin）。兩個島都保持得很純樸，美景沙灘環繞，安靜得有點詭異——沒有報紙，沒有網際網路，沒有電話——是我遇過最有益於寫作的地方。上半天寫作，我寫我的小說，瑪莉蓮寫她的《鮮血姊妹》英文擴大版（原書為法文，談的是親身見證過法國革命的女性）。下午則四處探索，海灘漫步，浮潛——如此一路下來，我的人物漸漸呼之欲出。到了晚上，我們讀書，玩填字遊戲，到附近一家餐廳用餐，然後醞釀第二天要寫的情節發展。

我下筆謹慎，儘可能扣緊那段期間的歷史事實，首先要決定是時間。尼采的情況不好，我想要讓他來一次治療，幾經思考，把時間指向一八八二年。那一年，他有自殺的念頭，亟需治療。他那段時期的書信透露，一年中有三百天過得苦不堪言，包括劇烈頭痛、衰弱、嚴重視力問題及胃疾。由於健康不佳，一八七九年，他辭去了巴塞爾大學（University of Basel）的教職，從此居無定所度過餘生，客居異鄉，漂泊整個歐洲，尋找宜人的環境，緩解一身痛楚。

書信中流露深沉的憂鬱。典型的如一八八二年寫給好友法朗茲·歐佛貝克（Franz Overbeck）的信，這樣寫道：「……**黑色憂鬱，到了谷底，無法撼動……看不到活下去的理由，即使半年也嫌多，一切沒頂，苦不堪言，厭煩無趣。我不玩了，我放棄，實在太苦了……什麼事都做不好，既然如此，何必再做！**」

一八八二年，一件災難性的大事發生在尼采身上：與莎樂美[2]（顯然不會有結果）的熱戀走到了盡頭。莎樂美，俄羅斯人，年輕貌美，很自然地吸引了身邊許多大人物，其中包括佛洛伊德及里爾克[3]。尼采和他的朋友保羅·李（Paul Ree）也同時迷上了莎樂美，三個人甚至計畫一起到巴黎去生活。但當保羅與莎樂美發生性關係後，計畫破滅，尼采痛不欲生，陷入絕望深淵。因此，對我的書來說，一切都指向一八八二年。這一年正是尼采人生的最低潮，也是他最需要有人拉一把的時期。更何況我的主要人物，包括尼采、布雷爾、佛洛伊德（當時還是醫學生）及莎樂美，一八八二年也是有大量文獻可稽的一年。

雖然讀了一輩子的小說，但講到寫，我還真是個大外行。我苦苦思索如何將自己想像的情節搬到一八八二年而不至於傷到歷史事實，最後，總算想到了一個解決辦法：把整個小說都放到那一年想像出來的十三個月裡面。或許我是太過於小心，既然敢踏入小說創作，卻又為了保險起見，仍然把一隻腳留在現實，用的都是歷史人物及事件，而非憑空虛構，許多對話甚至引用自尼采的書信。我覺得，自己簡直就是用裝了輔助輪的腳踏車在學騎車。

最後，我想到用一個假想實驗[4]做為寫作的基石，亦即：**想像尼采在某一歷史時刻發明了一種心理治療療法——有其出版的作品可為依據——可以用來治癒他自己**。

我心裡常想，真可惜，我不可能把故事晚個十年，想像兩個頂尖的天才——哲學家尼采及精神分析師佛洛伊德——來上一次治療的邂逅。歷史不合作。一八八二年，佛洛伊德還是個年輕的醫學生，不可能提前十年成為一個名醫。至於那時候的尼采，已經罹患極端可怕的腦疾（極有可能是梅毒）使他的餘生陷入嚴重癡呆。

既然不是佛洛伊德，那麼，一八八二年還有誰是尼采可以求助的人呢？遍尋歷史，維也納一個執業治療師都沒有，即使世界其他地方，情形亦然，因為，**心理治療這一行業當時根本還沒有誕生**。一如我早先講過的，我們往往都把佛洛伊德視為精神分析之父，但他絕不止是這樣而已：**他根本就是心理治療之父，不作第二人想**。

最後，我決定讓尼采去和布雷爾談。布雷爾，佛洛伊德的老師，一位傑出醫師，經常應邀出診有名望人士，包括罹患各種疑難雜症的皇家人物。此外，一八八〇年，布雷爾開創了一種獨特的心理治療，亦即精神分析的前身，治療一位罹患歇斯底里的病人安娜．歐氏。但並未將此一創新療法公諸於世，僅有身為學生及家族好友的佛洛伊德與部分學生知曉，同時，也未發表過有關安娜的治療，直到十二年後，才見諸於他與佛洛伊德合著的《歇斯底里研究》（*Studies in Hysteria*）。

但話又說回來，如何將布雷爾與尼采拉到一塊呢？巧的是我剛好讀到一段歷史事實：一八八二年，莎樂美的弟弟剛進入布雷爾任教的醫學院，就讀一年級。於是，我由此構想小說的情節：因莎樂美的出軌，尼采心理上飽受打擊，痛不欲生，使莎樂美深感罪過，乃將內心的焦慮向弟弟訴說，讀醫學院的弟弟聽過布雷爾討論過安娜．歐的治療，便勸姊姊去看布雷爾。如今回想起來，如果是經驗老到的小說家虛構這些情節，想必是手到擒來，而我卻死守著自己的那句咒語：「**小說是可能發生的歷史**」。以致於絞盡了腦汁。

最後，故事總算有了一個譜：透過莎樂美，尼采找上布雷爾診治他的身體失調。布雷爾有心解決尼采的心病，但尼采死愛面子，拒絕放下身段。布雷爾用盡各種手法都徒勞無功，治療停滯不前。故事至此，為了不使尼采及布雷爾的角色失真，我把自己給寫進了死胡同，花了兩天時間苦思突破。我知道，許多作家都會先訂一個詳細的大綱，但我是把工作交給自己的無意識，讓人物和事件自然而然地在我的心靈舞台上演化成型，我只是加以記錄及微調而已。但這會兒，演化陷入了僵局。

瑪莉蓮和我都聽說了，馬埃附近有個美麗的小島，少人探訪，名叫席路耶特（Silhoutte），我們搭乘渡船前往，準備待上一個週末。才抵達不久，一個熱帶風暴來襲，風狂雨驟，別無選擇，我只得窩在屋裡寫作。也就是在這裡，靈感如電，尼采／布雷爾問題迎刃而解。問題解決，我興高采烈衝進傾盆大雨去找瑪莉蓮，最後，總算在旅館的小接待室裡看到她，不由分說地朗誦起這一章的末了幾行，寫的是尼采再度回絕治療後，布雷爾走回家的路上：

聽著風聲，聽著自己的腳步聲，聽著腳下薄冰的碎裂。突然想到了一個法子——唯一的法子！一路上，嘎吱嘎吱踩著雪地，每走一步都呼嘯著：「有法子了！有法子了！」

接下來會怎麼發展，連瑪麗蓮的好奇心都被激發了起來，這絕對是個好兆頭，於是我繼續往下讀出結局。布雷爾想到法子是向他頑強抗拒的病人將軍，反主為客，叫尼采做**他的**治療師。此一反轉乃是一個核心概念，後來的一切作為都是圍繞這個核心發展而來。

多年以後，要為一本名為《亞隆文選》（*The Yalom Reader*）小說選集寫一篇文章，我想起了此一核心概念的由來。好像是出自赫曼・赫塞的小說《玻璃球遊戲》（*Magister Ludi*）中的一個故事，說的是兩個醫者，一個年輕，一個年老，分別住在一個大陸的兩頭。年輕醫者病了，陷入絕望，出發長途旅行，要去找他的對手迪昂治療。

行旅途中，一天晚上，在一個綠洲，年輕人碰到另一旅人，一位老者，攀談起來，正是迪昂本人，正是他要找的人！迪昂邀請年輕人回家，從此一同生活、工作多年，起先是師徒，後來成為同業。又過了多年，迪昂病倒，便喚年輕同業到家裡，說道：「我有一個天大的祕密告訴你。還記得我們相遇的那天晚上，你告訴我說你正要來找我，記得嗎？」

「記得，記得。我永遠不會忘記那個晚上，我第一次見到你。」

「很好。」迪昂說：「其實，那時候我也深陷絕望之中，我也正是要去找你治療的呀！」

另外一個類似的角色切換則出現在《緊急情況》（*Emergency*），一個少為人知的戲劇殘篇，作者是精神科醫師海默特・凱瑟（Helmut Kaiser），一九六二年發表於一本精神醫學期刊。故事說的是一個婦人去看治療師，求他治療她的丈夫，她丈夫同樣也是個治療師，陷入極度憂鬱，有可能走上自殺一途。

治療師同意了。「好呀，沒問題，我會看他，請他打電話來約診。」

婦人回答：「問題就出在這裡。我先生根本不承認自己憂鬱，拒絕看醫生。」

「既然如此。」治療師回答：「很抱歉，我實在看不出還有什麼法子可以幫他的。」

婦人回道：「不妨你去看他，假裝自己是病人，然後找機會幫助他。」

唉，真可惜，這一招是否真的管用我們永遠都無法知道了，因為戲劇沒有了下文。

後來則是發生在我身上，我親眼目睹了類似的事情。有一次，我看到唐・傑克森（Don Jackson），一個頗有創意的精神科醫師，面談一個慢性的妄想性精神分裂症病人。這個病人一條紫色長褲，一件飄逸的洋紅長袍，成天高踞一張高腳椅上，一副睥睨眾生的神氣，默不作聲，工作人員及其他病人在他眼裡彷彿都是有求於他的小人物。傑克森醫師冷眼瞧著這個不可一世的病人好一陣子，突然雙膝一跪，俯首至地，伸出雙臂把病房鎖匙交給那人，說道：「陛下，應當擁有這些的，是你，而不是我。」

病人這下子傻眼了，瞪著鎖匙和匍匐在地的精神科醫師，講出了多日以來的第一句話：「米斯塔，我們這裡有個人發瘋了，非常瘋。」

＊＊＊

塞席爾之旅快要結束時，我開始感覺視力減退，外加對晨光有一種刺痛的反應。當地的醫師為我開了止痛藥膏，但畏光依然，沒過多久，甚至必須留在黑暗中直到中午時分，等到光線變得可以忍受。唯一沒有窗戶的房間是浴室，因此，每天上午到中午以前，我都在浴室寫東西，唯一的光源就是電腦本身的。這些都是角膜上皮營養不良的初期症狀，是數十年來導致我不舒服及視力出問題的角膜病變。在這種病變中，角膜上皮細胞的數量消減，晚上眼皮闔上時造成液體堆積，以致角膜變厚腫脹，視力因此減退。早晨眼睛睜開，角膜內的液體漸漸揮發，視力在白天便逐漸恢復。

在塞席爾，小說進行順利，我本來打算在瑪麗蓮去巴黎時繼續留下，但問題是我要看眼科醫師。到了巴黎才知道，我唯一能指望的就是角膜移植，等到回了史丹佛，我才動這項手術。

我們在盧森堡公園（Luxembourg Gardens）租了一套公寓，窗簾極佳，讓我在接下去的兩個月可以在黑暗中寫作，直到全書殺青。我把原稿寄給我的經紀人諾克斯・伯格（Knox Burger），《愛情劊子手》也是他代理的。他馬上就打了回票，說：「這小說根本沒有人要，內容空洞。」他還建議我去讀一本新小說：《紅場》（*Red Squqre*），也是他經紀的作家，馬丁・克魯茲・史密斯（Martin Cruz Smith）的作品，學學人家是怎麼寫劇情的。我只好另謀出路，把原稿寄給威廉・莫里斯文學經紀公司（William Morris Literary Agency）的歐文・賴斯特（Owen Laster），他二話不說就受理了，賣給了基本書局，一家出版非小說作品的出版社，歷史上僅出版過一本小說（《慾望醫師》（*The Doctor of Desire*），作者是亞倫・

衛理斯（Allen Wheelis）」。

書出版了，《紐約時報》刊出一篇書評，短小，不屑，說《當尼采哭泣》是一本「沒什麼分量，讀之令人昏昏欲睡的小說」，沒有比這更糟的了，接下來，其他的報紙及雜誌的一系列評論卻都是高度評價，幾個月之後，《當尼采哭泣》獲頒加州聯邦俱樂部（Commonwealth Club）年度最佳小說金牌獎。第二獎則是《紅場》，馬丁・克魯茲・史密斯！瑪莉蓮毫不猶豫地把得獎消息通知《紐約時報》評論員與前任經紀人，諾克斯・伯格。

《當尼采哭泣》的銷售在美國創下佳績，但在別的國家卻相形失色。後來譯成二十七國文字，在德國擁有最多讀者，人均閱讀數最大的則是希臘。二〇〇九年，維也納市長將該書選為年度最佳圖書。市長每年挑選一本書，印刷十萬冊，分別在藥房、麵包店、學校及年度書展上架，免費贈送維也納市民。瑪莉蓮和我飛往維也納，停留數日，出席公開活動，其中一場在佛洛伊德博物館舉行。在佛洛伊德昔日的客廳，我與一位奧地利哲學家對談這本書。

一個星期的活動最後以市政廳一場盛大的晚會達到高峰，出席者數百人，市長親臨主持。在我致詞之後，餐會開席，最後在歡愉的維也納華爾滋舞曲中畫下句點。由於我不善舞，由瑪莉蓮出馬，與我們的好友漢斯・史坦納（Hans Steiner）共舞。漢斯出身維也納，史丹佛精神科醫師，特地偕妻子茱迪絲飛來維也納與我們共襄盛舉。對我們來說，這一趟還真是瘋過頭了。

作者與《當尼采哭泣》免費贈書塔，維也納，2009

作者與妻子瑪莉蓮，維也納Stadthaus用餐，2009

書出版兩年之後，到慕尼黑與柏林巡迴演講，一位德國製片人找上我，提議拍一部記錄片，以我走訪德國境內尼采所住過的地方為題材。於是，我們攜手走訪了洛肯（Rocken）尼采出生及童年生活的家，以及他父親禱告的教堂。教堂旁邊就是尼采與他父母與妹妹的墓地。關於尼采的墓葬，傳言有此一說：尼采的妹妹伊莉莎白將尼采移葬，才得以葬在父母的中間。我們也到普夫塔（Pforta），尼采念過的學校，一位年老的教師告訴我們，尼采在古希臘與古羅馬的經典方面雖然表現傑出，但在班上還**不算是**最優秀的。當年，尼采在耶拿（Jena）住進醫院，不久即過世。在伊莉莎白位於威瑪（Weimar）的家——如今已是博物館——我看到了他獲准住院的文件，上面明載診斷結果：「梅毒」。博物館牆上掛一相片，是希特勒向伊莉莎白獻花，一束白玫瑰。數天後，在威瑪的尼采檔案館，看到《查拉圖斯特拉如是說》（*Thus Speak Zarathustra*）的尼采親筆手稿，至感歡喜。

數年後，製片人平賈斯・佩里（Pinchas Perry）拍了電影《當尼采哭泣》，雖然是低成本製作，但名演員埃爾曼德·阿桑特（Armand Assante）卻演活了尼采。與阿桑特聊天得知，演出電影多達六十部，他最感榮耀的就是飾演尼采。

《當尼采哭泣》出版十一年後，發生了一件事情，堪稱我生平最大驚奇之一：威瑪檔案館一位研究員——之前的德國之行曾經見過——寫信給我，告訴我她剛發現一封信，是尼采朋友一八八〇年寫給他的，信中力勸尼采去找布雷爾醫師處理他的醫療問題。尼采的妹妹伊莉莎白把事情擋了下來，推說他已經去看過好幾個名醫。尼采這個妹妹，他稱之為「反猶的笨鵝」，而她之所以反對尼采去看布雷爾，有可能就是因為布雷爾是猶太人。這封建議尼采去看布雷爾的信以及後續的兩封，後來我都收錄到了小說的英文有聲書中。紀德的名言：「**小說是可能發生的歷史。**」我信守不渝，而此一令人驚訝的確認使我感到極大的安慰。

Notes

1 安德烈·紀德（Andre Gide, 1869-1951），法國作家，一九四七年諾貝爾文學獎得主。

2 路·莎樂美（Lou Salome, 1861-1937），精神分析師、作家，有才氣，交友廣闊。

3 雷納爾·馬里亞·里爾克（Rainer Maria Rilke, 1876-1926），德國重要作家，創作形式廣泛，包括詩歌、散文、小說，書信集也是他文學作品的重要部分。

4 假想實驗（thought experiment），指的是以想像與邏輯為工具，假設某一可能的事件或狀態。

30 診療椅上的謊言

因為《當尼采哭泣》在雲端活了一陣子之後，我的教科書《團體心理治療的理論與實務》尖聲叫喚，把我拉回到地上來。如今十歲了，如果還要和其他教科書競爭，到了需要翻新的時候了。接下去的一年有半，彷彿套犁耕田，在史丹佛醫學院圖書館，日復一日，檢視過去十年團體治療的研究，加入相關的新研究，還有就是最痛苦的部分，刪掉老舊的材料。

但在心思背後，卻一直都有一個新的小說在醞釀。騎車的時候，睡前安靜的時分，都在腦海中排練情節和人物，很快就有了一個故事，題目訂作《診療椅上的謊言》（*Lying on the Couch*）。我滿喜歡這個雙關語：我的書處理的既是診療椅上的謊言也是躺在診療椅上的心理治療[1]。

修完了做小說學徒的學分，拋掉了我的輔助輪，不再為了人物與事件要契合特定的歷史時間與地點而苦惱，在這個新的計劃裡，大可以開開心心創作完全虛構的情節，塑造虛構的人物，除非這世界比我想像的瘋狂，否則這將是絕**不**可能成真的小說。然而，一本喜劇小說的事件雖然是超現實的，其底層仍然應該要探索嚴肅與實質的問題。此外，我們應該像早期精神分析師所堅持的那樣，扣住我們的真我，僅提供詮釋說明及一面空白的屏幕，還是應該敞開、坦率，對病人揭露我們的情感與經驗？

治療關係的重要性無可取代，有關這方面的專業文章我已經寫過很多。治療的轉化力量不在於理性的洞察、不在於詮釋說明，不在於情感宣洩，相反地，是在於兩個人之間的真誠相待。當代的精神分析思想也逐漸認同，詮釋說明並不足夠。就在我落筆寫下這些話語之際，近年來引述得最為廣泛的精神分析文章，題目叫做〈精神分析治療中的非詮釋性機制：某些超越詮釋的東西〉（Non-Interpretive Mechanisms in Psychoanalytic Therapy: The 'Something More' Than Interpretation）。這裡的「某些東西」，所指的是「當下此刻」，亦即「會面的此刻」。這和《診療椅上的謊言》中我的虛構人物恩尼斯在他所寫的文章：〈論彼此關係：真誠在心理治療中的案例〉（On In-Betweenness: The Case for Authenticity in Psychotherapy）中想要表達的東西其實沒有太大差別。

行醫生涯中，在與病人的關係上——無分團體或個人治療——我不斷追求真誠相待，凡事主動，親力親為，而且專注於當下此刻，一個療程做完還沒把彼此關係問個清楚的情形幾乎沒有。但身為一個治療師，自我揭露到底要做到什麼程度才算數呢？治療師的透明度，這個至關緊要，也是業界熱烈辯論的議題，在這本喜劇小說裡，我都做了極致的分析與解剖。

《診療椅上的謊言》多年未讀，最近才又重讀，居然觸動了許多久已忘懷的事情。首先是，此書的情節雖然全屬虛構，但有許多事件卻都是來自於我的真實人生。這種情形絕非少見。有一次，我聽索爾．貝婁（Saul Bellow）說：「當一個小說家誕生，他的家人就要倒楣了。」眾所周知的，貝婁的小說中就充斥著他人生早年的人物。我和他如出一轍。在寫這本小說之前約一年，一個朋友的朋友想訛詐我，要賣我一家公司股票，我後來才知道公司並不存在。瑪莉蓮和我給了他五萬美元做投資。雖然我們很快就收到一家瑞士銀行非常正式的收據，但他這個人有些東西總讓我覺得不放心，便拿著收據前往這家瑞士銀行的美國分行，結果證明簽名出於偽造。於是，我向聯邦調查局報案，並將我所採取的行動告知詐騙者。就在我要和調查局見面之前，他在我家門前出現，帶著五萬美元現金。這件事情和這個騙子正是我小說中一個想要獵食治療師的騙子——彼得．馬康度——的靈感來源。

但又何止這個騙子而已，一大堆其他認識的人、事和我自己的人生都跑進了這本小說。裡面就有撲克牌局的細節描述（包括我自己和其他牌友）。由於視力衰退，很久不打撲克了，但直到今天都還會和老牌友聚餐，也都還是以我給他們在小說中取的名字彼此稱呼。還有一個病人（經過大肆改頭換面），在真實人生中對我特別有吸引力，是一個為人精明卻傲慢的精神科醫師，做過我的主管。另外一個人，是我霍普金斯時期的朋友，掃羅，在小說中則是保羅。小說中的家具及藝品多數都是真實的，包括掃羅做的一件玻璃雕塑，雕的是一個人望著碗的外邊，是題贈給我的，提辭是「薛西佛斯欣賞風景」。其實真要說起來，清單可長了，包括最討厭的東西、書籍、衣服、動作、最早的記憶、我父母的移民經歷、我走過的棋局，以及我和父親及叔叔玩過平納克爾牌戲——所有這些在小說中都隨處可見，甚至連我想要踢掉鞋子上的雜貨店碎屑都包括在內。裡面有一個故事，講的是一個名叫馬歇爾．史特萊德的人的父親，他開一家小雜貨店，在華盛頓特區第五街與R街交叉路口。一天，一個顧客進到店裡要買一雙工作手套，他說要到後邊儲藏室去取，說完就衝出後門快跑至街上的市場，用十分錢買一雙手套，然後以十三分錢賣給顧客。這是父親告訴我的真實故事，在我尚未出生前，他的確在那地點開了一家店。

小說中詳細敍述一位精神分析師遭到精神分析機構的開除，大致上是以馬紹德．可汗（Masud Khan）一九八八年見逐於英國精神分析學會的事件為底稿。我的英國分析師查理．賴克羅夫目睹整個經過，跟我詳細敍述了事件的始末。甚至「冒煙的熊」的夢也是我自己的，是羅洛．梅過世那天晚上作的夢。小說中許多人物的名字對我都有個人的意義，譬如男主角的名字，恩尼斯．拉許（Ernest Lash）。寫到恩尼斯——他這個人的確熱心（earnest）[2]——和他那個以姿色引誘人的病人時，我都會想到奧德塞將自己綑綁（lash）[3]在船的桅柱上以免受到女海妖賽倫歌聲的誘惑[4]——因此取名「Ernest Lash」。另外一個角色泰瑞．傅勒（Terry Fuller），我虛構的精神分析機構中的一個人物，名字則是借用自我以前的一個學生富勒・托利（Fuller Torrey），他後來成為精神醫學界的傑出人物。馬歇爾・史特萊德則是用我在霍普金斯一個主管的名字，這位主管步步為營，堅決維護規矩（只有一次嚴重誤判是例外）。

儘管我個人堅決主張治療師真誠的理想，但還是決定要給恩尼斯・拉許一個重大的挑戰。理由都寫在小說裡，恩尼斯勇敢地承擔一項實驗：下一名新病人進他的門時，他將完全坦白。唉呀，這還真是小說裡才會有的巧合，恩尼斯下一個新病人是一個律師，有自己不能說的祕密，是恩尼斯一個病人的妻子，心存報復而來，因為她相信是恩尼斯說服她丈夫離婚的，而這一切恩尼斯全都被蒙在鼓裡。為了報仇，她打算勾引他，然後折磨他。一個決心真誠相待的治療師碰到了一個決心設圈套害人的病人，動筆寫這故事時，我還真是樂到不行。寫副情節時，那就更是樂不可支了。故事是英國精神分析學會鳴鼓開除一個分析師的小說版：精神分析師的詮釋離經叛道，引起公憤，將之逐出精神分析機構猶為不足，還如同汽車製造商之所為，向接受有害詮釋治療的病人發出召回通知書。

有意願將《診療椅上的謊言》拍成電影的片商不在少數。哈羅德・雷米斯（Harold Ramis），已故演員與導演，拍過電影《土撥鼠日》（*Groundhog Day*）、《魔鬼剋星》（*Ghostbusters*）及《老大靠邊閃》（*Analyze This*），買下小說的電影版權，當他在舊金山街頭拍攝《神鬼願望》（*Bedazzled*）時，我們曾多次接觸。結果《神鬼願望》票房慘澹，製片廠拒絕拿錢拍攝《診療椅上的謊言》，直到他拍了肯定大賺的《老大靠邊閃2》（*Analyze That*）——大獲成功的《老大靠邊閃》續集——事情似乎還存一線希望。不幸的是，《老大靠邊閃2》也爆掉了。儘管接下去幾年哈羅德·雷米斯繼續買下小說的電影版權，卻從未能賺到足夠的資金落實計畫。他這個人我還滿欣賞的，二〇一四年看到他過世的新聞，甚為悲傷。

另外一次，眼看要實現的電影夢和導演王穎（Wayne Wang）有關。王穎導過幾部很不錯的電影，諸如《喜福會》（*The Joy Luck Club*）、《煙》（*Smoke*）及《曼哈頓女傭》（*Maid in Manhattan*），他也買下了電影版權，但同樣找不到出錢的人。後來，他拍《終極假期》（*Last Holiday*），演的是一個罹患致命疾病的女人〔葵恩·拉蒂法（Queen Latifah）飾〕，請我和演員一起到紐奧良去，為時兩天，帶領一個T團體，好讓他們體會一下處理致命疾病的氛圍。與葵恩·拉蒂法、LL·酷爾·J（LL Cool J）以及媞莫西·荷頓（Timothy Hutton）一同工作，感覺挺愉快，他們全都出人意外的坦率、好溝通、工作態度認真，很能把我的話聽進去。

最後，泰德·葛里芬（Ted Griffin）出現，一個頗有才華的電影編劇〔《瞞天過海》（*Ocean's Eleven*）、《火柴人》（*Matchstick Men*）〕，電影版權都在他手上已經好幾年。劇本寫好，演員也找好，是安東尼·霍普金斯（Anthony Hopkins）——我的銀幕偶像之一，跟他在電話裡聊得滿愉快。哎呀，八字還差一撇呢。此外，還有我自己這邊，總是不太放心電影版本，怕會因此忽略掉了小說的嚴肅寓意，以及太過於強調，甚至於一味強調詐騙與性的部分。說老實話，男主角旺盛的性慾還真讓我覺得有點困窘。我的妻子，我的第一位讀者，在手稿最後一頁做的眉批是這樣寫的：「**關於你的性幻想，還有沒有什麼是要讓美國知道的呀？**」

Notes

1 這裡所謂「雙關語」的關鍵在原文「Lying on the Couch」上，「lying」既有「說謊」的意思，也有「躺」的意思，特別是指心理治療時病人都是躺在躺椅上。

2 熱心（earnest）與恩尼斯（Ernest），僅一個字母之差，且發音相同。

3 拉許（Lash）與綑綁（lash）為同一字。

4 詳見荷馬史詩《奧德塞》（*Odyssey*）。

31 媽媽和生命的意義

每一年的系畢業典禮上，精神科住院醫師都要演一齣幽默短劇，消遣他們的史丹佛經驗。有一年，我成了靶子，住院醫師消遣我不出現則已，一出現必是愛撫著一疊書背上印著「Yalom」（亞隆）的書。但我絲毫不以為忤，相反地，看到自己寫的那些書，我發覺自己還挺自得其樂。

那時候我正在處理一本出版社編的書：《亞隆文選》，由兒子班主編，包括舊作的選摘及新作。完成最後一篇文章之後，作了一個難忘且極有深意的夢，夢到的是母親，後來寫成下一本書《媽媽和生命的意義》的封面故事。

> 黃昏。也許我將要死了。我的床邊環繞著各種可怕的東西：心臟監測器、氧氣瓶、點滴瓶、捲起來的塑膠管——死亡的內臟。我闔上眼皮，滑入黑暗中。
>
> 然後我睜開眼睛，從床上跳起來，衝出病房，直接衝到陽光燦爛的回聲谷（Glen

Echo）主題樂園，幾十年前我曾在那裡度過夏天的許多個星期日。我聽到旋轉木馬的音樂聲，吸入黏膩爆米花和蘋果略帶濕潤的焦糖香味。我筆直往前走——經過北極熊凍乳霜店或衝下去兩次的雲霄飛車或摩天輪時，腳步都沒有遲疑——直接走過去排隊等著買票進鬼屋。買完票，我等待著，下一輛滑車從角落轉過來，喀啷一聲停我的面前。我坐進去，將護欄拉下牢牢鎖好，最後再環顧周遭一遍——就在一小群旁觀者中間，我看見她了。

我揮動雙手喊叫，聲音大到每個人都聽到了：「媽媽，媽媽！」就在這時，車子搖晃一下往前移動，撞到對開的門，門打開，露出黑漆漆的大嘴巴。我盡可能向後倚，被黑暗吞噬之前，再次呼喊：「媽媽，我表現得怎樣？我表現得怎樣？」

這個夢的寓意難道有可能是說，我這一輩子，就只有這個可憐的婦人聽我的呼喊？而想到的確有這種可能時，不禁令我驚疑惶惑。這一生，我一直都在逃避過去，就是用爬的也要離得遠遠的——猶太人區、雜貨店——但有沒有可能，我根本無法逃離過去，也擺脫不了母親？

母親和外婆的關係難得和諧，外婆人生的最後十年是在紐約一家安養院度過。母親除了打掃、做飯、顧店之外，經常要坐四個小時火車，帶家裡烘焙的餅去給外婆，但外婆從不給她一個謝字，卻總是說她的兄弟西蒙有多好。西蒙去看她，什麼都沒帶，就只一瓶七喜汽水。

這個故事母親講了又講，講到我拒絕再聽——她的抱怨我實在聽得厭煩。但今天，我的感覺不一樣了。很顯然地，她這個獨生兒子，對她這個做母親的全然不知感恩。我常問自己：為什麼我一點都不同情她？我為什麼沒能這樣說：「**真不公平！妳什麼都一手包辦，烘焙好了，還要跑那麼遠路去看妳媽媽，而她卻只是說西蒙好，就為了他的七喜汽水。這怎麼叫人受得了呀！**」說真的，就只是說這些話，對我來說怎麼會那麼困難呢？啊，真希望我的心夠柔軟，能把那些話都說出來。雖然只是一個簡單的感謝動作，對她卻意義重大。又或許，我若說了這些，她也就不會到今天還在夢裡纏繞著我了。

當然，這夢之所以令我驚疑惶惑，是因為想到自己正接近死亡——黝暗的恐怖鬼屋——之際，我還在尋找自己存在的證明。但卻不是向我的妻子、孩子、朋友、同事、學生或病人，而是我的母親！那個我壓根不喜歡而且引以為恥的母親。沒錯，到了夢裡，我找的是她。對著她，我提出自己人生的終極問題：「我表現得怎樣？」由此可見，人生早年的影響是何等的根深蒂固！

最近我治療一個年輕女子，過程中，這種懊悔的心理也扮演了一定的角色。她在Skype上要求做幾次諮商，第二次會面時，我問她和父母親的關係。「母親是個聖人，我跟她的關係，再溫暖融洽不過，但父親……唉，不知從何說起。」

「妳和他的關係，還是談一談吧。」

「我所能說的，非常類似你在《媽媽和生命的意義》中你和你母親的關係。我父親辛苦工作支持這個家，但他是一個暴君。無論家裡的人或他公司裡的人，我從未聽他說過誰一句讚美的好話。後來，大概八年前吧，他的哥哥，同時也是他生意上的夥伴，自殺了，生意從此一蹶不振，我父親破產，一無所有，如今，整天望著窗外，憤怒抑鬱，什麼事都不做。破產以後，我一直都在財務上支援他，但他從來也沒說過一個謝字。昨天早上我們爆發衝突，他把碟子往地上一甩，奪門而出。」

我們雖然只見過三次，但病人讀過我的故事，我決定把自己從未給母親一點好臉色的懊悔和她分享。我對她說：「到了某一天，不知道妳是否也會對妳的父親感到懊悔。」

她緩緩點頭，說：「也許會吧。」

「我只是猜測啦，但我可以想像得到，妳的父親，整個人都在扮演一個供應者的角色，經營一家大公司，無論在社會上或在家裡都是大權在握，對於女兒的支援可能覺得屈辱吧。」

她點頭。「這一點我們從未談過。」

「問題在妳吧？」

「不知道，這還得好好想一下。」

接下去的那個星期，她談起和父親的一次衝突。「我開一家大型時裝店，舉辦了一個展示會，展示新的進貨，剛好還有多出的入場券，心想父親也許有興趣。他來了，但也沒跟我講一聲，就跑到員工區去跟他們哈啦，要讓他們知道他是我老爸。我一聽說，脾氣就來了，說道：『你怎麼可以這樣呢？也不先跟我說一聲，我很不以為然。我希望你能把我的事業和私人生活分開。』他開始對著我大嚷，我就嚷回去，最後，他把門一甩，回房間去了。」

「後來呢？」

「一開始，我不理他，後來又想，那一晚上我老媽要慘了……當然，我老爸也一樣，便想到了你跟我說**你**母親的事。因此，鼓起了勇氣，敲他的門，跟他說：『爸，對不起。但我有我的立場。我邀你去看我的展示，但不是要你去跟我的員工套交情——我要的不過就是和你分享我的展示。我們不是一向如此麼？』」

「說得好，接下來呢？」

「這一次，他一語不發，幾乎是啞口無言，朝我走過來，摟住我哭起來。我從未看他哭過，我也哭起來。我們哭成一團。」

沒錯，這是真實故事——幾乎一字不易。

＊＊＊

《媽媽和生命的意義》收錄了我寫過最具效用的教學故事，〈悲傷治療的七堂進階課〉，可以當作治療師運用存在療法的入門教材。

艾琳，一個極富聲望的外科醫師，丈夫年歲尚輕，卻罹癌垂危，她的悲痛之深可想而知。數年前，我曾花兩年時間帶領一個由剛喪偶的人組成的團體，這樣磨練下來，對於治療失親病人，我已頗有幾分自信，因此同意與艾琳會面。她是極端聰明的人，但無論待人對己都極其嚴格，絲毫不講情面。艾琳成為我的病人，兩年下來，讓我知道在失親這方面自己還有得學，這也就是〈悲傷治療的七堂進階課〉這個題目的由來。

第一堂課就發生在我們的第一個療程，當時，她敘述前一晚做的一個夢。

> 我仍是外科醫生，但也是英文系的研究生。有一門課我要預習兩本教科書，舊版和現代版，書名一樣。我沒有做好上課的準備，因為兩本書我都沒看，尤其我尚未讀過舊的第一本，要讀完才能讀第二本。

我問她，關於書的名字，她是否記得一些。「啊，是的，記得很清楚。兩本，舊的和新的，書名都是《純真之死》（*The Death of Innocence*）。」對一個像我這樣興趣與背景的治療師來說，這真是一件天大的禮物。想想看，兩本書——一本舊的，一本新的——而舊的那一本（亦即最久遠年代的）又是瞭解新的那一本必備的。

艾琳的夢不僅帶來一場最高等級的知性尋寶遊戲，其本身也是所謂的**第一個夢**（*first*

dream）。如同我在〈悲傷治療的七堂進階課〉中所說，一九一一年佛洛伊德第一次討論到這個題目以來，病人在治療中講的第一個夢就一直籠罩在一層神祕的氛圍中。佛洛伊德相信，第一夢是未加修飾的，能透露許多東西，因為病人防衛心理還不高。到了治療後期，病人和治療師一同處理了不同的夢，無意識中的織夢者就逐漸有了警覺，此後所編織的夢就會變得比較複雜，比較難解。

和佛洛伊德一樣，在我的想像中，這個織夢者有如一個肥肥胖胖、活力十足的賀蒙庫魯斯（homunculus）[1]，住在一座由樹突與軸突構成的森林裡，過著快活的日子，白天睡覺，但到了晚上，躺在突觸[2]的墊子上，飲著甜美的花蜜，慵懶地為主人編織夢的系列。在第一次治療前的那個夜晚，病人入睡，對即將來臨的治療充滿著矛盾的想法，裡面的賀蒙庫魯斯便開始了夜間的工作，將恐懼與希望編織成夢。等到療程之後，賀蒙庫魯斯搞清楚了，有個聰明的治療師在解他的夢，從此以後，他就小心翼翼，用夜的偽裝把意義埋得更深。當然，所有這一切不過是個可笑的童話而已——真希望自己不相信這一套！

五十年前，我自己第一次接受分析，之前的那個晚上所做的夢，我到現在還記得清清楚楚，在〈悲傷治療的七堂進階課〉中，我是這樣寫的：

我躺在醫生的診療桌上，被子太小，無法完全蓋住身體。我看到一個護士將一支針插入我的腿——脛骨。突然發出巨大的嘶嘶、咯咯聲：咻——

這夢的核心——巨大的「**咻——**」聲——我立刻就懂了。童年時，我一直為慢性鼻竇炎所苦，每到冬天，母親就帶我去看耳鼻喉科醫師戴維斯，進行引流與清洗。我討厭他的黃牙齒和魚眼睛，透過耳鼻喉科醫師常戴在頭上的圓鏡子看著我。當他將導管插入鼻竇孔，我會感到一陣劇痛，然後就聽到很大一聲「**咻——**」——**和夢中聽到咻聲如出一轍**——鹽水注入鼻竇清洗時發出的。看著鉻質排水盤裡黏呼呼的噁心黏液，總覺得腦子裡的東西都被洗出來了。接受分析的一個夢，現實的恐怖混合著恐懼心理，害怕內心那些見不得人的可恥念頭都會在診療椅上跑了出來。

＊＊＊

艾琳和我很努力地應付她的第一個夢。「所以，妳兩本書都沒有讀。」我劈頭就問：

「沒錯，沒錯，我就知道你會這樣問。兩本都沒讀，尤其是那本舊的。」

「**尤其是**舊的那本？」

「對於兩本書在你生命中的意義有任何直覺判斷嗎？」

「不算直覺，」艾琳回答：「因為我確切知道是什麼意思。」

我等著她繼續說下去，但她卻坐著不發一語，望著窗外。我若不要求，艾琳就不主動給答案的彆扭，我還沒習慣。

我感到不耐煩，讓沉默持續了一、兩分種，最後，忍不住了：「艾琳，那兩本書的意義是……」

「舊的教科書是我哥哥的死，當時我二十歲；新的教科書是我丈夫即將到來的死亡。」

「所以這個夢是告訴我們，妳必須先處理好妳哥哥的死，才可能面對丈夫的死。」

「你說對了，正是如此。」

我們要處理的**內涵**很清楚，但**過程**（亦即我們彼此關係的本質）卻充滿矛盾，十分火爆，到頭來，處理我們的關係反而成為治療的真正開端。在一次療程中，我們討論一個夢：一堵屍體堆成的牆將我們兩個隔開，結果引爆一場極端的痛苦：

「我的意思是，你怎麼能瞭解我？你的人生很不真實——溫暖、舒適、平順，就像這間辦公室。」她指指在她身後堆滿書的書架，窗外如熊熊烈火的深紅色日本楓葉。「這裡唯一缺少的是印花棉布軟墊、一個壁爐和嗶啵作響的柴火。你的家人環繞身邊——全都在同一個城市，圓滿沒有斷裂的家族。你怎能**真正**瞭解什麼是失去？你認為換做是你能處理得更好嗎？假設你的妻子或子女現在死了呢？你會怎麼做？就連你穿的那件志得意滿的條紋襯衫——都讓我痛很。每次你穿它都讓我皺眉，我痛恨它透露的訊息！」

「它透露什麼訊息？」

「它說：『我的問題都已經解決了。告訴我你的問題吧！』」

* * *

好幾次，艾琳講的話都發人深省。有一個故事講的是瑞士雕塑家賈柯梅蒂（Aiberto Giacometti）車禍摔斷了腿，躺在街上等救護車時，有人聽到他說：「來了，來了，終於輪到我了。」我完全瞭解他的意思。艾琳講的是我，沒錯。在史丹佛任教超過三十年，從沒搬過一次家，看著孩子走路上同一所學校，從來不曾面對黑暗的悲劇：沒有人橫死，父親與母親都是老死，父親六十九，母親活到九十幾，姊姊長我七歲，那時候還活著。我不曾失去親近的朋友，四個孩子全都健康。

對一個擁抱存在思想為參考架構的心理治療師來說，這樣保護重重的人生其實是一項負債。我曾經多次渴望走出象牙塔，投身現實世界的艱難困苦。多年來，我也曾想利用一次年休假去幹個藍領工人，或許到底特律去當個救護車駕駛，或者到紐約的包利街做個快餐廚子，要不然去熟食店做三明治師傅，但從來都只是想想而已。或去峇里島隱居寫作，或走訪同業威尼斯的寓所，或科摩湖畔貝拉吉的研究獎助金，誘人的呼喚實在難以抗拒。我這個人在許多方面都能免於苦日子，甚至在婚姻上都沒有嚐過離別之苦，成年之後從來不知孤獨滋味。我和瑪莉蓮的感情並非都是平靜無波——這還得要感謝狂飆運動[3]，我們兩個都深受其啟發。

我告訴艾琳，她是對的，我承認自己有的時候滿羨慕那些身不由己的人。我告訴她，有時候，我還擔心自己會鼓勵病人為了我去幹一番大事。

「但話又說回來，」我告訴她說：「妳說我**沒有**悲劇經驗是錯的。我常不由自主地想到死亡。我們在一起時，我常常想像，如果我的妻子罹患絕症會如何，每次我的內心都充滿難以言喻的悲傷。我知道，完全清楚，我的人生路已走了一大段，現在更跨入人生另一個階段。年老的所有徵象：膝蓋軟骨磨損、視力減退、腰痠背痛、老人斑、鬢髮變白、夢見自己死掉——在在告訴我，我正朝生命終點邁進。」

她聽著，但不置一詞。

「還有一事，」我補充說：「我選擇和將死的病人工作，希望他們可以拉我更靠近生命悲劇核心。他們還真做到了；結果我回去接受了三年的治療。」

經過這樣一番折衝，艾琳點頭。這樣的點頭我明白——她特有的，一連串的點頭，兩三次輕微點頭後，下巴猛然下傾一下——她肢體的摩斯密碼，告訴我，我的回答她滿意。對於第一課——治療悲傷——我已經能夠充分掌握，治療師千萬不可保持距離，面對死亡定要拉近彼此。接著而來我要建構故事的課程還有更多。在這個故事裡，病人才是真正的老師，我只是路過她課堂的調解人而已。

＊＊＊

說到我寫得最樂在其中的那篇，毫無疑問地，當推〈匈牙利貓靈的詛咒〉。在這個故事裡，恩尼斯・拉許（暫時向《診療椅上的謊言》告個假）[4]打算要治療梅吉斯（Merges），一隻講德語的貓，性情暴烈，高齡九歲，將不久貓世。梅吉斯是個見多識廣的角色，早年曾經侍候過香蒂琵[5]，一隻住在海德格家裡的貓，如今正殘忍地糾纏著亞特蜜絲（Artemis），恩尼斯的情人。

這個故事從某個層面看是個笑劇，但換個角度，在面對死亡以及緩和死亡的恐懼上，卻可能是一篇最有深度的討論。鮑伯・柏格，我從醫學院時期就相熟的好友，在我寫這本回憶錄期間過世。這個故事大部分都是在我拜訪他期間寫的。故事的地點是布達佩斯（Budapest），鮑伯在匈牙利長大，我的人物、街道、橋梁及河流的名字都是他給的。

在米爾谷（Mill Valley）迪波書店（Book Depot）舉行的《媽媽與生命的意義》發表會，如今回憶起來仍感溫馨。當時，我兒班在那裡擔任戲劇導演，那一天我朗讀的就是恩尼斯與梅吉斯的對話。告別式這種事情，我完全無所謂，但我死後家人若要辦一場，讀這一段對話還不錯——可以把事情沖淡一些。到時候，班，就有勞你扮演貓，挑你的一個哥哥或你喜歡的演員，扮演恩尼斯。

Notes

1 賀蒙庫魯斯（homunculus），原指歐洲煉金師所創造的人工生命。在心理學中，又譯作「腦中小人」，指人腦中有一個與人體感覺對應的小人，是大腦與人的感覺器官對應的感應部分，根據感應度的不同各有大小。這些鼻子對應鼻子、眼睛對應眼睛的感應帶組合起來，就是一個模擬的小人。

2 樹突（dendrites），神經元的一部分，為神經元的輸入通道，其功能是將其他神經元接收的動作電位（信號）傳送至細胞體。軸突（axons），由神經元組成，在神經系統中為神經信號的主要傳遞管道。突觸（synapses），指兩個神經元的相接處。

3 狂飆運動（Sturm und Drang），指一七六〇年代至一七八〇年代早期在德國文學與音樂創作領域的變革，文藝形式從古典主義向浪滿主義過渡的階段，代表人物為哥德與席勒，表達人類內心感情的衝突與奮進精神。歌頌天才、自由、個性解放。

4 【編註】「拉許」在《媽媽和生命的意義》台灣中譯本譯為「雷西」。

5 Xanthippe，德文，原意為悍婦。

32 快要變成希臘人了

在所有翻譯我作品的國家裡面，希臘算是最小的國家之一，但在精神上卻是最大的。一九九七年，史塔夫羅斯．帕索波洛斯（Stavros Petsopoulos），雅格拉出版公司（Agra Publication）的老闆，買下我全部著作的希臘文版權，並簽下一對夫妻，亞尼斯．澤瓦斯（Yannis Zervas）與伊文吉妮雅．安德利賽納斯（Evangelia Andritsanous），擔任翻譯。如此這般，為我們家人鋪展開了一段長久而有意義的關係。亞尼斯是在美國養成的精神科醫師，同時也是知名的希臘詩人，伊文吉妮雅則是一位臨床心理學家及翻譯家。在心理治療的領域，希臘雖然從未扮演過重要角色，識字人口約五百萬，但很快地就成了世界上我的著作閱讀人均數最高的國家，我在那兒的知名度也高過任何其他地方。何以致之，我始終不知。

第一次與希臘遭遇，行李遺失，瑪莉蓮和我輕裝觀光旅行五天，之後，我們又另有兩次特別不一樣的結伴之行。一次是土耳其之行結束後的拜訪。一九九三年，我在伊斯坦堡的貝克科伊醫院（Bakirkoy Haspital）主持一個精神醫學研討會，然後，到博德魯姆（Bodrum）

——瀕臨愛琴海的古鎮，荷馬筆下的「永恆蔚藍之地」——帶領一個為期兩天，有十八名土耳其精神科醫師及心理學者參加的個人成長團體。團體運作良好，許多成員成熟而坦率，令我印象深刻。研討會之後，一位精神科醫師，艾薩・瑟馬克（Ayca Cermak）——我們迄今仍有聯絡——自願擔任導遊，開車載瑪莉蓮和我遍遊土耳其西部地區，回到伊斯坦堡，然後搭機至雅典，再搭乘渡輪到萊斯柏斯島（Lesbos）。瑪莉蓮仰慕詩人莎芙[1]已久，莎芙於紀元前七世紀居住萊斯柏斯，女弟子環繞。

剛下渡輪，即見一摩托車出租店，一高興，隨即騎上一輛老舊但卻還滿配合的摩托車展開萊斯柏斯島的遨遊。一日將盡，太陽剛落入大海，老車終於喘完最後一口氣，在一荒涼村落外邊熄火。我們別無選擇，只得在一間廢棄旅店的殘屋中過夜，瑪莉蓮看到一隻大鼠大刺刺穿過四呎高的浴室，之後，幾乎整夜未曾闔眼。次日中午，摩托車店用卡車載來一車替換，我們才又繼續上路，經過好客的鄉村，一路在小酒店打混，和酒客聊天，看無憂無慮的白鬍老人飲松脂葡萄酒，下西洋雙陸棋。

二〇〇二年，獲頒奧斯卡・普菲斯特宗教暨精神醫學獎（Oskar Pfister Award in Religion and Psychiatry），前往紐奧良出席美國精神醫學學會大會，遇見亞尼斯。獲得此獎頗感意外，我向委員會請教為什麼會選上我這個公開的宗教懷疑論者，他們的回答是，我處理的「宗教問題」比多數精神醫學家都多。我的講演後來以專論形式出版，題名《宗教與精神醫學》（*Religion and Psychiatry*），並翻譯成希臘文與土耳其文。會後與亞尼斯共餐，他代表史塔夫羅斯・帕索波洛斯提出邀請，希望前往雅典講演。

一年後，我們抵達雅典，立即轉機，搭乘小飛機飛行四十五分鐘前往西羅斯（Syros），一個希臘的小島，亞尼斯與伊文吉妮雅在島上有一夏季別墅。由於我深受時差之苦，公開演講之前通常都需要兩天的調整。下榻島上小鎮赫摩波里斯（Hermoupolis）的一家小旅館，每天早餐享用家庭烘焙的羊角麵包，以及前庭茂盛大樹上現採的無花果果醬。原來預定兩天後離開，在雅典舉行記者會，但出發的前一晚，渡輪員工罷工，史塔夫羅斯於是訂了一架四人座小飛機。

前往雅典短程飛行途中，飛行員讀過《當尼采哭泣》，一路跟我聊書，逸興湍飛。然後，機場的計程車司機認識我，一路上跟我大談《診療椅上的謊言》中他最喜愛的部分。記者會在希爾頓飯店舉行，出席記者二十餘人。過去無論在美國或其他國家，我從未開過記者會。這一回還頗有明星架式。

第二天，二千五百人到飯店大廳聽我演講，門廊塞爆，我只能迂迴走地下的廚房進場。由於耳機只訂了九百套，原打算即席翻譯，但到最後一分鐘只得取消。我也只好砍掉一半談話，把時間讓出來給隨後的翻譯。翻譯者完全是以我的講演底稿做準備的，這下子碰到了大難題，但她順利過關，表現傑出。整場演講過程都有聽眾表達意見或提問打斷，其中有人對我未能充分回答所有問題提出質問，幾近鬧場，結果遭警察帶走。

演講結束，簽書，許多人不只買書，還帶來禮物送我，有自家蜂巢的蜂蜜，有家釀的瓶裝葡萄酒，有自己畫的圖畫。一位好心的老婦人堅持我接受一枚金幣，是她小時候逃離土耳其時父母親為她縫在外套裡面的。

那天晚上，整個人淹沒在疲倦、感恩與被愛之中，但如此受歡迎的程度卻令我困惑，而我卻身不由己，只能順其自然，盡力維持心裡的平衡。滿載禮物回到飯店房間，還有別的禮物，一艘船，兩呎長，船帆飄飄，整個由巧克力製成。瑪莉蓮和我嚼得不亦樂乎。

次日，在雅典市中心一家小書店——海斯提雅書店（Hestia Bookstore）——簽書。我的書店簽書經驗不下於十餘次，但這一次才是祖父級的。隊伍排到店外長達八條街，造成嚴重交通阻塞。來的人不僅在店裡買新書，而且把之前買的書也帶來給我簽。寫他們的名字還真是要花點精神，對我來說，多數都是陌生的，譬如Docia、Ianthe、Nereida、Tatiana，都是很難拼寫的。讀者還要求把他們的名字用大的字體印到黃色紙張上，連同書一起遞給我。許多人要求拍照，但會因此耽擱隊伍，群眾很快就被要求別再拍照。一個小時後，書店出面告知，最多限簽四本，又一個小時後，三本，最後，限一本新書帶一本舊書。即使如此，簽書幾乎持續四個小時，簽了超過八百本新書，舊書更是遠多於此。最近聽說海斯提雅書店永久歇業，成了希臘金融危機的受害者，令人不勝唏噓。

排在隊伍裡的書店顧客絕大多數都是女性——一如我的簽書會上所見——至少有五十個可愛的希臘女子分別在我耳邊細語：「我愛你。」怕我被沖昏了頭，史塔夫羅斯還把我拉到一邊，告訴我說，希臘女人用這些字眼司空見慣，隨興的意思比美國人多些。

＊＊＊

十年後，一位年老英國醫師找我諮商，讓我想起了海斯提雅書店的簽書會。他不滿意於自己一輩子單身，以及一身的才華未曾發揮，懷著極大矛盾的心情而來：一方面，他希望我能夠幫他；另一方面，又嫉妒我在寫作上的成功，因為他深信自己也有寫出好書的能力。諮商快要結束時，他講了一個五十年來始終縈繞不去的故事：事情回到他在一所希臘女校教了兩年英文，惜別會結束，他剛準備要離去，一個年輕美麗的希臘學生來跟他道別擁抱，在他耳邊細語：「我愛你。」從此以後，他常想起那年輕學生，她的細語總在心底迴響，使他因為自己缺乏勇氣以致錯失人生重要機會而痛苦不已。我想盡辦法開導他，但我知道，只有一事不能說：「希臘女人說『我愛你』時，意思並不同於美國甚或英國。事實上，曾有一個下午，有五十個希臘女人跟我耳語過這幾個字。」

海斯提雅簽書會結束次日，帕提昂大學（Panteion University）頒授我這一輩子唯一的榮譽博士學位。大禮堂中，眼見滿坑滿谷觀眾，四壁畫著柏拉圖、蘇格拉底、伊比鳩魯（Epicurus）與艾斯奇勒斯（Aeschylus），不禁令人肅然起敬。次一日晚上，瑪莉蓮在雅典大學演講女性主義。亞隆家族之光！

再度訪問希臘已是四年之後。二〇〇九年，瑪莉蓮應約奧尼納大學（University of Ioannina）之邀談她的書《乳房的歷史》。歐納西斯基金會（Onassis Foundation）獲悉我們來希臘的消息，邀請我在雅典最大的音樂廳麥格倫（Megaron）談我的新書《叔本華的眼淚》（*The Schopenhauer Cure*）。

抵達雅典，邀請單位為我們安排了私人行程，參觀預定數星期後才開幕的衛城博物館（Acropolis

麥格倫音樂廳講演，雅典，2009

Museum）。進到裡面，我們都被玻璃地板嚇了一跳，但見腳下的文明廢墟一層一層往回倒溯數千年。館內無論走到哪裡，都是艾爾金大理石雕像（Elgin Marbles）。艾爾金是個英國人，自衛城取走半數大理石雕像存放大英博物館，這類雕像乃以此而得名。其中遺失（有說是被偷）的部分，則是以不同顏色用塑膠模塑原件展出。如何索回這些藝術作品的原件，今天已經成為所有博物館困擾的問題。但無論如何，在希臘，我們站在希臘人的一邊。

衛城博物館，雅典，2009

從雅典飛往約奧尼納，應瑪莉娜．弗瑞里—柴浩（Marina Vrelli-Zachou）教授之邀，瑪莉蓮在一所學生兩萬的優秀大學演講。如同以往，每聽瑪莉蓮講演，我便寫意安坐，壓抑衝動，不叫自己喊出：「嘿，嘿，那是我老婆耶。」次日，主人安排行程，鄉村走一遭，並至荷馬筆下的古蹟多多納（Dodona）一遊。在希臘圓形劇場兩千年前所造之座位上坐了好一陣，然後漫步樹叢，遙想當年女祭師闡釋黑鳥的語言。斯時斯地，其氣浩然，其史莊嚴，令人深深感動，縱使懷疑主義如我，隱隱然也感受到有神在焉。

漫步約奧尼納，小鎮濱湖，鎮外有一猶太會所，建於古羅馬時期，仍然可供城中小猶太社區禮拜之用。二次世界大戰期間，約奧尼納的猶太人幾乎盡遭殺害，唯有少數倖存。由於人數實在太少，會所如今允許婦女到祈禱班充人數，畢竟按照猶太律法，若要舉行宗教儀式，至少需要十名猶太男性。穿過市場，觀老人下棋，啜飲茴香烈酒，吸著這鄉間美妙的氣息，有一香味——果仁蜜餅——令我垂涎欲滴，循味尋路，來到烘焙坊，發現幾十種不同的糕餅。迄今仍然幻想著，若要尋一地隱居寫作，當推約奧尼納莫屬，最好是在這家烘焙坊隔壁。

在約奧尼納大學書店，我們兩個都在簽書時，瑪莉蓮問老闆我的書在希臘讀者中受歡迎的程度。「亞隆在這裡是最有名的美國作家。」他說。瑪莉蓮又問：「菲力普．羅斯（Philip Roth）呢？」「我們也喜歡。」他回道：「但我們認為亞隆是希臘人。」

多年來，記者問起我在希臘受歡迎的情形，我都說不出個所以然。我心裡明白，儘管一句希臘話都不會說，但我覺得有回家的感覺。即使在美國，碰到有希臘血統的人，都讓我覺得格外親切。希臘戲劇與哲學，以及荷馬，在在使我著迷，但這不是理由。比較可能的是一種中東現象，因為我的讀者在土耳其、以色列及伊朗也不成比例地高。

令人驚訝的是，我經常收到伊朗來的電子郵件，有學生的，有治療師的，也有病人的。

在波斯語地區，我不知道我的書到底賣了多少本，但伊朗是唯一未經允許及授權就出版我的書的國家。與伊朗業界接觸，我瞭解他們熟悉的作品很廣，包括佛洛伊德、榮格、莫蒂默・阿德勒（Mortimer Adler）、卡爾・羅傑斯及亞伯拉罕・馬斯洛（Abraham Maslow），而且希望多和西方心理治療師接觸。可惜的是，我不再海外旅行，只得婉拒了去伊朗演講的邀請。

如今，世界上的新聞之多有如洪流，我們無不感到厭煩或麻木，但每聽到廣播提到希臘，瑪莉蓮和我都會付與關注。對於希臘人，我永遠心懷好感，對於自己被視為希臘的榮譽國民，我心懷感激。

Notes

1 莎芙（Sappho），古希臘女詩人，有第十繆斯之稱。莎芙是女同性戀，西方語言中「女同性戀者」一詞，例如德語lesbe，法語lesbienne，英語lesbian，均源自莎芙的居住地萊斯柏斯島。

33 生命的禮物

里爾克的《給年輕詩人的信》（*Letters to a Young Poet*）在我的心目中占有一個特殊地位，多年來，一直想要為年輕治療師寫一本這樣的書，但始終無法為這個計畫找到一個形式與架構。一九九九年，有一天，瑪莉蓮和我參觀加州南部聖馬利諾（San Marino）的杭丁頓花園（Huntington Gardens），情況改變了。我們最主要是要去看一處別具一格的庭院，特別是日本式庭園及盆栽。參觀行程將結束時，逛進了杭丁頓圖書館（Huntington Library），瀏覽一個新的展覽：「英國文藝復興時期的暢銷書」。**暢銷書**？這下子引起了我的注意。一看之下，大吃一驚，十六世紀，十本暢銷書裡面有六本是談「訣竅」的書。譬如，湯瑪斯．塔瑟斯（Thomas Tusser）的《務農百大要點》（*A Hundreth Good Pointes of Husbandry*），自一五七〇年起，在有關莊稼、牲口及家用上為農夫、農婦提供百項訣竅。十六世紀結束前，前前後後重印了十一次。

一直以來，我的書在心裡醞釀得都很慢，從來沒有一鼓作氣就生出來的。《生命的禮物：給心理治療師的八十五則備忘錄》算是唯一的例外。揮別了文藝復興時期的暢銷書，我的下一本會是什麼樣子，心裡已經有個底了。**我要為年輕治療師寫一本指南**。此時一個病人的容貌在我心裡浮現，她是一個作家——數年前我曾經看過她——在放棄兩本未完成的小說之後向我宣告，除非一本書的某些構想已經成形，已經成竹在胸，不然不會重新提筆。沒錯，在杭丁頓的那一天，一本書已經成竹在胸，我將一切擺開，第二天便開始撰寫。

過程非常簡單。在史丹佛早期，我就持續整理一個名為「教學理念」的檔案，將一些臨床工作的想法與心得都丟到裡面。我只要搬出我的「教學理念」檔案就行了。反覆閱讀自己的筆記，一遍又一遍，直到心領神會，便行文賦予血肉。這些訣竅並沒有特別的秩序，但到最後，將寫好的內容檢視一遍，彙整成為五個部分：

1. 治療師／病人關係的本質
2. 如何探索存在的憂懼
3. 日常治療中所產生的問題
4. 夢的應用
5. 治療師的風險與特權

如同《務農百大要點》，我本來也想列出一百項訣竅，但寫到八十四項時，全部的檔案已經用盡（由於我不斷在看病人，我又開始建立新的檔案，九年後，出第二版時，又加了十一項進去）。

打從一開始，我心裡就已經有了一個題目：把里爾克的標題修改一下，稱之為《給年輕治療師的信》。但接近完成時，發生了一個意外的巧合：基本書局邀請我參與編寫一個指導性的系列，名之為：「給年輕……的信」（包括治療師、數學家、逆向操作者、天主教徒、保守主義者、廚師等等）。儘管跟基本書局的交情始終如一，我卻不太願意加入這個系列，又因為他們採用里爾克的形式，所以我必須有一個新的名稱。《治療師的百項訣竅》不可能，《治療師的八十四項訣竅》大家又都認為不好，弄到最後，我的經紀人珊蒂（Sandy Dijkstra）建議用「*The Gift of Therapy*」（心理治療的禮物）[1]。對這個名稱我並不十分中意，但又想不出一個更好的，這些年下來，也就逐漸接受了。

對於心理治療，基於經濟上的壓力，一般所採取的途徑多傾向於簡化、手冊化、解答式的及認知行為的，寫這本書的目的之一就是要反對這種做法。同時，這也是在對精神醫學過度依賴藥物宣戰。直到今天，這場戰爭還沒打完，儘管研究證據壓倒性地顯示，良好的治療結果有賴於用心、熱情、真誠及將心比心的治療關係。我的希望是，《生命的禮物》能為精神苦痛保留一條人性的、人道的治療途徑。

為了達到這個目的，我刻意使用啟發性的語言，讓他們徹底明白，我所教導的與他們許多人所學到的那一套行為導向課程是反其道而行的。「避免診斷」、「為每一位病人創造嶄新治療」、「把病人當一回事」、「空白螢幕？算了吧！唯真而已」、「每次會談都核對此時此地的狀況」。

《生命的禮物》中，有好幾個段落都強調同理心的重要，傳達古羅馬劇作家泰倫斯（Terence）的古老觀點：「我是人，所以，凡人皆無異於我。」其中有一段，「從病人的窗戶往外看」，講的是一個我極喜愛的臨床故事。我的一個病人，整個青少年時期都和什麼事情都不往好處看的父親處於長期的矛盾中。由於渴望和父親和解，重新展開不同的關係，她企盼著父親開車送她到大學的旅程——很少有這樣的機會，兩個人可以單獨度過好幾個鐘頭。可是期待已久的旅程竟成災難：父親一如往常，一路抱怨旁邊的溪流醜陋而堆滿垃圾。而她在另一邊，看到的並不是什麼垃圾，而是一條美麗、純樸、乾淨的小溪。結果，她不再理會父親，陷入沉默，兩個人剩下來的路程（以及他們的一生）就此互不搭理。許多年以後，她剛好要開車走同一條路，吃驚地發現，竟有**兩條**溪——路的兩邊各一條。「這次是我開車。」她難過地說：「從駕駛座這邊的窗戶望出去，確實醜陋骯髒一如我爸所說。」但等到她從父親的窗口往外看時，已經太遲了——父親已死已埋。「所以，要從病人的窗戶往外看。」我提醒治療師：「試著去看到病人所看到的世界。」

今日重讀《生命的禮物》，總覺得自己整個人都攤開來了：所有我最得意的策略和回應全都在那兒給人看光了。不過就是最近，一個病人在我的辦公室裡哭了起來，我對她說：「如果這些眼淚能夠說話，它們會說什麼呢？」重讀這書時，在其中一則訣竅中看到完全一樣的這些字，感覺上好像是自己在剽竊自己的想法（但願她沒讀過這本書）。

有些訣竅鼓勵治療師要誠實，要承認錯誤。**犯錯並不要緊，要緊的是犯錯的結果**。有幾個訣竅鼓勵實習治療師要善用當下，亦即專注於治療師與病人關係的現況。

《生命的禮物》中最後一個訣竅，「珍視職業上的特權」，特別深得我心：常常有人問我，八十五歲了，為什麼還繼續執業。訣竅第八十五（純粹的巧合，我現在正好八十五歲）開宗明義說：**我和病人的工作充實了我的人生，為生命提供了意義**。我很少聽到治療師同仁抱怨缺乏意義。治療師的生活是服務的生活，將自己的眼光放在別人的缺乏上。我們歡喜不僅在於幫助病人改變，也在於寄望他們的改變能夠擴散到別人身上。

我們還有一項特權：我們是祕密的收集者。每一天，病人把他們的祕密賜給我們，而且往往都是之前從未與人分享過的。這些祕密讓我們看到人生的後台景觀，剝掉了社會虛飾、角色扮演、虛張聲勢或舞台姿態。分享這些祕密形同信託，是非常少有的特權。有的時候，這些祕密燒我灼我，回到家，摟住妻子，慶幸我的福氣。

此外，我們的工作讓我們有機會超越自己，得以看見人類景況真實悲慘的一面。但我們所得到的又不止於此。我們成為探索者，沉浸於最多采多姿的追尋活動——人類心靈的發展與維護。與病人手攜著手，我們品味發現的樂趣——那種「恍然大悟」的經驗：各種不同理念的碎片頃刻間匯流成為一圓融的整體。有的時候，我覺得自己有如嚮導，陪著別人進入他們自己的家，看著他們打開從未進過的房間，在緊閉的廂房裡發現自己充滿創意的美好片段，何等歡喜！

最近在史丹佛禮拜堂參加聖誕服事，聽教士珍．蕭（Rev. Jane Shaw）的佈道，強調愛與同情至關重要。她要求我們務必要將這種情懷放到自己的工作中，令我深為動容。以行動落實關懷與寬容，自己所到之處都將為之厚實。

她的談話促使我檢討「愛」在我職業生涯中所扮演的角色，驚覺到自己在心理治療的對談中竟然從沒用過**愛**或**同情**這兩個字眼，一次都沒有。這是一個嚴重的疏忽，希望現在改過來，其實，身為一個治療師，在工作中經常要落實愛與同情，我也會盡自己之所能幫助病人對其他人釋放愛與寬容。對病人如果連這種感情都沒有，說什麼幫助，那必定做不到的。從此以後，我便時時提醒自己對病人是否懷著愛心。

＊＊＊

最近，我接了一個病人，喬伊絲，一個沮喪憤怒的年輕女子，因為致命的癌症剛動過重大手術。她一踏進我的辦公室，我就感覺到了她的恐懼，對她深表同情。然而，第一次治療中，她卻很難親近，儘管飽受折磨，言詞上卻表現出一副自己還撐得過去的模樣。令我困惑的是，她的抱怨變來變去：一個星期恨恨地述說鄰居和朋友煩人的習慣，下一個星期又哀嘆自己的孤單。事情不太順利，每個星期想到我們的下一次治療，我就不由得皺眉，有的時候甚至想把她轉介給別的治療師，但我把這個念頭壓了下來，因為她讀過許多我的書，而且從一開始就強調，她已經看過許多治療師，我是她最後的庇護所了。

在第三次治療中，奇怪的事情發生了：突然間，我腦中靈光一現，她長得很像一個好朋友的妻子艾琳，有好幾次，一時之間，也不知道為什麼，我都以為自己是在和艾琳而非喬伊絲講話。每當那個時候，我還得硬將自己拉回現實才行。提到我和艾琳的關係，現在雖然想處得不錯，但剛認識時，總覺得她愛現，挺惹人嫌的，若非是好朋友的妻子，我早就避得遠遠的了。因此，我不免想，有沒有可能，在我的無意識中，莫名其妙地，我把自己對艾琳的負面感覺轉移到了喬伊絲身上？

第四次治療一開始，喬伊絲的表現就不同尋常。短暫沉默之後，她說：「我不知道要打哪兒開始。我意識到我們非得面對我們有問題的關係不可了。」我回道：「告訴我，談談上次會面結束時感覺。」

之前對於這個問題她都是迴避，但這次她嚇到我了：「跟之前每一次治療結束後一樣：

我覺得糟透了。一塌糊塗，難過了好幾個鐘頭。」

「聽妳這麼說，我感到很抱歉，但多講一些，怎麼個難過法？」

「你什麼都懂，你寫了那麼多書，就是因為這樣我才來找你，你有智慧，我差得遠。我知道你沒把我看在眼裡。我敢說，我的問題你全都知道，但你就是不跟我說。」

「我明白妳有多難受，喬伊絲，但卻也高興妳講了出來，這正是我們該做的。」

「那你為什麼不告訴我問題出在哪裡？我的問題在哪裡？我該怎麼解決？」

「妳太看得起我了，我並不知道妳的問題，但我**知道**，我們可以一起把問題找出來。我還知道，妳害怕，妳憤怒。想到妳那樣地一路走來，我瞭解那情形，要是我，也會和妳一樣。如果我們維持今天這種狀況，我一定能夠幫妳。」

「但**為什麼**我會有這種感覺？是我不值得你花時間？為什麼我越來越糟糕？」

我知道自己該做什麼了，我決定豁出去。「有些事情我要說一下，妳或許該認真聽聽，這很重要。」我遲疑了——這可是貨真價實的自我坦白，我還是有點疑慮。「妳看起來非常像我一個好朋友的妻子——就在上一次治療中，有兩回，也就那麼一兩下子，我有一種奇怪的感覺，坐在妳那張椅子上的是**她**，不是妳。對她那個人，我現在雖然很能接受了，但最早的時候對她卻感到相當不以為然，總覺得她愛出風頭，惹人嫌，只要有她在就覺得不舒服。之所以要跟你講這些——我知道這聽起來怪怪的，我自己也覺得滿窘——或許是因為我在無意識中把對她的感覺轉嫁到妳身上了。我認為妳也許感覺到了。」

兩個人沉默一陣子，我才接著說：「但是，喬伊絲，我要把話說清楚，那**絕不是**衝著妳來的。我的心都放在妳身上，對妳，我只有憐惜，我承諾過要幫妳的。」

喬伊絲顯然大感意外，淚水順頰而下。「謝謝你對我這樣不見外。我看過好多精神科醫師了，但這是第一次有人跟我講他的心裡話。今天我不走了，要賴在你辦公室──我希望我們一直聊下去。我覺得好極了。」

病人接受了我的坦白，把它當成是我在交心，從此以後，一切都變了。我們進行得極好，很用心，我期待著我們的每一次會面。我這樣煞費苦心為的是什麼呢？我相信是出於同情和愛。我找不到其他字眼來形容。

Notes

1 「*The Gift Of Therapy*」為作者之原書名，台灣譯本書名為《生命的禮物》，此處保留原文。

34 與叔本華兩年

哲學方面的閱讀，我多是以生命哲學（Lebensphilosophie）為主，亦即闡述生命意義與價值的思想家，包括許多古希臘哲學家、齊克果、沙特，當然，還有尼采，到後來才發現叔本華，他有關無意識影響性驅力的理念，是佛洛伊德理論的先驅。以我的觀點，叔本華為心理治療的誕生設置了舞台。誠如我的小說《叔本華的眼淚》（*The Schopenhauer Cure*）中一個人物菲利普（Philip）所言：「沒有叔本華就不可能有佛洛伊德。」

叔本華，耐磨，無畏，極其孤獨，堪稱十九世紀的唐吉訶德，他攻擊一切勢力，包括宗教。也是一個心靈飽受折磨的人，他的不快樂、悲觀主義及徹底的厭世是其作品背後主要的能量來源。說到他有關人類關係的觀點，就令人想到他著名的刺蝟比喻：天寒，迫使刺蝟聚攏以取暖，但一旦聚攏，身上的刺又刺傷彼此，到頭來發現，相互之間最好還是保持某種距離為佳。所以，一個內部熱能充沛的人（譬如叔本華），依他的說法，大可以完全離群索居。

第一次讀到叔本華，就對他深邃的悲觀論調大為傾倒。心想，絕望至此，他怎麼還能繼續活著並工作。久而久之，才明白他的想法，他相信，即使是最不幸的人，知性理解也可以為其卸除重負。身而為人，縱使吾生有涯，知性理解卻可以使人自得其樂，即使所理解的只是揭露我們的最基本衝動，並使我們看清楚人生的無常。在〈論存在之虛無〉（On the Vanity of Existence）中，他寫道：

> 身而為人，永遠不得快樂，窮其一生徒然追求某些自以為可以帶來快樂的東西，往往卻又一事無成，就算達到了目標，也只是失望；有如船行大洋，到頭來多半碰到船難，進港時船桅索具已經盡失。還有，無論其為快樂或痛苦，其實一切並無不同，因為，究其一生，也只不過是稍縱即逝的當下，轉眼即過。

除了這種極端的悲觀主義，叔本華強烈的性衝動也使他深受其苦，而他又無法以性以外的方式與他人產生關係，使他長期陷入乖戾暴躁，只有童年性慾尚未萌發之前，以及晚年慾望平息之後，才體驗過快樂。舉例來說，在他的主要作品《意志與表象的世界》（*The World as Will and Representation*）中，他寫道：

由於生殖系統的機能性活動尚處於沉睡狀態，而大腦的活動已經非常活躍，童年實為天真而快樂的時期，是人生的樂園，是我們終此一生熱切想要返回的失樂園。

但在叔本華的作品裡面找不到肯定的答案，因此，他的悲觀主義始終不變：

走到人生盡頭，若仍然認真且擁有智能，沒有人會想要再重來一趟的。若要他非如此不可，他會寧願選擇徹底的不存在。

瞭解叔本華越多，越覺得他的一生極度悲慘：這樣偉大的天才竟備受折磨至此，令人不勝唏噓。在我看來，他是一個極度需要治療的人。他與父母的關係說穿了就是一齣伊底帕斯戲劇[1]。首先，他與父親不和，因為他拒絕加入家族的貿易生意。他崇拜母親，一個知名的小說家，後來父親自殺，時年十六歲的叔本華想方設法要佔有並控制母親，到頭來導致母親徹底與之決裂，到過世前的十五年都拒絕跟他相見。他臨終前尚有一口氣在時，對於自己即將遭到埋葬深感恐懼，遺言遺體不得入土，弄到屍臭瀰漫附近鄉野。

想到叔本華悲慘的一生，我不免突發奇想，心理治療或許幫得了叔本華的忙。如果他來找我諮商，我有辦法解開他的心頭之痛嗎？我開始設想我們的治療場景，漸漸地，一本有關叔本華小說的大綱成形。

叔本華接受治療——難以想像吧！啊，沒錯沒錯，何等刺激而又具有挑戰性的想法！但話又說回來，在這個故事中，又有哪個人能當他的治療師呢？叔本華一七八八年出生，心理治療的誕生則是一個多世紀以後的事。花了好幾個星期，我想到一個前耶穌會教士，富有同情心，博學，深具哲學底蘊，可以提供深入的冥想修行，叔本華應該會願意加入。這個構想有其優點。叔本華在世的時候，恰好有好幾百名耶穌會教士遭到遣散：一七七三年，教宗解散耶穌會修道會，四十年後才予以恢復。但由於整個情節無法連貫，我放棄了此一構想。

取而代之的是，我決定創造一個叔本華的替身，一個當代的哲學家，具有叔本華的才智、偏好及人格特質（包括孤僻、性強迫及悲觀意識）。於是，有了菲利浦這個人物。我把菲利浦放在二十世紀，一個心理治療唾手可得的時代。但哪一種療法對菲利浦最有效呢？像他那樣嚴重的人際問題，迫切需要的正是團體治療。那麼團體治療師呢？我需要一個有經驗、有技巧的團體治療師，於是我創造了朱利斯，一個頭腦清楚、上了年紀的執業治療師，帶領團體治療的手法與我的相同。

接下來，我創造其他人物（治療團體的成員），將菲利浦帶入團體，然後讓人物自由互動，我沒有任何底稿，就只不過是將我腦海中接下來發生的一切紀錄下來而已。

看哪！一個叔本華的替身加入了一個治療團體，製造混亂，挑戰帶領人，激怒其他成員，但最後產生了巨大改變。想想看我為自己的專業領域所傳達的訊息：**如果團體治療可以幫助叔本華，一個當代絕頂的悲觀主義者，最孤僻的人物，那麼，團體治療對任何人也都可以無往不利。**

後來重讀這本小說，我想到，在團體治療師的養成上，它或許可以成為一項有利的教材，因此，在我的團體治療教科書第五版，我在好幾個地方都提醒學生讀者閱讀這本小說的各個篇章，可以讀到治療原理的戲劇化敍述。

我採用了一種極不尋常的手法來寫這本小說，以團體治療的聚會過程和叔本華的心理傳記交替呈現。我心想，這種形式或許會使許多讀者感到困惑，甚至在寫作當中，連自己都擔心結果會弄出一個四不像來。但無論如何我相信，將叔本華的人生予以重現，有助於讀者瞭解主角菲利浦——叔本華的化身。不過這也只是部分理由而已；我承認，叔本華的作品、人生與心理狀態實在令我非常著迷，當然不願意錯過推敲他人格如何形成的機會。同時，我也無法抗拒一種衝動，亟欲探索叔本華在佛洛伊德之前已經預見心理治療並為之設置舞台的過程。

我認為這本書是我寫過有效團體治療的最佳範本，朱利斯則是我心目中自我要求的治療師典範。在書中，他罹患了無可治療的黑色素瘤。但縱使有病在身，甚至死到臨頭，仍然不放棄意義的追尋，並以此強化每個團體成員的生命。他坦率仁慈，專注於當下，揮灑自身僅餘的生命，幫助成員瞭解自身並探索彼此的關係。

書名倒是得來全不費工夫，「*The Schopenhauer Cure*」（叔本華的療癒）[2]才一落到心頭，我就接受了。我喜歡它的一語雙關：作為一個人，叔本華需要療癒，作為一個思想家，他為我們所有人提供了療癒。

付梓十二年之後，小說仍然活力十足。一家捷克電影公司將之改編為電影劇本。據我所知，臨床哲學（clinical Philosophy）方面的先進人士也指出，《叔本華的眼淚》預告了此一專業領域的誕生。

數年之後，美國團體心理治療學會（American Group Psychotherapy Association）在舊金山召開年會，來自各方的團體治療師齊聚一堂，觀賞了莫林・萊什（Molyn Leszcz）——我的學生，以及團體治療教科書第五版的合編者——帶領演員演出小說中的一次聚會，時間長達半天。演出由我的小兒班執導並挑選演員，他自己也演出一角。演員沒有劇本，各自想像身在治療團體之中，維持本人的身分，隨機與其他成員互動。我則參與分組互動的討論。另外一個兒子維克多，將此次演出編成電影，製成影片，放在他的教育網站上。能夠退居幕後，坐看自己想像出來的人物有血有肉地互動，真乃一樂也。

Notes

1 伊底帕斯戲劇（Oedipal drama），希臘神話悲劇，伊底帕斯為希臘神話中底比斯國王，在不知情的情況下殺死父親並娶了自己的母親，母親知道真相後自殺，伊底帕斯獲知消息後去到母親身邊，用母親的胸針刺瞎自己雙眼，以此做為懲罰。佛洛伊德心理分析中有所謂伊底帕斯情結，典故亦來自於此。

2 「*The Schopenhauer Cure*」為作者之原書名，台灣譯本書名為《叔本華的眼淚》，此處保留原文。

35 凝視太陽

寫這本書時，姊姊琴尼去世。姊姊長我七歲，生性溫和，我愛她至深。各自長大後，她住東岸，我居西岸，但我們每星期互通電話，未曾中斷，我每至華盛頓便住她家，姊夫莫頓，心臟科醫師，永遠伸出雙手熱情接待。

琴尼罹患嚴重老年失智，最近一次去華盛頓，已經不認得我，數星期後撒手而去。由於心理上已經接受了她的離去，接到她過世的消息，不驚也不慌，反倒為她及她家人的解脫感到安慰，次日便和瑪莉蓮飛往華盛頓參加喪禮。

我的祭文以一個故事開始，說的是十五年前母親在華盛頓的喪禮。當時，我烘了奇瑟餅（kichel）懷念母親。奇瑟餅，一種舊世界的烘餅，喪禮後家人聚會時食用。我做的奇瑟餅色香俱全，但是，天呀，卻淡然無味；我完全是照著她的做法做的，卻忘了放糖！琴尼一向善體人意，我講這故事的目的就是要突顯姊姊的甜蜜可人，若我為她烘焙奇瑟餅，一定不會忘記放糖。抵達喪禮時，儘管心情平靜，不覺哀傷，但致悼詞時竟然泣不成聲，掩面回座，無以完篇。

我的座位在第一排，近到可以手撫其棺。突然間，強風驟起，掃過墓園，我眼角瞄到姊姊的棺木搖晃，儘管神智清醒，心裡卻不免一陣怪想：**姊姊要推棺而起了**，我不得不拚命忍住想要逃離墓園的衝動。所有我與死亡打交道的經歷，所有我陪著走到終點的病人，所有我寫有關死亡的超然和理性——全都在我自己的恐懼中煙消雲散。

這事令我大為震撼。數十年來，我努力理解並化解自己對死亡的焦慮，在小說和故事中宣洩這些恐懼，將他們化作虛構的人物角色。在《叔本華的眼淚》中，朱利斯，團體的帶領人，向大家宣布說他得了絕症，團體成員都想安慰他，其中一人，潘蜜，引述了納波科夫[1]回憶錄《言論．記憶》（*Speak, Memory*）中的說法，形容生命有如兩團完全相同的黑暗——一在出生之前，一在死亡之後——之間的一閃火花。

菲利浦——叔本華的替身及私淑者——當即跳了出來，一副高人一等的老樣子，說道：「納波科夫毫無疑問是取材自從叔本華的思想。叔本華說我們的死後會成為出生前的樣子，然後繼續證明只有一種空無。」

潘蜜大怒，衝著菲利浦說道：「你認為叔本華曾說過似乎類似的事，真他媽的了不起喔！」

菲利浦閉上眼睛，開始背誦：「『在千萬年的不存在之後，人們驚訝地發現自己突然存在了；他活一會兒，又再次進入千萬年的不存在。』這是他在〈論存空無存在原理之補遺〉一文第三段，潘蜜，你仍覺得只是似乎類似而已嗎？」

* * *

我之所以引述這一段，在於其中還有沒有說到的，亦即無論叔本華或納波科夫，其實都可以追溯到伊比鳩魯，古希臘哲學家，他認為，人類悲苦之源在於對死亡的恐懼如影隨形。為緩解這種恐懼，伊比鳩魯跳脫宗教，為他在雅典的門下弟子提出了一套理論，以教義問答的形式教導他們熟背記誦，其中一則是有名的「對稱論點」，是這樣說的：**人死後的不存在狀態無異於人出生前的狀態**，而我們的「生前」狀態是無關於焦慮不安的。歷代以來的思想家都不認同此一論點，但在我看來，此一論述既漂亮又簡潔，且具有極大的力量，為我的許多病人以及我自己帶來極大的安撫作用。

隨著伊比鳩魯有關解除死亡恐懼的論述讀得多了，我突然有了個想法，下一本書闖進了我的腦海，讓我沉浸其中足足有好幾個月。構想是這樣的。一個人做了一惡夢，驚嚇莫名：森林中，夜幕低垂，有可怕的怪獸追逐，他拼命奔逃，逃至無可再逃，跌倒，感覺有東西飛撲過來，他知道，是自己的死神來了。驚叫醒來，心跳劇烈，渾身汗濕，跳下床，匆忙穿衣，快速離開臥室，離開家，出發去找一個人——一位耆老、智者、術士、祭師、醫者——

任何可以幫助他解除此一死亡恐懼的人。

一本書在心裡醞釀，由八或九個篇章組成，每章都由相同的一段開頭：惡夢，醒來，出發尋求死亡恐懼的解除。但每一章都發生於不同的世紀！第一章發生於紀元前三世紀的雅典，夢者急忙跑到阿格拉（Agora），雅典許多重要學派聚集之所在，經過柏拉圖創辦，現由他侄兒斯博西波斯（Speusippus）帶領的學院（Academy），經過亞里斯多德學派的學園（Lyceum），又經過斯多葛學派及犬儒學派，最後，來到他的目的地，伊比鳩魯學園（Garden of Epicurus），等待日出便可進入。

另一章的時間在聖奧古斯丁[2]時代，一章在宗教改革[3]時期，又一章，在十九世紀末，叔本華時期，再一章，在佛洛伊德時期，還有一章，或許在沙特或卡繆時期，另外還有一章，在穆斯林及佛教國家。

但一次只講一事。我決定把紀元前三百年伊比鳩魯時代的希臘整個寫下來，然後再轉到後面的時期。接下來好幾個月，我詳細研究當時的希臘生活，穿著及早餐的樣式，日常生活習慣。研究古代和現代的歷史及哲學文獻，讀以古希臘為背景的小說〔瑪莉．雷諾（Mary Renault）及其他作家的作品〕，到頭來，得到一個悽慘的結論：寫這一篇東西，加上其他的時期，光是所需要做的研究就會耗盡我的餘生。儘管百般遺憾，我不得不放棄這個計畫。這也是唯一一本我起了頭卻胎死腹中的書。

＊＊＊

於是，我改弦更張，決定以非小說的形式討論伊比鳩魯的作品，寫一本書，談死亡的焦慮，後來逐漸彙整成為《凝視太陽：面對死亡恐懼》（*Staring at the Sun*），二〇〇八年出版。《凝視太陽》是我治療健康及絕症病人過程中對死亡的思考，書名取自十七世紀拉羅什富科[4]的格言：「**人無法當面凝視者，唯太陽與死亡**。」我雖然用這句格言作為書名，但卻是在挑戰其真實性，強調直接凝視死亡或許更為可貴。

我闡釋此一理念，不僅訴諸於我的臨床經驗，同時也取材文學的典故。舉例來說，狄更斯《小氣財神》（*Christmas Carol*）中的埃比尼澤．斯克魯奇（Ebenezer Scrooge），故事的起頭，是個吝嗇的、獨來獨往的傢伙，但到結束時，卻是一個仁慈、慷慨、受人敬愛的人。這樣的轉變，什麼時候發生的呢？狄更斯給斯克魯奇下了一劑存在治療的重藥，讓「未來的聖誕精靈」叫他看見了自己的墓地及墓碑上自己的名字。

整本《凝視太陽》都在講面對死亡是一種**覺醒經驗**，並以此教導我們活得更為充實。治療師對此一過程甚為敏感，因此不時與之面對。如我早先提到的，在臨床診療中，我常叫病人在紙上畫一條直線，想像線的一端代表他們的出生，另一端代表死亡。我叫他們指出自己現在在線的什麼地方，並好好地思考這個問題。電影《歐文．亞隆的心靈療癒》（*Yalom's*

Cure）中，開頭就是我的聲音，講的正是這個練習。

在精神科醫師養成的階段，無論在治療課程或個案討論中，從未聽到過有關死亡的討論，精神醫學界似乎仍然死守著阿道夫・梅耶（Adolf Meyer）——美國精神科醫師長期以來的導師——的信條：「不癢處勿搔。」換句話說，若非病人提出來，不要自找麻煩，尤其是我們自己可能無能為力緩解的領域。但我始終採取相反的立場：死亡之癢無所不在，幫助病人思索死亡，收穫將更為豐富。

捷克存在小說家米蘭・昆德拉有一個觀點我完全同意，他曾經寫道，遺忘讓我們預嚐死亡的滋味。換句話說，死亡的恐懼不僅在於喪失未來，也在於喪失過去。重讀自己的著作時，往往不記得自己筆下病人的容貌和名字：我把他們偽裝得太好，以致於連自己都認不出來。有時候想到，自己曾經花那麼多寶貴且痛苦的時間才塑造出來的人物，到頭來卻不復記憶，不免心痛。

我相信，許多病人的抱怨背後都隱藏著死亡的焦慮。舉個例子來說吧，不妨想想看，過大生時（三十、四十或五十歲）總不免帶著幾分不安，這是因為這樣的日子總在提醒我們時間的流逝無可阻攔。最近看的一個病人，好幾次說到晚上做可怕的惡夢。一個是有人侵入，威脅要殺她；另一個，讓她覺得自己掉落在太空中。她曾提到過，五十歲生日快要到了，她害怕家人為她辦生日宴會。我鼓勵她思索五十歲對她的涵意。她說，她覺得五十歲是真老了，並回想她母親五十歲時的樣子。父母親都死於六十多歲，因此，她總以為自己也已經走完了三分之二的人生。我們認識之前，她從未和人談過自己的死亡、葬禮或宗教信仰，我們的療程雖然滿煎熬，但我相信，把這些事情做個釐清，終會讓她好過些。在許多人生的新里程，譬如，空巢症候群、退休、中年危機、高中或大學同學會，以及為他人過世而哀傷時，死亡的焦慮往往都會趁虛而入。我認為，多數的夢魘都是死亡的焦慮破除藩籬將之驅趕出來的。

今日，我落筆寫下這些想法時，距離撰寫《凝視太陽》已有十年之久——距離我的死亡又近了十年——我不認為自己還能夠以同樣的鎮定從容書寫同樣題材。就在過去一年，我不只失去了姊姊，還失去了三個交情最老也最好的朋友——賀伯．寇茲、賴瑞．查洛夫及鮑伯．柏格。

賴瑞與賀伯是我大學與醫學院的同學，我們是解剖屍體的搭檔，實習時同住一間宿舍。我們三個帶著各自妻子一同到過許多地方度假，包括波可諾山、馬里蘭東海岸、哈德遜谷、梅角及納帕谷。我們共度許多白日和夜晚，聊天、騎車、玩牌、聚餐，樂此不疲。

賴瑞在紐約的羅契斯特（Rochester）醫院做了很長一段時間的心臟外科醫師，但執業三十年後，轉換跑道，在史丹佛得了個醫學史的哲學博士。晚歲，在大學部及醫學院教文學，驟逝於腹主動脈瘤破裂。我在他的葬禮上致簡短的悼詞，想要添加一些輕鬆點的調子，談到我們六個人一同去波可諾山的度假，當時正值賴瑞最不講究衣著的時期，穿著一件皺巴巴的破舊T恤就進了一家豪華飯店，我們全都數落他服裝不整，只見他起身離桌而去。十分鐘後回來，一副衣冠楚楚模樣，原來是他花錢把侍者身上的襯衫給剝了下來（所幸侍者的衣物櫃還有多出來的一件）。我講這故事，是要緩和葬禮的氣氛，但竟致哽咽語塞，費了好大的勁才把話講完。

賀伯——起先是婦科醫師，後來成為腫瘤專家——是逐漸變得失智，最後幾年的狀態，心智糊塗，肉身苦痛，我覺得，一如我的姊姊，其肉身雖存，但我已經失去了他。我因為流感嚴重，無法飛往華盛頓特區參加他的葬禮，但託朋友在靈前代唸悼詞。

儘管為他及他的家人感到解脫，但就在他葬禮舉行的那一刻，我卻焦躁起來，在舊金山小走了一會兒，沒頭沒腦老淚縱橫起來，想起一件遺忘多年的往事。當時我和賀伯在大學念醫學院，星期天，我們常和住他家的未婚叔叔路易玩皮納扣牌戲。路易是個討人喜歡的人，但有疑病症的傾向，每次晚上要玩牌之前，都煞有其事地說，他不確定晚上玩不玩得下去，因為「樓上有什麼東西不對勁」，指著自己的腦袋。對我們來說，那是一個信號，我們馬上拿出全新的聽診器和血壓器，跟他收取五美元費用，量血壓，聽心臟，宣布他完全健康。路易是個玩牌高手，那五塊錢在我們的口袋裡根本放不了多久，通常到了晚上收攤時，他就連本帶利都收了回去。

我懷念那些夜晚。但路易叔叔過世已久，如今連賀伯也跟著去了，我明白，久遠以前的那一幕，從此再也沒有人與我一同見證，巨大的孤獨感乃油然而生。如今，唯一還存在的，就只是心底某個神祕角落劈啪作響的神經迴路，等哪一天自己的大限一到，也將一併徹底消失。當然，所有這些事情，數十年來，**理論上**我早已經一清二楚，在書裡面，在課堂上，在無數治療的時刻，不知強調過多少回，但此刻，我卻**感覺到了**它們，明白自己一旦撒手，我們所有的記憶，不論何等珍貴、歡愉、獨特，也都將隨著我們煙消雲散。

我也哀悼我六十年的老友鮑伯．柏格，賀伯走後幾個星期，他也隨之而去。他是心臟驟停，失去意識好幾個小時之後搶救回來，短暫清醒，還打電話給我，不改玩笑的脾氣，沙啞著嗓子說：「我從那邊給你捎了一個訊息來。」就此掛掉，沒有聲息，接著情況迅速惡化，陷入昏迷，兩個星期後過世。

在我念醫學院的第二年時，鮑伯和我初識於波士頓。儘管緊接下來我們就分居兩岸，但終生往返，電話或互訪不輟。相識之後五十年，他要我幫他寫一篇青少年時期的東西，敍述德國入侵他故鄉匈牙利的往事。他告訴我，納粹佔領布達佩斯期間，他是一個基督徒，加入了反抗軍，遭遇許多事故，無不令人毛骨悚然，譬如說，十六歲那年，他和另一名反抗軍騎著摩托車，尾隨一隊被綑綁在一起的猶太人步行穿過森林走向多瑙河，那些人即將被拋入河中淹死。雖然無力援救，他和朋友疾馳而過，投擲手榴彈殺死納粹。後來，鮑伯潛逃數日，想要尋找母親未果，他們的地主卻向納粹告發他的室友，也是他另一名好友，結果納粹將室友拖到街上，脫掉褲子，見他割過包皮，隨即槍擊其腹，置之不顧任其死去，並警告旁觀者不得救助，即使連一口水也不行。我聽著這些可怕的故事，一個接著一個——全都是聞所未聞——那天晚上行將結束時，我問他：「鮑伯，我們的交情絕非泛泛，認識五十年了，為什麼以前都沒聽你講過？」他的回答令我震驚：「歐弗，你還沒有準備好，聽不進去。」

我沒有話講。我知道，他說得沒錯：我還**沒有**準備好，而且我一定曾經以多種方式將這種情形傳達給他知道了。有關猶太人大屠殺的談論，長久以來我都避之惟恐不及。十來歲時，盟軍剛解放集中營不久，新聞影片中，只見寥寥可數的倖存者，個個猶如骷髏人一般，加上推土機運走到處堆積如山的屍體，無不使我驚駭莫名。數十年之後，瑪莉蓮和我去看電影《辛德勒名單》（*Schindler's List*），她就不和我同車，自己開車去，因為她知道我很有可能沒等到電影結束就會逃之夭夭。還真如她所料。對我來說，那已經成了可以預見的公式。任何有關猶太人大屠殺的生動報導，無論影像或文字，我都會被劇烈的情緒所淹沒：只要想到受害者的經歷，設身處地想像自己遭遇相同情況，我就感受到深層的悲傷、無法控制的憤怒，以及令人為之癱瘓的劇痛（何其幸運，我安安全全地生在美國而非歐洲，不像父親姊妹的全家，以及叔父亞伯的妻子和四個孩子，全都遭到殺害）。我從未清楚地向鮑伯透露過自己的感受，但他卻以多種方式提到這類事情，曾經跟我談起過一些戰時的往事，我卻毫無反應，從來不曾問過他任何問題。

半個世紀後，在尼加拉瓜機場，鮑伯經歷了一次極大的恐怖，當時有人企圖綁架他。飽受驚嚇之餘，使他深受創傷，隔不久便聯絡我，要我寫他青少年時期納粹佔領布達佩斯的往事。我們整晚談論那次綁架，以及因此而喚起的戰時回憶。

我把他的青少年生活與我們的友誼寫在一個短篇小說集裡：《我要報警》（*I'm Calling the Police*）[5]，在美國以電子書發表，在歐洲，則有八個國家以紙本出版。小說的題目來自於小說中一件特別驚悚的事件。書出版時，戰爭雖然已經結束六十年，鮑伯對納粹仍然餘悸猶存，對於書封上有他的真實姓名猶豫再三。我提醒他，即使還有納粹活著也已經九十多歲，不足危害了，但他堅持英文版及匈牙利版要用假名——羅伯特·布蘭特（Robert Brent）。經過好一番努力，他才讓步，同意在七本翻譯本，包括德文的，使用真實姓名。

論勇氣與毅力，我對鮑伯尤其刮目相看。身為孤兒，二次世界大戰之後，從戰爭難民營來到美國，一個英文都不懂，在波士頓拉丁高中讀不到兩年，就申請獲准進入哈佛，不僅表現優異進入醫學院，而且還是足球校隊，而所有這一切，全都是他獨自一人在這世界上完成。後來娶了派蒂·唐斯（Pat Downs），一個醫師，父母也都是醫師，祖父是哈里·愛默生·佛斯迪克（Harry Emerson Fosdick），曼哈頓跨教派河邊教堂（Riverside Church）的牧師，聲名赫赫。結婚前，鮑伯要求派蒂皈依猶太教，派蒂同意了。皈依過程中，派蒂告訴我，一切進行順利，直到拉比告知猶太人的飲食規範禁食甲殼類水生動物，包括龍蝦。早年多數時間都生活在緬因州的派蒂，一聽說就傻眼了。吃了一輩子的龍蝦，她覺得這太過了，有意反悔。但或許是因為派蒂的祖父望重一時，拉比亟欲將她拉入教會，經與拉比團磋商，罕見破例：所有猶太教徒，唯獨她准許食用龍蝦。

鮑伯選擇了心臟外科。他告訴我，唯一讓他覺得完全活著的時候就是他手中捧著一顆活跳跳的心臟時。在心臟外科方面他的表現非凡，後來成為波士頓大學外科教授，發表在期刊上的研究及臨床論文多達五百餘篇，此外，若非克里斯提安·伯納德（Christiaan Barnard）搶先一步，他差一點就完成世界第一個心臟移植的案例。

＊＊＊

二〇一五年年底，痛失姊姊及三個摯友之後，我罹患流行性感冒，為時數週，胃口大減，體重下降，接著又是一場急性腸胃炎，極有可能是食物中毒，上吐下瀉，導致嚴重脫水，血壓低至危險狀態，兒子瑞德開車載我從舊金山直奔史丹佛急診室，住院一日有半，接受了七升的靜脈注射液，血壓才逐漸回復正常。等待腹部電腦斷層的結果時，第一次強烈意識到自己快要死了。我的醫師女兒伊芙及妻子都陪在一旁安慰我，我也搬出一套經常提醒病人的概念安撫自己：越是覺得人生白活了，死亡的恐懼就越強烈。我想到自己活這一輩子還沒有什麼事是可悔可憾的，這樣一想也就坦然了。

出院以後，體重只有六十三公斤——比起我的平時重量少了九公斤。有的時候，由於記性不行了，我受的醫學教育反而成了問題。這一回，讓我疑神疑鬼的就是一則醫學的基本原理：**病人若因不明原因體重劇減，有可能就是不明癌細胞作祟**。在我的想像裡，自己的肚子裡布滿轉移性的損傷。這段期間，我自我安慰，想到理查．道金斯（Richard Dawkins）所提出來的一項假想實驗：設想有一雷射光點無可阻攔地沿著一巨大的時間之尺移動，光線經過之後，一切便失落於過去的黑暗之中，而所有光點前面的一切則隱藏於尚未存在的黑暗中。唯有雷射光點照亮之處是存在的，是有意識的。此一想法總能帶給我安慰：活在當下此刻，何等幸運。

有的時候我認為，寫作可以讓我擺脫時間的流逝與無可逃避的死亡。美國作家福克納（Faulkner）說得最好：「藝術家的使命就是捕捉一切動的東西，使之固定下來，到一個時候，一個陌生人讀到它，它便又活過來了。」我相信這充分說明了我對寫作的熱情——永不停止寫作。

有一個想法深獲我心：人若活得充實，沒有太大的遺憾，便能坦然面對死亡。這樣的說法我不僅聽將死的病人說過，也聽偉大的作家說過，譬如托爾斯泰，他的伊凡．伊里奇[6]就知道自己一定會死得難看，因為他活得難看。我讀過的書和我的人生經驗都教導我當以這樣的態度生活，庶幾可以少些悔憾。到了晚年，我時時提醒自己，待人要寬宏大量、溫柔敦厚，到了八秩後期，尤須知足，不可強求。

另外，我的電子郵件不時提醒我死亡的靠近。二十多年來，每天我都收到大量粉絲寄來的信件，每一封我都想回——我把它看作是佛教徒每日必做的慈悲觀想——想到自己的作品給那些寫信給我的人帶來了某些東西，心裡就歡喜。但我也有所覺悟，隨著歲月的流逝，數量不斷增加的電子郵件，其中其實不乏知道我來日不多才急忙寫來的。越來越多的郵件，把話都說得很白，例如這一封，幾天前寄來的：

……想寫信給你許久了，但總會想，你一定給信件淹沒了，根本沒時間看；但不管怎麼說，我還是得寄信給你。誠如你說到你自己，歲月不饒人，你的來日不多，我要再不寫就遲了。

要不看另一封，接著一日來的：

……說老實話，我覺得你不會介意，我知道，某個時候一到，你也就不在了。我並不會把你的存在視為當然，也不願意在為時已晚時再來後悔……對我來說，跟你通信意義重大，因為，說到討論死亡，我認識的人多數都不感興趣，對於自己會死這一事實也都不去碰觸。

最近這些年，有的時候，我瞭解聽眾的規模，開始到外面去演講，並說：「我意識到聽眾隨著自己的年歲，越來越多。當然，這是很大的肯定。但若戴上存在的眼鏡，我就看到了黑暗的一面，不免自問：幹嘛那麼急著來看我呀？」

Notes

1 弗拉迪米爾·納波科夫（Vladimir Nabokov），俄裔美國作家，同時也是二十世紀傑出文體家、批評家、翻譯家、詩人及昆蟲學家，《洛麗塔》為其最著名作品。

2 聖奧古斯丁（St. Augustine, 354-430），早期西方神學家、哲學家，所作《懺悔錄》，被稱作西方歷史上第一部自傳。紀元。

3 宗教改革，指基督教十六至十七世紀的教派分裂及改革運動。

4 法朗索瓦·德·拉羅什富科（Francois de la Rochefoucauld, 1613-1680），法國箴言作家，著有《箴言集》，其內容質疑人類一切高貴行為背後的動機。

5 【編註】《我要報警》中譯全文收錄在《凝視太陽：面對死亡恐懼》二〇一七年的全新增訂版（心靈工坊）。

6 伊凡·伊里奇（Ivan Ilych），托爾斯泰小說《伊凡·伊里奇之死》的男主人翁。

36 最後的作品

青少年時，第一次聽到愛因斯坦對量子論的回應：「上帝不玩骰子」時，一如多數唯科學是問的青少年，我尊敬愛因斯坦，但卻震驚於他相信上帝。這事讓我對自己的宗教懷疑主義起了疑問，便去找高中的科學老師解惑。他的答案是：「愛因斯坦的上帝是斯賓諾莎的上帝。」

「這是什麼意思？」我問：「斯賓諾莎又是誰？」由此，我知道了，斯賓諾莎是一個十七世紀哲學家，是科學革命的開路先鋒。他雖然常在作品裡提到上帝，但他的猶太同胞卻因為他的異端邪說將他趕出教會，那時候他才二十四歲，許多學者，並非多數，都將他視為一個未出櫃的異教徒。我的老師說，那時是十七世紀，對斯賓諾莎來說，表達對上帝存在的懷疑是非常危險的事，為了保護自己，他便經常把「上帝」掛在嘴上。但話又說回來，多數學者都明白，斯賓諾莎用到「上帝」一詞時，指的是**不變的自然法則**。於是，我到圖書館的A-Z傳記區挑了一本斯賓諾莎的生平，儘管懂得不是很多，但決心有朝一日定要透徹瞭解這位愛因斯坦心目中的英雄。

大約七十年之後，偶然看到一本書，重新點燃了我的興趣。從書中我瞭解，斯賓諾莎被逐出教會後，他拒絕依附任何宗教團體，從事磨鏡行業，製造望遠鏡及眼鏡鏡片，過著孤苦的生活，撰寫哲學及政治文章，改變了歷史的軌道。這書名為《叛逆的斯賓諾莎》（*Betraying Spinoza*），作者是蕾貝卡・高德斯坦（Rebecca Goldstein），小說家兼哲學家。我大量閱讀她的小說，本本精彩，但只有《叛逆的斯賓諾莎》，既是哲學、小說又是傳記，使我的心為之燃燒，寫一本斯賓諾莎小說的念頭開始在腦海中滲透，卻覺得寸步難行。這樣一個人，多數時間都活在自己的思想裡，孤單一人，既不複雜又不浪漫，整個人耗在租來的房子裡，磨他的鏡片，一支鵝毛筆，一瓶墨水，寫他的文章，若要寫一本小說，要從何寫起呢？

幸運的是，我受邀前往阿姆斯特丹向荷蘭心理治療師協會發表演說。雖然我已年老，不太作興海外旅行，卻欣然接受這次機會，並同意舉辦一場研討會，附帶條件是由他們安排一天時間，請內行的導覽陪我們夫婦走訪斯賓諾莎在荷蘭留下的蹤跡：他的出生地、各個居所、墓地，以及最重要的，一所小小的、位於萊茵斯堡（Rijnsburg）的斯賓諾莎博物館（Spinozahuis）。如此這般，阿姆斯特丹為期一天的活動結束，瑪莉蓮和我，加上我們的導覽——荷蘭斯賓諾莎學會主席兼知名荷蘭哲學家——便展開我們的行程。

我們走訪了阿姆斯特丹斯賓諾沙早年生活的地方，看他後來住過的房子，搭乘他曾經在運河上搭乘的駁船。這一來，關於斯賓諾莎的荷蘭，我有了夠多的視覺細節，但架構小說所需要的情節仍然沒有一點進展。直到參觀了斯賓諾莎博物館，一切都變了。第一眼的印象其實令人失望，整個博物館沒有一件斯賓諾莎的私人物品，相反地，我看到的是一套他使用的磨鏡設備，但是是複製品，以及一幅畫像，死後繪製的。此外，我們的導覽告訴我，畫像不夠精確，完全不像他生前的樣子。斯賓諾莎所有的畫像都是根據文字描述繪成。

接著，博物館的主要收藏吸引了我：書房裡一百一十五本十六及十七世紀斯賓諾莎的書。我渴望捧著那些斯賓諾莎的手指曾經碰觸過的書，希望他的精神能夠啟發於我。按規定，這些書都是不可觸摸的，但我得到了特准。當我雙手恭敬地捧著一本書時，導覽閃到我身邊，小聲說道：「不好意思，亞隆醫師……這你或許知道……但斯賓諾莎的手從未碰過這一本書，或者，更精確地說，書房裡的任何一本書都不是斯賓諾莎當初**實際**擁有的。」

我大吃一驚：「這是怎麼回事？我不明白。」

「斯賓諾莎死於一六七七年，他所擁有的財產可憐到不足以支付他自己的喪葬，而他唯一值錢的就是這間書房，不得不予以拍賣。」

「但這裡的這些書，這些古本書呢？」

「拍賣商極端的謹小慎微。為了拍賣，把每本書都做了極端詳細的描述，包括日期、出版社、城市、裝訂等等。斯賓諾莎死後兩百年，一位富有的贊助人拿出大筆資金重建斯賓諾莎的整間書房，承辦人員就老老實實按照拍賣商的敍述採購了這些書回來。」

自己所見所聽的這一切，儘管我都興味盎然，但卻都不能當成小說的材料。意興闌珊之餘，正打算離去，就在那一刻，不經意地聽到導覽和博物館管理員的對話，其中有「納粹」一詞。「怎麼會扯到納粹？他們對這間博物館做了什麼？」他們跟我說了一個聳人聽聞的故事。納粹佔領荷蘭不久，一隊ERR的士兵來到博物館，加以查封並沒收全部書籍。

「所以說，這間書房才需要重建？」我問：「這也就是說，這些書曾經**兩度**脫離斯賓諾莎的手指？」

「不，完全不是這麼回事。」我的導覽信誓旦旦說：「最大的驚奇是，所有的收藏都被納粹盜走一空，只有少數幾本，戰後被人發現藏在一處封閉的鹽礦。」

吃驚之餘，我更是滿腹疑問。「ERR——又是什麼東西？」

「Einsatzstab Reichsleiter Rosenberg——納粹頭子阿弗瑞德·羅森堡（Alfred Rosenberg）的特別任務小組，負責掠奪全歐洲猶太人的財產。」

我的心跳開始加劇。「但為什麼？為什麼？整個歐洲一片狼藉，他們幹嘛大動干戈沒收這間小小的鄉村書房，他們大可以放手掠奪林布蘭[1]與維爾梅爾[2]的全部作品。」

「答案無人知曉。」我的導覽回答道：「唯一的線索是指控掠奪的官方報告——紐倫堡（Nuremberg）審判的證據——現在已經屬於公共財，網路上很容易找到。報告說，斯賓諾莎書房裡的書籍對斯賓諾莎問題的探討極端重要。」

「斯賓諾莎問題？」我問，越發覺得有趣。「這又是什麼意思呢？納粹跟斯賓諾莎又有什麼樣的問題呢？還有，幹嘛他們要把這書房的書保留下來，而不是像整個歐洲其他猶太人的東西一把火燒掉了事？」

我的兩位主人，有如一對默劇拍檔，肩一聳，手一攤，他們一無所知。

離開博物館，帶著滿腔的興奮和未解的謎題！老天給一個飢餓難解的小說家送來了瑪納[3]！我真是不虛此行。「我有一本書了。」我告訴瑪莉蓮。「情節有了，題目也有了！」一回到家，我就動筆寫《斯賓諾莎問題》。

＊＊＊

沒隔多久，我為納粹的「斯賓諾莎問題」找出了一套完全可信的解釋。我從閱讀中知道，歌德，所有德國人——包括納粹——的文學偶像，非常迷斯賓諾莎的作品。事實上，歌德在一封信裡面講到過，他曾經一整年隨身帶著斯賓諾莎的《倫理學》（*Ethics*）！無疑地，對一個納粹理念的追隨者來說，這必定是個極大的問題：德國最偉大的作家怎麼這樣崇拜斯賓諾莎，一個葡萄牙裔的荷蘭猶太人？

我決定把兩個人的人生故事交織起來——班尼迪克．斯賓諾莎，十七世紀猶太哲學家，與阿弗瑞德．羅森堡，半吊子哲學家及納粹宣傳家。希特勒核心圈子的一員，激烈反猶分子，羅森堡下令沒收斯賓諾莎的書房，但下令保存而非焚毀該批書籍的，也是羅森堡。一九四五年，紐倫堡大審判處羅森堡及十一名納粹高階成員絞刑。

兩個人的故事交替呈現——斯賓諾莎在十七世紀，羅森堡在二十世紀——兩個人物之間發展出一個虛構的連結。但是，這樣在兩個世紀間來來回回，很快就出現了糾結，於是，我決定先完成斯賓諾莎的故事，然後再來處理羅森堡，最後再將兩個故事交織起來，施以必要的打磨拋光，使之天衣無縫。

兩個故事分處於兩個不同時代，寫起來大大地增加了必要的研究，因此，《斯賓諾莎問題》所花的時間比我出版過的其他書都多（《存在心理治療》除外）。但我從來不覺得費力，相反地，覺得挺刺激，每天上午熱切地閱讀、寫作。閱讀斯賓諾莎的主要作品——並不是毫無困難——以及這些作品的相關評論，外加許多傳記，然後，如果還有不解之處，便請教斯賓諾莎的專家學者蕾貝卡·高德斯坦及史蒂芬·納德勒（Steven Nadler）。

為了研究納粹黨的誕生與發展，以及羅森堡在其中所扮演的角色，我所花的時間更多。希特勒雖然看重羅森堡的能力，但更信任約瑟夫·戈培爾（Joseph Goebbels）及赫曼·戈林（Hermann Goring）。根據傳說，希特勒有一次把羅森堡的主要著作《二十世紀的神話》（*The Myth of Twentieth Century*）甩到房間的另一頭，大聲吼道：「這種東西有誰會懂呀！」羅森堡不像其他人那樣深受希特勒的寵信，使他極為痛苦，為此，不止一次尋求精神分析的幫助，在小說中，我引用了一份確實存在的精神病學報告。

不同於我其他的小說，《斯賓諾莎問題》不是一本可以當教材用的小說，但心理治療在其中仍然扮演重要角色：在與知心朋友持續的討論中，兩個主要人物的內心世界都坦露無遺。斯賓諾莎交心的對象是法蘭科，一個朋友，有時候，其角色有如一個治療師，羅森堡則和一個虛構的治療師弗瑞得里赫．普菲斯特（Friedrich Pfister）有過幾次治療。事實上，整本小說裡，重要的人物中只有法蘭科與普菲斯特是虛構的，其他都是歷史人物。

可惜的是，《斯賓諾莎問題》不太能夠討好美國讀者的口味，但在海外卻頗有知音，在法國，獲得二〇一四年的讀者大獎（Prix des Lecteurs）。二〇一六年，漢斯．范．偉恩哈登（Hans van Wijngaarden），一位荷蘭同業，寄來一封電郵，告訴我最近剛發現一幅斯賓諾莎生前的肖像，為一六六六年貝倫．葛拉特（erend Graat）所繪。凝視著斯賓諾莎憂鬱的眼神，相當遺憾未能在寫這本小說之前看到這幅畫像，一如當年得睹尼采、布雷爾、佛洛伊德、莎樂美及叔本華的畫像之後，總覺得自己與他神交已久。更近一些時間，曼弗瑞德．沃爾特（Manfred Walther）送來一篇二〇一五年他寫的文章，題名〈納粹時期斯賓諾莎在德國〉（Spinoza's Presence in Germany During the Nazi Era），內容扎實，文中談到斯賓諾莎的影響不僅及於歌德，也及於傑出的德國哲學家如費希特[4]、赫爾德林[5]、赫德[6]、謝林[7]及黑格爾。此文若在寫這本小說時得見，對於我的論點：斯賓諾莎確實是納粹反猶運動的一大問題，定有相得益彰之效。

＊＊＊

下一個寫作計畫：《一日浮生》（*Creatures of a Day*），不太需要花大工夫研究，只要到我的「寫作點子」檔案中去蒐羅就有了。整個程序很直接：反覆閱讀檔案中的臨床故事，直到有某種力量呼之欲出時，順勢建構我的故事即可。故事中有許多都是單一的諮商，有許多講年紀較大病人處理後半生的問題，諸如退休、老化，以及與死亡的對抗。如同我其他的作品（《斯賓諾莎問題》除外），主要的對象仍是年輕的治療師，為他們提供心理治療上所需要指引。一如往常，我將最後的定稿送交病人取得同意——除了兩位已經過世的病人，但我確信他們都會同意；當然，我小心翼翼隱藏他們的身分。

書名《一日浮生》來自馬可・奧里略（Marcus Aurelius）中的一句話：「我們全都是一日浮生：憶人者與被憶者皆然。」在書名故事裡，我講的是在一次治療中，病人害怕損害了我對他的好印象，因此對我隱瞞了很重要的訊息。他這樣渴望維持自己在我心目中的形象，甚至因此危害到了他自己的治療也在所不惜，我深入思考他這樣的心態時，想到自己正好在讀馬可・奧里略的《沉思錄》（*The Meditations*），便走向書桌拿我讀的那本《沉思錄》給他看，希望他能從中獲得啟發，因為，書中有一則沉思強調，存在的本質乃是無常，我們每一個人都只是一日浮生而已。故事的附屬情節有一個人物，我也建議他讀馬可·奧里略。

好思想家的好書，讀來是一種享受，治療療程中碰到了問題，將某個作者介紹給病人，那也是常有的事。當然，這種建議若以尷尬收場卻也不是意外，但在這個故事裡（《一日浮生》裡的故事無一虛構），兩個病人都全心接納了《沉思錄》。有趣的是，兩個人看重的都不是我心目中的那一則，而是在馬可·奧里略的智慧之言中找到了各自的所愛。

還有一種情形也很平常。病人與治療師有如結伴同行的旅者，一路走來，病人所見並受益的景象，治療師卻一無所見，這也是常有的事。

Notes

1 林布蘭（Rembrandts），荷蘭畫家，歐洲巴洛克藝術代表畫家之一。

2 維爾梅爾（Vermeers），十七世紀荷蘭黃金時代畫家。

3 瑪納（Manna）是《聖經》故事中，摩西及其子民在沙漠中得到神賜的食物。

4 費希特（Johann Gottlieb Fichte, 1762-1841），德國哲學家，有人認為他是德國國家主義之父。

5 赫爾德林（Johann Christian Friedrich Holderin, 1770-1843），德國浪漫派詩人。

6 赫德（Johann Gottfried Herder, 1744-1803），德國哲學家，其作品《論語言的起源》成為狂飆運動的基礎。

7 謝林（Friedrich Wilhelm Joseph von Schelling, 1775-1854），德國哲學家。

37 簡訊治療，唉呀！

大約十五年前，我在舊金山帶領一個治療師的指導小組。到第三年，來了一位新成員，一個回東岸執業多年後重返舊金山的分析師，她向小組提出第一個個案，病人住在紐約，但仍透過電話繼續治療。電話治療！我大驚！無法實實在在面對病人，又怎麼做得好治療呢？交會的眼神、面部的表情、微笑、點頭、離去時的握手，所有這些表徵的細微差異與治療關係的緊密度密不可分，治療師難道都可以擺到一邊去？

我告訴她：「不可以遠程治療，不可以治療不在妳辦公室裡的人。」老天，我真是自命清高！她堅持自己的立場，堅稱治療進行順利。多謝關心。但我懷疑，連續盯她好幾個月，到頭來我認輸，她我行我素依舊。

大約六年前，我對遠程治療的立場又碰到了新的情況，當時我收到一個病人的電子郵件，要求我幫她，透過Skype。她住在這世界極端偏僻的角落，五百哩範圍之內沒有治療師。事實上，她是因為關係破裂，痛苦到了無以復加的地步，才刻意搬到那樣偏遠的地方。

她傷得太深，即使就住在附近，我可以確定她也不會找我或其他治療師面對面地會談。我從未透過Skype做治療，何況我根本懷疑這種方法，因此不免猶豫再三。但她別無選擇，最後，我還是決定為她做視訊治療（但沒告訴任何一位同業）。將近一年下來，我們每星期會面，她的臉把我的電腦螢幕塞得滿滿的，我開始對她比較有感覺了，非常短的時間內，我們之間數千哩的距離消失。一年結束，她的進步極大，從此以後，我看了許多國外的病人，遙遠如南非、土耳其、澳洲、法國、德國、義大利及英國。如今，我相信現場治療與視訊治療的之間的效果其實並無差別。但話又說回來，我慎選病人，病情嚴重需要用藥及可能需要住院的病人，我絕不使用這種媒介。

＊＊＊

三年前，我第一次聽說簡訊治療（text therapy），亦即治療師與客戶完全以簡訊溝通，我再次退避三舍。**簡訊治療**！**唉呀**！我可不淌這種渾水，寧願自命清高。然後，奧倫．法蘭克（Oren Frank），美國最大的線上簡訊治療公司「談話空間」（Talkspace）的創辦人，來電跟我說，他的公司現在要提供經由簡訊聚會的治療團體，要求我指導他的治療師。**簡訊治療團體**！我再次被嚇到。一個由個人組成的團體，彼此從不見面（用的是假名，容貌從不出現在顯示幕上，只用符號做代表），完全用簡訊溝通——這太超過了！團體治療透過簡訊運作，我無法想像，但我同意參與，幾乎完全出於好奇。

我觀察了幾個團體，這一次，我完全正確。果不其然，說什麼團體治療，結果證明完全無效，計畫很快就放棄。取而代之的是，公司全力開發簡訊個人治療。很快地，其他簡訊治療公司也在美國及其他幾個國家先後開張，而三年前我同意指導治療師，再由他們負責訓練談話空間的人員。

如今，八十多歲的人了，我已經很少讀業內的期刊或旅行出席專業會議，越來越覺得自己已經和新的發展脫節。簡訊顯然缺乏人情味，與我主張的緊密互動療法完全背道而馳，儘管如此，我感覺得到，簡訊將在未來的治療上扮演重要角色。如今人情日益淡薄，為了對抗此一趨勢，我選擇與這種快速擴展的心理治療載具維持同步。

此一平台模式為客戶提供機會，以合理的固定月費，對治療師發送並接收訊息（只要願意，每天都可以）。這類治療的運用正快速成長，就在我書寫的此刻，談話空間，美國最大的公司，已經簽下了一千名治療師。許多這類的平台也正在其他國家開張——中國就有三家公司跟我接觸，每家都宣稱是中國最大的網路治療公司。

創新發展得飛快。過沒多久，談話空間不僅提供簡訊治療，而且有可能提供客戶與治療師彼此留言。然後，不用多久，客戶就可以選擇透過現場的視訊會議會面。很快地，簡訊療程就只剩百分之五十，電話通訊占百分之二十五，視訊會議占百分之二十五。我預期，療程會有一個不可避免的進程，治療起頭階段，客戶會使用簡訊，逐漸進到聲訊，然後，到了最後，視訊——一應俱全。但我錯了！事情並非如此！許多客戶還是喜歡簡訊，拒絕電話及視訊。這情形顯然牴觸我的直覺，但我很快就明白了，許多客戶覺得用匿名的簡訊必較安全，此外，年輕些的客戶覺得使用簡訊特別自在，他們在簡訊中長大，和朋友連絡往往習慣用簡訊而非電話。事到如今，在我們這個領域，簡訊治療將扮演強大的角色看來是大勢所趨了。

一直以來，我都沒把簡訊治療放在眼裡，總覺得它不過就是個真實物件的複製品，作用不大。由於我考核過別人的工作，我確信，我提供給我的病人的治療是這種模式做不到的。但我逐漸瞭解到，它雖然不比面對面的治療，**卻還是可以提供一些可貴的東西給客戶**。無疑地，許多客戶看重簡訊治療而且接受改變。我敦促談話空間對此一重大改變認真做些調查，初步結果是肯定的。我看過病人在簡訊中對治療所做的高度評價。有一個病人的簡訊說，她把治療師的某些話列印出來貼在冰箱門上，方便時時溫習。客戶若是在半夜感到心慌焦慮，也可以立刻傳簡訊給治療師。治療師就算要好幾個小時才會讀到，但**感覺上**卻已經是在立即接觸。更重要的是，客戶隨時可以重溫整個療程與自己跟治療師講的每一句話，並以此衡量自己進步了多少。

對簡訊治療師的考核不同於傳統治療師。理由之一，考核簡訊治療師的工作，不需要依賴治療師整理出來的治療過程（有時候不可靠）；我有整個療程的謄本可用，治療師與病人之間講過的每一句話——所有都攤在考核者的眼裡。

最後，凡是我所指導的簡訊治療師，我都強烈要求他們定要注意客戶與治療師關係的本質——人情、同理心及真誠，結果出人意外，值得玩味：簡訊療法若是落在訓練有素的治療師手裡，相較於那些手捧作業指南照本宣科的治療師，其人情味之濃厚猶有過之。

38 我的團體生活

數十年來，我帶過許多治療團體——精神科門診與住院病人；癌症、失親、酒癮及夫婦病人；醫科學生、精神科住院醫師及執業治療師——但我自己也是許多團體的成員，即使今日，已經八十好幾。

在我心目中，地位最高的是一個沒有帶領人的治療師團體，過去二十四年，我們每兩個星期聚會九十分鐘，在一個成員的診間。我們基本規則之一是對外完全保密：團體內發生的一切止於團體。所以現在我寫的這些文字，是這個團體的第一次曝光，我這樣做不僅得到成員首肯而且得到他們的鼓勵，大家都不希望這個團體消失。我們不是在追求不死，而是要鼓勵別人也能夠得到我們所擁有的活力與充實。

治療師的生活，最堪玩味的是，工作時，我們從來不是一個人，然而，我們多數人都體驗過深層的孤獨。我們沒有工作團隊——沒有護士、督導、同事或助理。為緩解這種孤獨，我們多數人安排與同業吃個飯或喝個咖啡，或參加個案研討，或尋求指導或個人治療，但對我們多數人來說，這些處方仍然有所不足。我們發現，與其他治療師組成哥兒們般的團體並定期聚會才真正具有充電的效果；這樣的團體提供同業情誼、指導、研究學習、個人成長，以及偶爾的危機介入。我強烈建議其他治療師也成立一個像我們這樣的團體。

我們這一群人的集合要回溯到二十多年前，一天，伊凡・G（Ivan G），一個史丹佛的精神科醫師，打電話邀請我加入一個定期聚會的支持團體，地點就在史丹佛醫院附近一棟醫學辦公大樓，他開列了當時已經同意參加的精神科醫師名單，幾乎全都是我認識的，有些還很熟，在他們住院醫師時期，我教過他們。

參加這樣一個團體，感覺起來就像是一次終生的奉獻：不只是每隔一個星期九十分鐘的聚會而已，而是一個持續進行、不知何時會終止的團體。因此，我知道一旦接受就會是長期的奉獻，但沒有人預料到二十年後還在聚會。這些年中，除了碰到一個大節日有過一次中斷外，從未有一次聚會取消過，也從未有人因為小事缺席。

我自己過去從來不曾參加過團體，儘管我常羨慕自己帶領的團體病人，滿希望成為其中一份子，能夠擁有一幫自己信得過的死黨。身為團體的帶領人，以前的經驗告訴我，團體之於成員，幫助非常之大。

曾經有六年的時間，我帶領過一個治療師的治療團體，時間一週一週過去，參加者得到的好處我都看在眼裡。莫林・萊什，我的團體治療教科書第五版的共同作者，一九八〇年在史丹佛念研究所，專攻團體治療，為了要訓練他，我請他一同帶領團體一年。從那以後，甚至十年過去了，談起聚會中的所見所感，還是緬懷不已。結束這個團體實是迫於無奈，因為當時休長假去倫敦。值得一提的是，這是我帶領過的團體中唯一促成一段婚姻的團體。兩個成員在團體中開始生出感情，團體結束不久即結婚。三十五年後，在一次講演中見到他們，依舊恩愛幸福。

伊凡要我加入的這個團體，有我以前學生，雖然感覺有些彆扭，但我還是加入了——多少有些不安。不管怎麼說，和許多其他成員一樣，要我當著同事和以前學生的面揭露自己的軟弱、悔憾及自我懷疑，心裡難免不是滋味。但我提醒自己，已經長那麼大的人了，再怎麼困擾也都撐得過去的。

最初幾個月，都在決定要組成什麼樣的團體。大家都不想要討論個案，儘管我們都把這個列為選項。最後決定組一個全方位的支持團體——換句話說，一個沒有帶領人的治療團體。一開始，有一件事我的立場就很清楚，雖然是最有團體經驗的人，但我絕**不是**這個團體的帶領者，也沒有人這樣看待我。為了避免掉進任何帶領人的角色，從一開始我就勉強自己多做自我揭露。在執業的歲月中我學會了一個道理，若要從經驗中獲得好處，就一定要冒風險（事實上，在最近這些年裡面，我都會在個人療程開始時就把這一點告訴我的病人，任何時候只要看到他們有所抗拒時就把它搬出來）。

成立之初，我們有十一個成員，全是男性，全是心理治療師（十個精神科醫師，一個臨床心理學家）。早期，有兩個人退出，第三個因結婚而離去。過去二十二年，這個團體的凝聚力特強，沒有一個人自願退出，出席率奇高。以我個人來說，只要人在城裡，就從未缺席過，其他成員也都將團體放在其他活動前面。

每當與妻子、孩子或同事互動碰到了不愉快，或是工作上碰到了挫折，或是對病人或熟人因強烈的正面或負面情緒而有所煩憂，或是夢魘擾人時，我都巴望著拿到下一次聚會中去討論。當然，團體成員之間任何不愉快的感覺也都會拿出來深入討論。

像這種沒有帶領人，深入審視人生過程乃至成員生活與心理的治療團體，這世界上其他地方或許也有，但我卻未曾看過，就算有，想必也無法存在如此之久吧。二十年之間，我們經歷了四個成員的過世，兩個成員因失智而不得不退出。我們討論過配偶的死亡、再婚、退休、家人生病、孩子問題，以及安養院安置。直到今天，我們仍然用心而坦率地審視自己與彼此的各種情況。

就我來說，最了不起的是不斷地面對新的情況。五百多次的聚會，無論是對其他成員或我自己，每一次聚會我都會發現某些新的或不一樣的狀況。而對我們所有人來說，其中最難過的莫過於眼睜睜看著兩個摯愛的成員逐漸失智，從開始到深化，我們無能為力，面對許多兩難：對於自己所看到的情況，我們到底該坦白到什麼程度？對於伴隨失智而來的自以為是與否定，我們該如何回應？還有，更棘手的，如果我們覺得他已經不應該再看病人了，我們該怎麼做？每一次面對這種問題，我們的回應都是強烈要求他找個心理治療師做諮商，或去做神經心理測驗，每一次，諮商師都拿出權威命令他停止看病人。一如大部分八十多歲的人，我也擔心自己失智，大概總有三、四次吧，團體成員告訴我，我剛講的事情之前已經說過了。雖然尷尬，我卻感激他們那樣盡心盡力，那樣老實。不管怎麼說，在我心思背後的某個角落，總躲著一種憂懼，有那麼一天，哪個成員也會堅持要我去做神經心理測驗吧。

一天，我們當中比較年輕的成員告訴我們，他剛診斷出胰臟癌，無可治療，我們全都嚇傻了，但總是充分陪他，傾聽他坦白勇敢地講出自己內心的恐懼及憂慮。到他生命末期，病重到無法出門，我們便去他家聚會。他的告別式，整個團體全員到齊。

每有成員去世，我們就加一個新人進來，維持團體規模。有一個成員結婚，我們全員到齊，婚禮是在另一個成員家裡舉行，司儀也是我們團體的成員。團體還參加過另外兩次婚禮，以及一個成員兒子的成年禮。還有一次，整個團體去療養院探視一個成員，他因為嚴重失智而住院。許多次，我們討論過加入女性成員。但因為我們都是一次只加一名成員進來，大家都認為，這個女性一定會因男女數量太過懸殊而難以適應。現在回想起來，這個決定其實大錯。以我的直覺，如果我們一開始就收兩性的成員，團體會要充實得多。

在團體裡面，我一直很主動，當團體顯得鬆散，迴避比較重大的問題時，我通常都是那個跳出來講話的人，在團體過度在乎無關緊要的議題時敢於提出看法；但在幾年過後，其他人也和我一樣，經常扮演起這樣的角色來。在許多不同層面，我們互相幫忙，有時候探討較為深層的性格問題，包括成員喜歡諷刺挖苦的癖性、損人的言語、不好意思佔用太多時間、不敢坦白或羞愧等等，有時候則是集中力量支持一位成員，讓他知道我們都陪著他。一個星期前，一場交通事故使我十分不安，一開車就焦慮，心裡不免懷疑，到了這個年紀，是否還應該坐在方向盤後面。一位成員跟我說，幾年前他有一次嚴重意外，足足不安定了六個月，他認為那是輕微的創傷後壓力症候群。我便以這種心態去做調整，結果非常有效，開車回家平靜多了，但還是開得很小心。

＊＊＊

我也是佩格索斯（Pegasus）的成員。這是一個二〇一〇年由史丹佛兒童精神醫學系前主任漢斯．史坦那（Hans Steiner）發起的醫師寫作團體，十個醫師，每個月聚會兩小時，討論彼此的作品，晚上散會後，由作品受到討論的人擺攤吃晚飯。這本書團體成員都看過，都說前面三分之一比後面好，勸我放更多的內心生活進去。

團體成員出版過幾本書和比較短的作品，包括亨利・沃德・特魯布洛德（Henry Ward Trueblood）的《外科醫師的戰爭》（*A Surgeon's War*），一本精彩的回憶錄，寫的是越南戰爭期間一個前線外科醫師心靈飽受創傷的生活。我們的成員經常在史丹佛辦新作品發表會，我就參加過好幾次。

佩格索斯數度擴充，現在有四個佩格索斯，由醫師及幾個醫學院學生組成。受到藝術作品展出的激發——譬如新近開幕的史丹佛安德森藝廊（Stanford Anderson Collection）展出的繪畫作品，或史丹佛住院醫師樂團，聖勞倫斯弦樂四重奏（St. Lawrence String Quartet）的演出，我們團體裡的詩人也舉辦了幾次公開的詩歌朗誦。我們每年在精神病病學系辦講座，舉辦一個有獎金的寫作比賽，每年贊助一名醫學人文學科客座教授。

＊＊＊

我還參加了另外一個每月一次的聚會，林德曼團體（Lindemann Group），以創辦人艾瑞克・林德曼（Erich Lindemann）命名。林德曼，一位有影響力的精神醫學教授，任教哈佛精神病學系多年，晚年在史丹佛度過。我第一次加入是在一九七〇年代團體剛成立時，每個月出席聚會多年。聚會都在晚上，每次兩小時，出席的精神科醫師八至十人，由其中一人提出一個有問題的個案。多年以來，我十分享受那種志同道合的情誼，直到布魯諾・貝特海爾姆（Bruno Bettelheim）來到史丹佛，加入這個團體。他這個人，仗著資歷，認為參加聚會的人都應該提交個案給他，無論我或其他人都無法打消他這個想法，結果陷入僵局，我們幾個人便退出。布魯諾過世後多年，團體邀我重新加入，珍惜至今。

每位成員以各自的風格提出一個個案。最近一次聚會，一位成員選擇用心理劇來呈現，分派團體成員分擔演出（病人、妻子、治療師、其他家人、一個旁觀的第三者等等）。剛開始，看起來有點無厘頭，不知所云，但到聚會要結束時，我們全都覺得卡住了，對病人的問題束手無策——我們發現，這正是提案治療師與他的病人碰到的情況。用這種方式來傳達他的治療困境，其生動有力倒還真是超乎尋常。

＊＊＊

當然，與我交織最為緊密的團體是我的家庭。與瑪莉蓮結縭六十三年，幾乎沒有一天不感謝自己的幸運，得有這樣一個非比尋常的生命伴侶。然而，我還是常對別人說：情感不是尋找得來，而是創造得來。過去數十年來，我們今天擁有的婚姻，是兩個人努力創造得來的。過去無論有什麼不滿，如今都已煙消雲散。我已經學會接納她的不足：對烹飪、體育活動、騎單車、科學小說及科學本身，全都興趣缺缺——但這所有的不滿根本微不足道。和一部西方文化的活百科全書生活在一起，我提出的歷史及文學問題，大部分馬上就能得到解答，何其幸運。

瑪莉蓮也一樣，學會了不看我的缺點：房間無可救藥的雜亂、拒絕打領帶、迷戀摩托車和敞篷轎車到幼稚的程度，還有，對洗衣幾、洗碗機的操作假裝無知。我們已經達到一種相互的理解，我這個人難以預料，有如一個年輕、衝動、不顧一切的愛人。至於我們現在的主要關切，無非就是彼此的健康，以及擔心哪個先死了另外一個怎麼辦？

瑪莉蓮是個好學敏求的學者，特別精通歐洲文學與藝術。和我一樣的是，她是一個永遠的學生與讀者。和我不一樣的是，她外向、活躍、善交際——這從她的好人緣就可以得到證明。雖然都熱愛寫作和閱讀，但兩人的興趣絕不重疊，依我看，這才是絕配。我沉迷於哲學及科學，特別是心理學、生物學及宇宙學。至於瑪莉蓮，除了在衛斯理上過的植物學，從未涉足科學教育，對於現代科技世界更是一竅不通。我好說歹說才說動她陪我去加州科學院（California Academy of Sciences）參觀天文館及水族館，才到沒多久，就急著往公園對面的笛洋（de Young）美術館跑，到了那裡，光是一幅畫就可以研究個十分鐘。她是我通往藝術和歷史的門戶，但有的時候她也愛莫能助。我是無可救藥的音盲，但她鍥而不捨，總想要喚醒我的音感，可是當我獨自開車時，沒有棒球比賽，我才會把收音機轉到藍草音樂。

瑪莉蓮喜歡品酒，好多年下來，我也假裝懂酒，但最近放棄裝懂了，公開承認只要是酒的味道我都不愛。這或許有基因上的因素，我的父母親也都不好杯中之物，頂多偶而來上一杯啤酒或酸乳脂，一種他們夏天常喝的俄羅斯調酒。

幸運的是——感謝上帝——瑪莉蓮不信宗教，但私底下卻有心慕道，至於我，一個不折不扣的懷疑論者，把自己跟盧克萊修[1]、克里斯托佛・希金斯[2]、山姆・哈里斯[3]、理查・道金斯[4]歸為同類。我們都愛看電影，但挑片子卻往往是一大挑戰，舉凡暴力或帶丁點下流氣息的，她一概否決。大體上，我完全贊同她，但只要她不在，我就沉迷於爾虞我詐的電影或克林伊斯威特（Clint Eastwood）的西部片。她獨自一人時，電視就總是固定在法國頻道。

她的記性奇佳——有的時候，好到過頭：電影她記得最清楚，甚至幾十年之後，許多老片若叫她看第二次，她都會猶豫再三，而我卻喜歡看老片，每看都覺得新得發亮，因為，劇情我幾乎已經忘得一乾二淨。她喜歡的作家首推普魯斯特，對我來說，此人太過於嬌貴，我推崇的是狄更斯、托爾斯泰、杜斯妥也夫斯基及特羅洛普[5]。當代作家，我讀大衛・米歇爾（David Mitchell）、菲力普・羅斯（Philip Roth）、伊恩・麥可伊萬（Ian McEwan）、保羅・奧斯特（Paul Auster）及村上春樹，而她中意的是艾蓮娜・費倫特（Elena Ferrente）、柯姆・托賓（Colm Toibin）及湯婷婷。約翰・馬克思維爾・庫切（J. M. Coetzee）則是我們共愛。

儘管是四個孩子的母親，瑪莉蓮教書從未停過一年。家務的處理上，我們交給歐洲來的年輕外勞，外加每日的家管。一如在加州長大的多數人，我們的孩子都選擇留下來，也都住附近，這是我們的福氣。家庭聚會是常有的事，暑期也常一同度假，最常去的是考艾島

（Kauai）的哈納雷（Hanalei）。本頁的照片攝於二〇一五年，是我們祖孫三代的合影。照片發布上網沒幾天，臉書以猥褻為由予以刪除（如果仔細看，我媳婦正小心地哺乳我最小的孫子）。

我們的家庭生活包括很多賽局。在家附近的網球場，我和三個兒子打了好多年的網球，都成了最美好的記憶。瑞德及維克多下得一手好棋，是我把他們從小調教出來的。我喜歡帶他們參加錦標賽，經常抱著金盃走出來。瑞德的兒子戴斯蒙和維克多的兒子傑森也都是高手，家庭聚會中，總有一兩桌棋賽廝殺，那是再平常不過的。

家庭聚會也常見其他賽局。和女兒伊芙比賽填字遊戲，她是永遠的冠

全家福．夏威夷哈納雷．2015

軍。但我的最愛還是小賭樸克牌，以及平常跟瑞德及班玩的皮納扣牌戲，規則和賭金還是沿用我和父親及亞伯叔叔玩的那一套。

有的時候，維克多會以魔術娛樂我們。念高中時他就是出了名的搞怪，青少年時已經是職業級的魔術師，常在成人和兒童社交場合演出。參加過他甘恩高中（Gunn High School）畢業典禮的人都會記得那一幕，只見他一臉莊嚴，走下通道去領取畢業證書，突然間，頭上的方帽子爆出一片火花，「哦」、「啊」之聲不絕，掌聲如潮，典禮為之中斷。和別人一樣，我也嚇了一跳，求他告訴我是怎麼做到的。身為專業魔術師，他對自己的專業祕密一向守口如瓶，但這一次，他同情他老爸，把方帽子燃燒的祕密透露出來：帽檐裡面藏一鋁箔小盆，內盛打火機油、一支小火柴，看！方帽子燒起來了（在家勿試）。

我把整個心思都放在教書和寫作上，在財務上支持家庭，如今回想起來，覺得失去了不少東西，很後悔沒有花更多的時間給每個孩子。在賴瑞．查洛夫的告別式上，他三個孩子的其中一個說，他們家有一個珍貴的傳統，父親每個星期六花大部分時間輪流陪三個孩子，一起用餐，一對一聊天，上書店每人選一本書。多好的一個傳統！耳裡聽著，我心裡想著，多希望自己曾經更深入地進到了我每個孩子的生命中。若重新來過，我一定會改過。

日常生活中，瑪莉蓮母兼父職，把她的寫作延遲到孩子們長大。通過了學術期刊這一關，她也像我一樣，開始把寫作的路子放寬，一九九三年出版了《鮮血姊妹：女性記憶中的法國革命》，此後又寫了七本書，包括《太太的歷史》（*A history of the Wife*）、《象棋皇后的誕生》（*Birth of the Chess Queen*）、《乳房的歷史》、《法國人與愛情》（*How the French Invented Love*）、《閨中知己》（*The Social Sex*），以及與我們的藝術攝影師兒子瑞德合著的《美國人的長眠之地》（*The American Resting Place*）。她的每一本書對我來說都是一趟大探險。我們互為彼此的第一個讀者。她說，多虧了我對乳房的迷戀才給了她靈感，寫了《乳房的歷史》，一部文化的研究，探討古往今來女人的身體如何被看待與描述。但我最喜歡的還是《象棋皇后的誕生》，在書中，她追溯象棋皇后的演進史，棋盤上一枚千百年來不曾存在的棋子，大約在西元一千年左右出現，當時還只是棋盤上最弱的一枚子，漸漸地，隨著歐洲皇后的權力越形強大，到十五世紀末葉，西班牙皇后伊莎貝拉（Queen Isabella）統治時期，乃達到了今天的地位，成為棋盤上最強的一枚子。瑪莉蓮在書店及大學的新書發表會，我參加過許多次，每次都與有榮焉。如今，她又有一本新書即將完稿，《情愛之心》（*The Amorous Heart*），探討心成為情愛象徵的歷史。

儘管我們都有著強烈的事業心，瑪莉蓮和我始終守住這個家，六十年來，充分履行父母及祖父母的角色。我們努力把家營造成為一個溫暖的地方，不僅為我們孩子，也為我們的朋友及孩子的朋友。我們家舉辦過許多次婚禮、讀書會及嬰兒送禮會[7]。相較於大多數人，我們遠離了東岸生我育我的家庭，在加州建立了一個家庭與朋友的新網絡，我們是把根札在未來而不是過去，或許正因為這樣，才使我們覺得自己更有需要這樣做吧。

雖然我們走過許多地方——到過歐洲許多國家、加勒比海及太平洋許多熱帶島嶼，去過中國、日本、印尼及俄羅斯——我發覺，隨著年歲老去，自己越來越不願意離家。飛行時差比起早些年更嚴重了，長途旅行經常生病。倒是瑪莉蓮，每到要出遠門了，實際年齡只小我九個月的她往往就看起來年輕了二十歲。如今，每有遙遠國度邀請演講，我一律婉拒，經常建議代之以視訊會議。若要旅行，我只去夏威夷，偶爾去華盛頓特區、紐約及愛希蘭參加奧勒岡州莎士比亞節。

在二〇一四年一部紀錄片《歐文．亞隆的心靈療癒》中，女兒伊芙接受訪問，坦白地告訴製作人，瑪莉蓮和我總是把自己的感情放在第一位，也就是說，把我們的感情擺在孩子的前面。我的本能雖然想要抗議，但想一想，她到底是對的。伊芙說，她把孩子放在第一位，但隨即感傷地說，她的婚姻維持不到二十五年。電影結束後與觀眾座談，有幾個人就注意到了，我們的婚姻穩固又持久，但我們四個孩子卻都離了婚。我的回應是，這或許有時代的因素在作祟：現代美國的婚姻，百分之四十至五十以離婚告終，但我們那個時代，離婚卻非常罕見。在我人生的前二十五或三十年，我認識的人當中沒有一個離婚的。和電影觀眾座談中，談到我們孩子的離婚，瑪莉蓮恨不得喊出來：「嘿，我們有三個孩子又都結了婚，第二次婚姻都很好呀。」

每個孩子離婚後，瑪莉蓮和我都不斷討論，是不是我們有什麼地方出了錯。父母要為孩子婚姻的破裂負責嗎？我確信許多父母都問過自己這個無解的問題。對每個身涉其中的人，離婚都是一件痛苦的事。瑪莉蓮和我，分擔孩子的愁苦，直到今天，我們和所有的孩子及孫兒女心心相連，也為他們彼此間的關愛感到欣慰。

作者與妻子瑪莉蓮，舊金山，2006

Notes

1 盧克萊修（Lucretius, 紀元前99-55），羅馬共和國末期的詩人、哲學家，以長詩《物性論》著稱。

2 克里斯托佛．希金斯（Christopher Hitchens, 1949-2011），猶太裔美國人，無神論者、反宗教者、社會主義者、反極權鬥士。

3 山姆．哈里斯（Sam Harris, 1967-），美國作家∴哲學家、神經學家，以無神論和反神論著稱。

4 理查．道金斯（Richard Dawkins, 1941-），英國生物學家、科普作家，為當代最著名的無神論者及演化論擁護者。

5 特羅洛普（Anthony Trollope, 1815-1882），英國作家，代表作品《巴賽特郡紀事》。

6 考艾島（Kauai），夏威夷第四大島。

7 嬰兒送禮會（baby showers），美國特有的習俗，準媽媽分娩前，女性親戚、朋友及同事集合起來，共同為準媽媽獻上祝福和禮物的集會。

39 正派人士

四十五年前，自從《團體心理治療的理論與實務》一書成為教科書以來，在學生與治療師中間我就擁有一批死忠的追隨者，他們是我的基本讀者，我從來不指望更多了。因此，當我的治療故事集《愛情劊子手》在美國成為暢銷書並譯為多種文字時，我還真是既驚且喜。當朋友寫信告訴我，他們在雅典、柏林或布宜諾斯艾利斯看到我的書在展售，我還真是喜不自勝。後來，我的小說進到了外國讀者手裡，那些異國風情的各種版本，塞爾維亞的、保加利亞的、俄羅斯的、波蘭的、加泰隆尼亞的、韓國的、中國的，紛紛進了我家信箱，那又是另外一種享受了。我的讀者，絕大多數來自別的國家，用另外一種語文讀我的書，我還是過了好一段時間才逐漸接受此一事實（但始終沒有真正搞懂過）。

瑪莉蓮發現，有一個重要的國家居然完全沒把我放在眼裡，那個國家就是法國，這真是令她大失所望。從十二歲上法文課起，她就是個法國迷，後來隨斯威特布萊爾學院（Sweetbriar College）計畫到法國去念了大三之後更是如此。至於我自己，一再努力想要把法文學好，光是老師就換了好幾個，但總之就是笨，老婆的結論則是：我不是那塊料。但到了二〇〇〇年，一家新的法國出版公司佳萊德（Galaade），簽下當時我已經出版的七本書的翻譯版權，此後每年出版一本，不久，在法國，我也有廣大的讀者了。

二〇〇四年，佳萊德在巴黎右岸的馬里尼戲院〔Marigny Theatre，今天的聖克勞德戲院（Theatre at St. Claude）〕推出一場公開活動，由法國一家甚為普及的雜誌《心理學》（*Psychologies*）的發行人對我做訪談（當然，是透過譯員）。戲院是一棟宏偉的老建築，正廳前排座位寬闊，兩排樓座，舞台氣派恢弘，偉大的法國演員讓—路易・巴豪特（Jean-Louis Barrault）曾經在這裡登台演出。抵達活動現場，驚訝地發現票已售罄，同時注意到，外面有一長排的人在等待入場。進入戲院，一眼就看到舞台正中央一張巨大的紅色絲絨王座，是要讓我坐著對大家開講的，那太超過了！我堅持要他們把那王座換掉。當人群魚貫進場，我認出了瑪莉蓮那一大幫子講法語的朋友，全都是多年來既不跟我講話也不看我書的。訪談人的問題全都正中下懷，我如數家珍，談了許多我最精采的故事，翻譯員的表現不可思議，好一個再美妙不過的夜晚。當瑪莉蓮的朋友們發現我並不是那麼白癡時，她所流露出來的得意，我幾乎全都看在眼裡。

＊＊＊

二〇一二年，瑞士製片人薩賓・吉西澤（Sabine Gisiger），跟我連絡討論一部以我人生為腳本的紀錄片。這提議我起初有點意外，但在米爾谷靈性宗師影展（Mill Valley Festival of *Guru*）看了一場演出後，對她所拍攝的一部有關羅傑尼希[1]的影片印象深刻，我開始有點興趣了。羅傑尼希，一個善於控制人心的靈性領袖，曾在奧勒岡帶領一個公社。我問莎賓，為什麼挑上我，她回說，和羅傑尼希工作讓她覺得很不清爽，所以決定找一個「正派人士」來拍。**正派人士**——深獲我心。

於是，我們展開長達兩年的拍攝，薩賓導演，菲利浦・達勒奇（Philip Delaquis）製片，還有傑出的錄音及電影技術人員。拍攝團隊數度進出我們帕羅奧圖的家、史丹佛，以及我們在夏威夷和法國南部的家庭度假，大家打成一片，形同家人。他們為我在許多地方取景，有公開講演的、騎腳踏車的、游泳的、浮潛的、打乒乓球的，還有一次，和瑪莉蓮泡在我們的熱水浴缸裡。

這一路拍下來，我都在想，這樣一部電影，盡是我的浮生瑣事，有誰會想要看呢？這部片子我雖然沒有在財務上投資，但因為跟製片人及出資者都混熟了，開始擔心他們會血本無歸。到最後，在舊金山，我們全家及幾個至交好友私底下看了初期版本，我放心了：薩賓和她的剪輯表現傑出，把好幾十個小時過濾成為一部一氣呵成長七十四分鐘的電影，命名為*Yalom's Cure*（台灣中譯為《歐文・亞隆的心靈療癒》）。但不管怎麼說，我還是有點搞不懂，除了我的家人和近親好友，有誰會有興趣來看呢。此外，我感覺不自在，總覺得是在獻醜。我把自己看成一個作家，總認為我的書，特別是故事和小說，才是我人生的重點，但這部電影在這方面卻輕描淡寫，反而把重點放在尋常的生活動態上。但話又說回來，令我驚訝的是，電影在歐洲獲得成功，在五十家戲院放映，觀眾好幾十萬。

二〇一四年，電影在蘇黎世上映，製片人邀請瑪莉蓮和我出席世界首映。儘管我早已決定不再作海外旅行，但這次卻是盛情難卻。飛抵蘇黎世，我們參加了兩場演出，第一場受邀的觀眾是治療師及顯要達人，第二場是一般觀眾。兩場放映結束後，我們都接受提問，感覺到真是出盡洋相，尤其是瑪莉蓮和我泡在浴缸裡的鏡頭，雖然只是看到我們的頭部和肩膀而已。但家人度假的鏡頭中，有孫女愛蘭納和孫子戴斯蒙在一場舞蹈競賽中的表演，片尾又是另一個孫女，莉莉．維吉尼亞（Lilli Virginia）——職業作曲家及歌手——的演唱壓軸，都讓我看得老懷大樂。

幾個月後，在巴黎上映，瑪莉蓮飛往出席首演，並在電影結束後致詞。在巴黎，看到我們上了當地甚為普及的《潛望鏡》（*Pariscope*）周刊的封面，心理甚是歡喜。

再幾個月後，電影在洛杉磯上映，但相較於歐洲，它引起的關注挺少。除了《洛杉磯時報》（*Los Angeles Times*）好評外，電影沒幾天後就下檔了。

隨著之前的蘇黎世首映之行，在異常豐厚的報酬外加私人專機從蘇黎世直飛莫斯科的激勵下，我順便接受了一項邀請，前往莫斯科演講。飛行過程本身就是一個故事。機上只有四名乘客：瑪莉蓮、我、一個我只看過一次療程的病人，以及這個病人的好朋友，一個俄羅斯寡頭[2]，整個飛行途中，我們相談甚洽，他這個人，予人心事重重的印象，生活中頗有一些不愉快的地方。對於他的苦惱我頗能理解，但出於禮貌，並未深談。等過了相當一段時間，我才知道那次飛行（未經說明）的目的就是要我為這位煩惱重重的人士治療一下。當時我若是知道這情形，只要稍微直接一點地講明，我定會更用心地予以協助。

　　莫斯科精神分析研究院（Moscow Institute of Psych-oanalysis），一所甚有規模的大學，是我講演的主辦單位，舉辦的場地經常用來辦搖滾音樂會。主辦單位準備了七百支耳機要做同步口譯，但來了

《潛望鏡》周刊封面，2015/05/20

一千一百人，結果引起一陣混亂，主持人決定放棄同步口譯，要求收回耳機，找了一個現場翻譯，看起來緊張兮兮的。

才一開始我就發現，無論我講什麼笑話，聽眾絲毫沒有反應，連一張笑臉都不見，我明白翻譯出了嚴重問題。後來主持人告訴我，翻譯緊張得過了頭，需要十五分鐘安定下來，之後，表現果然不差。講演結束，贊助單位以俄語演出一齣戲劇──《阿拉貝斯克舞姿》（*Arabesque*）──《一日浮生》裡面一則有關一個俄羅斯芭蕾舞者的故事。兩名絕美的演員一身異國服飾演出，角落裡，一個老人（我是說我自己），靜靜坐著觀賞。舞台背景是一面巨大的電影屏幕，投射其上的是一隻藝術家的手，畫筆所到之處，油彩繪出美麗的超現實圖樣。活動結尾，瑪莉蓮和我，兩個人都展開一場馬拉松式的簽書。

＊＊＊

到了莫斯科，受邀出席一場不尋常的集會，與一群銀行職員討論存在主義，為時一個半小時。在一棟摩天大樓頂樓一間華麗的大廳裡，大約有五十人到場，其中包括銀行總裁，是少數幾個會講英文的人。至於我，當然一句俄文都不懂，翻譯把討論弄得很累贅。聽眾對存在主義顯然興趣缺缺，一個問題都沒有。我假設是因為有他們的長官在場，努力想要突破這個問題，但徒勞無功。銀行總裁坐在第一排，眼睛黏在平板電腦上，二十分鐘之後，打斷我們的討論，宣布說，歐盟剛對俄羅斯採取了更有殺傷力的制裁，希望我們利用剩下的時間討論各自對此一轉變的看法。我完全同意，因為對存在主義實在看不出有任何興趣，但情況依舊，仍然一片靜默。我再度表達我的憂慮：大家之所以不願意講出意見，是因為有長官在場，但無論我多麼努力，僵局依然。工作結束，我一無所獲，除了報酬——以一種奇特方式支付。我接到通知，大學訂於明天設宴款待我，報酬會在現場面交。次日晚上，上過甜點，某人，身分不明，悄悄塞給我一個沒有任何標誌的白信封，裡面塞滿美金。我心裡假設，他們以這種神祕方式支付報酬是在為我設想，（誤）以為如此一來我就可以逃掉這筆所得的稅賦，但也可能是另一種理由：銀行是在找門路打消掉額外的現金。

由於年事漸高，我盡量避免長途飛行，變得喜歡透過視訊參與集會。這一來，就必須到住家附近一個視訊會議中心去，在那兒發表演說並回答聽眾問題，為時約九十分鐘。自從決定不再出國以來，這樣的視訊討論不下十餘次，但最近一次，二〇一六年，為中國大陸所做的最不尋常。三個精神病學者，人在中國對我進行九十分鐘的訪談，而翻譯人員則是飛來舊金山，坐我旁邊，傳譯他們的問題及我的回答。次日，主辦單位告訴我，觀看訪談的觀眾甚多，但真正令我吃驚還在後面，他們傳來訪談者的電郵照片及確實人數，觀眾多達十九萬一千兩百三十四人人。

當我對此一數字表示驚訝及懷疑時，中國的主辦人回道：「亞隆醫師，一如多數的美國

作者與妻子瑪莉蓮，克里姆林宮，2009

人，你並不真正瞭解中國之大。」

＊＊＊

每一天，從未間斷，世界各地都有讀者寄來電子信，我堅持回覆每一封，通常簡單如：「感謝來函」或「拙作能獲青睞，深感欣慰」。每回一封，我必慎重其事書其名姓，使來信者確信我確實讀過來函並親自作覆。這要花掉不少時間，但我把它當作我信佛朋友每日所做的慈悲修行。同樣情形，幾乎每日都有人從世界某個角落冒出來，要求和我做諮商，或透過視訊，或飛來加州與我會面。一天，有人寫信相問，是否可以以Skype和他的母親談話，一個退休心理治療師，高齡一百。

來信仰慕之外，讀者有時還會贈送禮物，我們家就滿是來自希臘、土耳其及伊朗的東西，但最動人的禮物則來自賽克萊里斯・考托濟斯（Sakellaris Koutouzis），著名希臘雕刻師，家住小島卡里姆諾斯（Kalymnos）。他寄來電子信件問我住址，說他喜讀我書，在網路上找到我的照片，正依樣雕塑一座我的石膏胸像。我在網際網路上找到他，知道他是一名極有造詣的雕塑家，作品展出遍及世界不同城市。我堅持支付運費，但他拒絕。一個月後，一座比真人還大的胸像送至家門台階，巨大木箱裝箱。如今放置家中，由於太過神似，每次看到，皆為之驚嚇。我和孩子們常飾之以眼鏡、領帶或我的帽子。

這類名聲的象徵，我無不盡力予以轉移，但我也確信它們強化了我的自信心。同時，我也相信，身為一個治療師，年高德劭的形象也提升了治療的效果。過去二十五年來，多數病人會找上我，都是因為讀了我的作品，來到我的辦公室，對我的治療能力都充滿強烈信心。人生得遇有聲望的治療師，依我自己的感受，往往留下深刻印象，以卡爾・羅傑斯為例，他臉上深刻的皺紋至今依稀如在眼前。五十年前，我求見於他，專程花了一個下午飛下南加州。送他一些自己的著作，記得他告訴我，我的團體治療教科書寫得不錯，但他真正認為

作者與賽克萊里斯・考托濟斯為其所塑雕像，2016

特別的是我的處女作（《日漸親近》）。還有，維克多·法蘭可和羅洛·梅的面容，在我腦海裡也清晰依舊，若我有藝術天分（可惜我沒有），定能憑記憶精確描畫出他們。

拜聲望之賜，許多病人向我揭露了他們從未向別人吐露的祕密，包括之前的治療師，如果我接納他們，不懷成見，將心比心，單單因為他們事先於我有好感，我的介入往往就能帶來更大的力量。最近，同一天下午，我看了兩個新病人，都是熟悉我的作品的。第一個，一個退休治療師，開車數小時從家裡來到我的診療室。她擔心自己有堆積的傾向（只在家裡一個房間）以及強迫行為：出家門時，還開不到一條街就要回頭看家裡的門是否鎖了，爐火是否熄了。我告訴她，我不認為跟我做短期治療就能夠解決這些問題，而且問題並沒有嚴重到會妨礙生活。依我的觀察，她人格健全，有很好的婚姻，正為退休生活尋找意義而碰到了一些瓶頸。聽我說她不需要治療，她很開心。第二天，電子信給了我這些話：

> 我只是要告訴你，星期四的諮商對我意義重大，何等歡喜，何等看重。你肯定我，說我過得很好，很幸福，很知足，我感覺得到你的支持，你說我不需要任何治療，我也完全理解。離開你的診療室，我不再覺得心慌，對自己更有信心，更能夠接納自己。我覺得這才是無價的禮物。就只一次療程，真是無比美妙！

後來，同一個下午，一個中年的南美洲人，來舊金山訪友，順便來作一次治療。一整個鐘頭，幾乎全都在談他一生都在與厭食症搏鬥的妹妹。父母親死後，他挑起照顧妹妹的沉重負擔，包括醫療與心理治療，以致自己根本無法結婚成家。我問他，他有一個大家庭，為什麼他要單獨挑起照顧妹妹的重擔。只見他陷入極度的不安，猶豫再三，才講了一個他從未跟別人透露過的故事。

他長妹妹十三歲，有一天，當時妹妹兩歲，他十五歲，父母親帶著其他兄姊去參加一個婚禮，把妹妹交給他照顧。家人離去後，他和女友在電話裡情話綿綿，講了許久（父母極不喜歡這女孩，嚴格禁止他交往）。講電話中，妹妹爬出了打開的前門，滾下台階，身體及臉部多處擦傷。父母回來，他坦白招認一切——一生中最糟的時刻——妹妹雖然傷得不重，傷口幾天就痊癒，這許多年來，他心裡始終懷著一種無法說出口的恐懼和譴責，妹妹的厭食症就是那一摔摔出來的。更重要的是，妹妹摔傷以來，二十五年了，他向別人吐露這一段往事，這還是第一遭。

我把聲音竭盡所能地放得誠懇與莊重，告訴他說，有關他妹妹的事，我都仔細聽了，也考慮了各項事證，現在鄭重宣布，他是無辜的。我明確告訴他，他已經為自己的疏忽付出了代價，並安慰他說，她的摔跤絕不可能導致厭食症。同時建議他，回國後接受治療，把問題找出來。只見他寬心而泣，婉拒治療的建議，但向我保證，他已經得到了自己想要的，如願以償了。離開我的診療室時，腳步輕快。

這些諮商之所以一擊中的，我十分清楚，其中有病人的努力與力量，也有他們對我的信任，但他們的成功大體上還是要歸功於他們灌注於我的力量。

不久前，有一婦人講述了她人生中最悲傷的一件事。時在她青少年後期，正要離家去上大學，地位顯赫但卻遙遠生疏的父親陪她同行，兩人搭乘長途火車，她多麼渴望這種與父親獨處的時光呀，但一路上，他打開公事包埋頭工作，沒有跟她說上一句話，令她徹底崩潰。對此我的回應是，我們的治療正好提供一個機會重演這件舊事：她和我（一個年紀大些的重要人物）將要展開一趟許多個小時的治療旅程，但我們的旅行其實不同：她可以暢所欲言，問問題，吐苦水，抒發感情。而我則是要充分地回應與對答。這樣一說，她若有所悟，終於釋懷。

活在注目與掌聲之中，這對我的自我認知會有影響嗎？有的時候，我得意忘形，有的時候，我侷促不安，但通常都能維持平衡。每次在支持團體或個案討論團體遇到同業，個個都是執業數十年的優秀臨床醫師，我充分意識到，在工作上，他們的表現絕不遜色於我，因此，我並沒有什麼值得驕傲的。自己所能做的，無非就是認真工作，盡一己所能做個最好的治療師。我提醒自己，我被理想化了，生而為人，我們都渴望一個有智慧、無所不知的銀髮老者。若大家覺得我剛好可以填這個位子，我欣然接受。

Notes

1 羅傑尼希（Rajneesh, 1931-1990），亦即奧修（Osho），印度靈性教師。

2 俄羅斯寡頭（Russian Orligarch），專指戈巴契夫當政市場自由化期間（1985-1991）俄羅斯出現的富商巨賈。

40 新手老人

小時候，到哪裡我都是年齡最小的——班上最小的、棒球隊最小的、網球隊最小的、營隊最小的——但如今，無論到哪裡——講座上、飯店裡、朗讀會上、電影院裡、棒球比賽裡——我都是最老的。最近，史丹佛精神醫學系主辦一項為期兩天的精神科醫師醫療教育會議，我應邀出席並開講，放眼望去，來自全國同業的聽眾中，只看到幾個灰髮，白髮的一個也無，我何止是最老，還是老中之老！另外十六場講座及研討聽下來，使我更驚覺到自己的年紀，以及一九五〇年代我入行以來這一領域的變化。目前所有的發展——思覺失調症、躁鬱症、憂鬱症的精神藥理學、進行中的新一代藥物實驗，睡眠障礙、進食障礙及注意力不足過動症的高科技治療——其中大部分我都沒趕上。遙想當年，初生之犢，豪情萬丈，何曾放過任何一項新的發展。如今，在許多場的演講中，我都覺得自己已經瞠乎其後，特別是腦部的透顱磁刺激（transcranial magnetic stimulation）——對腦部的關鍵部位進行刺激及抑制，效果更勝於藥物，且沒有副作用——那就更是無法望其項背了。這就是我這一行的未來嗎？

一九五七年，初為住院醫師，心理治療正是精神醫學的核心，我那股一頭栽入的熱情，同樣也見於所有的同業。但到了今天，在我參加的八場演講中，提到心理治療的卻是少之又少。

最近這些年，精神醫學方面的東西已經不怎麼讀了，我常拿眼睛做藉口——兩隻眼睛的角膜及白內障都動過手術——但那根本不成其為理由。真要跟上潮流，用電子書的大字體，什麼專業的東西不能讀。事實是——要承認還真有點尷尬——我已經不感興趣了。每當對此覺得有些罪惡感時，我就自我安慰說，我的時間有限，八十五歲了，應該可以自由自在讀點自己想讀的了。然後，再加上一句：「身為一個作家，我還必須要趕上當代的文學潮流才行。」

輪到我上場面對觀眾，不像其他講座，我不講演，也沒有投影片。事實上——在這裡，我要首次招供——**我這一生，從未做過或用過一張投影片**！取而代之的是，一個史丹佛的同事和摯友，大衛．史佩吉（David Spiegel），駕輕就熟訪談我的生涯，以及身為一個治療師的成長歷程。這種方式對我來說再愜意不過，時間飛快流逝，待至訪談結束，不覺一驚。當觀眾起立鼓掌，感覺起來像是在向我道別，不禁心有戚戚。

像我這樣的年紀，仍在執業的精神科醫師可說極為罕見，因此，我常自問：**你為什麼還要看病人？**經濟當然不是理由，我有足夠的錢過舒適的日子。說起來，實在是因為我深愛自己的工作，若非必要絕不罷手。那麼多人邀請我進入他們私密的生活是我的榮寵，數十年下來，我認為自己是越來越擅於此道了。

之所以如此，部分原因或許是我越來越善於挑選病人。過去這些年來，我做治療都限定時間，第一個療程時就告訴病人，我最多只看一年。接近八十歲時，我開始思考自己的心智和記憶還能維持完整多久。我不想讓病人把自己交給一個可能很快就要退場的人。更重要的是，我發現，開始的時候就定下一個時限，通常都會增加治療效果，逼著他們更快進入情況（奧圖．蘭克（Otto Rank），佛洛伊德早期的弟子，一百多年前就講過同樣的話）。一個病人如果看起來無法在一年之內取得長足進步，我會慎重考慮不接，此外，病情較重需要精神藥物治療的病人，我則會介紹給其他治療師（由於我趕不上新的研究，好幾年前就不再開立藥物處方）。

由於幫助過許多人處理過老年問題，對於未來各種可能碰到的毛病，我總以為自己已經有了充分準備，結果卻發現，問題比我想像的更令人氣餒。膝蓋疼痛、失去平衡、早起背部僵硬、倦怠、視力及聽力衰退、老人斑，所有這些我都在意，但比起記憶衰退來根本就微不足道了。

最近一個星期六，瑪莉蓮和我出去散步，在舊金山午餐，要回家時才發現忘了帶鎖匙，鄰居那兒雖有備份，但卻要在外面耗兩個小時等他回來。當天晚上我們去看戲：法布里斯．

麥吉歐特（Fabriece Melquiot）的《無聲世界》（*The Unheard of World*），講的是想像中的死後景象，由兒子班製作，他的戲劇團隊傻子怒火（FoolsFURY）演出。瑪莉蓮和我同意演出後與觀眾討論這齣戲，她從文學的角度，我從哲學及精神醫學的角度。我的發言顯然未能引起觀眾的共鳴，但在發言當中，我知道自己忘失了一個重要且有趣的觀點，於是，一邊自動導航式地往下講，一邊拼命想要將它抓回來。大約講了十分鐘左右，突然間，它自己跳了出來，我這才把論點補齊。那十分鐘裡面，我在那兒搜盡枯腸，我料想觀眾是不知情的，但我一邊講，卻聽到有一句話在心裡縈繞：「是了——是時候了，該停止公開講話了。要記得羅洛。」我這裡講的是之前我提到過的羅洛・梅的往事：高齡演講，同一個故事，分別在不同時間重複三次。我發誓，再也不要戴著老花眼鏡去面對觀眾了！

第二天，要把租來的車還到租車店（自己的車在店裡）。幾個小時後，租車店打烊。我按照指示：鎖上車，把鑰匙放進鎖起來的置物箱中。但才不過幾分鐘，卻發現自己的袋子丟在車裡，皮夾、鑰匙、錢和信用卡全在裡面，最後只得打電話叫人來，打開車取回袋子。

像這種因記憶失靈雖然通常不會帶來嚴重後果，但小失誤幾乎天天都有。微笑著走過來的那位先生是誰？我確定，我認識他，但他的名字，啊，他的名字？還有，半月灣（Half Moon Bay）那家瑪莉蓮和我常去的飯店叫什麼名字來著？電影《謀害老媽》（*Throw Momma from the Train*）裡面那個矮小好笑的喜劇角色叫什麼來著？舊金山現代藝術館（Museum of

Modern Art）在哪條街上？以九種不同人格類型為基礎的治療叫什麼名稱來著？那個首創人際溝通分析的精神科醫師我明明很熟，叫什麼名字來著？許多臉孔我都認識，但名字卻飛了——有些會回來，有些才想起來馬上又消失。

昨天與朋友范·哈維午餐，他略長我幾歲（沒錯，這附近還有幾個這樣的），建議我看一本小說：西蒙·毛爾（Simon Mawer）的《玻璃屋》（*The Glass Room*），我則建議他試試克里斯多福·尼可森（Christopher Nichoson）的《冬天》（*Winter*）。幾個小時後，我們互丟電子信問對方：「你推薦的小說叫什麼名字？」當然，我應該帶一台筆記型電腦。但要記得帶筆記型電腦——啊，這才是問題。

鑰匙、眼鏡、手機、電話號碼、停車地點，丟東忘西，已經成了我的家常便飯。但弄丟家裡和汽車鑰匙才最麻煩，這可能又和前一晚的失眠有關。說到失眠的原因，我心裡有數。那天晚上，看了一部法國片《愛·慕》（*Amour*），講的是一個深愛妻子的丈夫幫助重病妻子面對死亡的煎熬。片中的夫妻很像瑪莉蓮和我，電影便整晚上壓在我的心頭。《愛·慕》是一部極好的電影，但請聽我一勸：最好在八十歲之前看。

有很長一段時間，我擔心記憶的老化會使我被迫放棄看病人，因此，為了防患未然，我大量利用一個口述程式，每次療程後便口述一或兩頁每個小時的總結，在下次看病人前，非常用心閱讀總結。為配合這個步驟，在兩個病人之間我都排至少二十分鐘的時間。此外，過去兩年來，每天頂多只看三個病人。碰到很久沒有聯絡的病人寄電子信給我，剛開始，往往都是一片空白，但讀了舊筆記，才不過幾句話，整個故事就豁然開朗。

但記憶衰退也有好的一面，許多書的情節忘了，可以讓我得到重讀的樂趣。我發現，對我脾性的當代小說越來越少，因此，我重回書櫃上成排我的「最愛」，包括《百年孤寂》（*Hundred Years of Solitude*）、《格倫戴爾》（*Grendel*）、《孤星血淚》（*Great Expectation*）、《馬奎洛爾奇遇》（*The Adventures of Margroll*）、《荒涼山莊》（*Bleak House*）、《午夜之子》（*Midnight's Children*）、《胡莉亞阿姨與劇作家》（*Aunt Julia and the Scriptwriter*）、《丹尼爾半生緣》（*Daniel Deronda*）、《織工瑪南傳》（*Silas Marner*）及《眾生的道路》（*The Way of All Flesh*），其中許多讀起來都彷彿初次展讀。

在《凝視太陽》中，我談到「漣漪效應」的概念可以緩解死亡的焦慮。我們每個人，往往在不自覺中創造了影響力的同心圓，可以影響別人好多年，甚至好幾個世代。我們對別人的影響，有如池塘中的漣漪不斷擴散出去，直到看不見了，卻仍然以奈米的層次在繼續。一如約翰·懷特霍恩與傑瑞·法蘭克的漣漪擴散及於我，我相信，我的漣漪也會擴散及於我的學生、讀者和病人，尤其是我的四個孩子及七個孫子。至今我仍然記憶猶新，當年，女兒打電話告訴我她進入醫學院時，我忍不住流下歡喜的眼淚，去年，當我獲悉她的女兒愛蘭娜進入杜蘭大學（Tulane Universuty）醫學院時，再次流下歡喜的眼淚。今年剛過去的聖誕節，我與三歲的孫子亞德里安第一次下棋。

***

有一個難題：我何時退休？我經常也會碰到有人找我幫忙處理這個問題。不久前，霍華德，一個十分精明的避險基金經理，八十五、六歲的人，他的妻子就堅持他要接受治療，因為他總是黏在電腦上不停地工作。住在西岸，每天清晨四點半就要起床，盯住股票市場，然後在螢幕上一待就是一天。儘管多年下來已經把一套電腦程式應用到可以替他工作，但他覺得自己對投資者有一份責任，絕不肯遠離行情

作者給三歲的孫子上第一堂西洋棋課，2016

監看幕一步。他的三個搭檔，兩個弟弟，一個交了一輩子的朋友，從不忘記他們每天的九洞高爾夫，霍華德卻覺得，自己應該扛下他們的工作。他也明白，他和妻子及三個女兒，錢多到花不完，但就是停不下來。那是他的責任，他說。他無法完全信任自己為交易所設計的電腦程式。沒錯，他承認自己有看盤的癮，不知道還有什麼其他的方式可以活下去。更重要的是，他對我擠擠眼睛，在市場上大贏特贏那才真是過癮。

「想像一下，霍華德，生活中如果沒有工作會怎樣？」

「我承認，要我停下來我會受不了。」

「試著想想看，沒有工作的一生。」

「我懂你的意思，我承認那毫無意義。我承認自己害怕停下來。一整天下來那麼漫長要我做什麼？旅行，觀光，再怎麼好玩也就那麼多，所有有趣的地方——你所說的那些——我全都看過。」

我更加一把勁。「我在想，你覺得是工作才讓你活下去，沒有了工作你就將漂流進入人生的最後階段——老化與死亡。且讓我們合作，找找看有沒有方法可以把生命與工作解開，好嗎？」

他用心聽著，點頭。「這個問題我會想一想。」

我懷疑他會。

* * *

我八十五歲，卻是個新手老人，和霍華德一樣，在努力適應老年。有的時候，我接受一種想法：退休是休息和寧靜的時刻，是知足反思的時刻。但我也知道，只要我慢下來，就會有一股年輕的桀傲不遜在那兒蠢蠢欲動，呼之欲出。我在前面曾經引述過狄更斯的話：「越是接近終點，我越是覺得彷彿在繞圈子，又回到了起點。」這句話說不準什麼時候就會冒出來，使我越來越感覺到有股力量在將我拉回到起點。有天晚上，瑪莉蓮和我參加在舊金山舉辦的傻子怒火作坊展（FoolsFURY Factory Festival）——兒子班的公司贊助的一項活動——其中有二十個來自全國的劇團參與演出。表演開始前，我們在聰明仔（Wise Sons）隨便吃點東西，這家猶太小館彷彿讓人走進一九四〇年代我童年時的華盛頓特區。牆上幾乎全都掛滿了家族照片——一群人，悽悽惶惶，睜大著眼睛，驚懼寫在臉上，都是從東歐來到艾利斯島的難民。照片吸引了我的目光，像極了我自己的那一大串家族。我看到一個不開心的小男孩，彷彿看到自己在成年禮上致詞。看到一個婦人，馬上就想到母親，頓時感覺到有一股洶湧而出的——前所未有的——溫柔，為自己在這些篇章裡那樣地責難於她感到不安罪過。和母親一樣，照片裡的婦人顯然沒讀過什麼書，畏縮、勞苦，一心想的無非就是在這個陌生的新文化中活下去，拉拔家人。我的生活如此富裕、優越、安定——大部分都得力於母親的勤奮和寬宏。坐在那家小館，凝視著她的眼睛，那些難民的眼睛，我哭了。我一生都在探索、分析、重建我自己，但現在才瞭解，在我內心深處有一泓我永遠都處理不了的淚水和痛苦。

＊＊＊

一九九四年就早早自史丹佛退休，我的日常生活少有變化：每天上午寫三至四個小時，通常一個星期六或七天，下午看病人，一個星期五次。在帕羅奧圖一住五十多年，辦公室與住家分立，相隔五十公尺。大約三十五年前，在舊金山俄羅斯山（Russian Hill）買下一棟平房，城市及海灣景觀盡收眼底，星期四、五下午我就在那兒看病人。瑪莉蓮會在星期五晚上過來，我們通常在舊金山度週末，好一個樂趣無窮的城市。

對於自己的退而不休我很有意見：「有幾個八十五歲的精神醫師還像你這樣拼命工作的？」難道我和霍華德一樣，為了逃避老化和死亡才不停地工作？這問題很讓我失措，但我也有火力強大理由：「我還有很多可以貢獻的……我的年齡使我更能夠理解並安慰和我同年紀的人……我是一個作家，陶醉於寫作的過程，因此，為何要放棄？」

沒錯，我承認，人生走到了最後的篇章，對此我感到極大的惶恐。我心深處一直都有一大疊的書等著我去寫，但都過去了。這本書一旦完成，我確信不會再有書等我了。朋友同事聽我說這樣的話，無不嗤之以鼻，他們聽過太多回了。但我怕這一回是真的了。

我常要我的病人去探索自己的悔憾，鼓勵他們追求免於悔憾的人生。如今回顧起來，我沒有悔憾。我有一個不平凡的女人做我的人生伴侶，我有可愛的孩子和孫子。我居住在世界上一個得天獨厚的地方，天氣好、公園好、貧窮少、犯罪少，還有史丹佛，世界最棒的大學之一。我每天收到的信件提醒我，遙遠的國度有一個人，我對他是有幫助的。因此，尼采的查拉圖斯特拉對我說：

「**如此**人生？再來何妨！」

作者在帕羅奧圖的辦公室，2010

致謝

這一路走來，我要感謝許多幫助我的人。佩格索斯（Pegasus）的成員——我每個月聚會的史丹佛醫師寫作團體——為其中的好幾章提出了指正。特別要感謝團體的發起人漢斯・史坦那（Hans Steiner），以及好友精神科醫師及詩人Randy Weingarten，為〈新手老人〉這一章命名。還要感謝我的病人同意我把治療的故事講出來。為了保護他們的隱私，我換掉了所有的名字，並在傳達每個故事的真實性的同時，極盡所能地掩飾一切可資辨認的細節。我的病人始終都在教育我、啟發我。能夠有Sam Douglas及Dan Gerstle做我的編輯，實是我極大的幸運。感謝David Spiegel及我的著作經紀人Sandra Dijkstra和她的夥伴Andrea Cavallaro，感謝他們從頭到尾的熱心支持。終生好友Julius Kaplan及Bea Glick助我攪動記憶，我的四個孩子及七個孫子在這方面也助了我一臂之力。最要感謝的是我摯愛的妻子瑪莉蓮，她助我喚回陳年往事，是我的私人總編輯。

延伸閱讀

歐文．亞隆作品

- 《凝視太陽：面對死亡恐懼（全新增訂版）》（2017），心靈工坊。
- 《一日浮生：十個探問生命意義的故事》（2015），心靈工坊。
- 《斯賓諾莎問題》（2013），心靈工坊。
- 《媽媽和生命的意義》（2012），張老師文化。
- 《當尼采哭泣》（2007），張老師文化。
- 《愛情劊子手》（2007），張老師文化。
- 《診療椅上的謊言》（2007），張老師文化。
- 《叔本華的眼淚》（2005），心靈工坊。
- 《日漸親近：心理治療師與作家的交換筆記》（2004），與金妮．艾肯（Ginny Elkin）合著，心靈工坊。
- 《存在心理治療（上）：死亡》（2003），張老師文化。

・《存在心理治療（下）：自由、孤獨、無意義》（2003），張老師文化。
・《生命的禮物：給心理治療師的85則備忘錄》（2002），心靈工坊。

其他參考閱讀

・《我們在存在主義咖啡館：那些關於自由、哲學家與存在主義的故事》（2017），莎拉・貝克威爾（Sarah Bakewell），商周。
・《意義的呼喚：意義治療大師法蘭可自傳（二十週年紀念版）》（2017），維克多・法蘭可（Viktor E.Frankl），心靈工坊。
・《靈性的呼喚：十位心理治療師的追尋之路》（2017），呂旭亞、李燕蕙、林信男、梁信惠、張達人、張莉莉、陳秉華、曹中瑋、楊蓓、鄭玉英，心靈工坊。
・《團體諮商與治療：一個嶄新的人際——心理動力模式》（2017），吳秀碧，五南。
・《成為自己的神！尼采巔峰創作三部曲：查拉圖斯特拉如是說╳善惡的彼岸╳論道德的系譜》（2017），尼采（Friedrich W. Nietzsche），大家。
・《當亞里斯多德遇上佛洛伊德：哲學家與心理師的人生小客廳》（2016），朱立安・巴吉尼（Julian Baggini）、安東尼雅・麥卡洛（Antonia Macaro），左岸文化。
・《哭喊神話：羅洛・梅經典（二版）》（2016），羅洛・梅（Rollo May），立緒。

- 《小氣財神：彰顯寬容與愛的狄更斯經典》（2016），查爾斯．狄更斯（Charles Dickens），木馬文化。
- 《孤雛淚（全譯本——改版）》（2016），查爾斯．狄更斯（Charles Dickens），商周。
- 《作為意志和表象的世界》（2016），亞瑟．叔本華（Arthur Schopenhauer），新雨。
- 《歐文亞隆的心靈療癒（DVD）》（2015），薩賓．吉西澤（Sabine Gisiger）執導，台聖。
- 《人依靠什麼而活：托爾斯泰短篇哲理故事》（2015），托爾斯泰（Leo Tolstoy），木馬文化。
- 《人生的智慧》（2014），亞瑟．叔本華（Arthur Schopenhauer），新雨。
- 《歐文．亞隆的心靈地圖》（2013），朱瑟琳．喬塞爾森（Ruthellen Josselson），心靈工坊。
- 《倫理學（2版）》（2013），斯賓諾莎（Benedictus de Spinoza），五南。
- 《存在：精神病學和心理學的新方向》（2012），羅洛．梅（Rollo May），中國人民大學出版社。
- 《愛與意志》（2010），羅洛．梅（Rollo May），立緒。
- 《焦慮的意義》（2010），羅洛．梅（Rollo May），立緒。
- 《活出意義來》（2008），弗蘭克（Viktor E. Frankl），光啟文化。
- 《太太的歷史》（2003），瑪莉蓮．亞隆（Marilyn Yalom），心靈工坊。

- 《生死學十四講》（2003），余德慧，心靈工坊。
- 《伊凡・伊里奇之死》（1997），托爾斯泰（Leo Tolstoy），志文。

心靈工坊 PsyGarden

Holistic 121

成為我自己：歐文・亞隆回憶錄

BECOMING MYSELF: A Psychiatrist's Memoir

歐文・亞隆 Irvin D. Yalom—著

鄧伯宸—譯

出版者—心靈工坊文化事業股份有限公司
發行人—王浩威　總編輯—徐嘉俊
執行編輯—趙士尊　封面設計—蕭佑任　內頁排版—李宜芝
通訊地址—10684台北市大安區信義路四段53巷8號2樓
郵政劃撥—19546215　戶名—心靈工坊文化事業股份有限公司
電話—02）2702-9186　傳真—02）2702-9286
Email—service@psygarden.com.tw　網址—www.psygarden.com.tw

製版・印刷—彩峰造藝股份有限公司
總經銷—大和書報圖書股份有限公司
電話—02）8990-2588　傳真—02）2290-1658
通訊地址—248新北市新莊區五工五路二號
初版一刷—2018年1月　初版十四刷—2023年5月
ISBN—978-986-357-112-4　定價—560元

國家圖書館出版品預行編目資料

成為我自己：歐文.亞隆回憶錄 / 歐文.亞隆(Irvin D. Yalom)著；鄧伯宸譯. --
初版. -- 臺北市：心靈工坊文化, 2018.01
面；　公分
譯自：Becoming myself : a psychiatrist's memoir
ISBN 978-986-357-112-4(精裝)

1.亞隆(Yalom, Irvin D.)　2.醫師　3.傳記

785.28　　106025321

心靈工坊 PsyGarden 書香家族 讀友卡

感謝您購買心靈工坊的叢書，爲了加強對您的服務，請您詳填本卡，
直接投入郵筒（免貼郵票）或傳眞，我們會珍視您的意見，
並提供您最新的活動訊息，共同以書會友，追求身心靈的創意與成長。

書系編號－HO121　　書名－成為我自己：歐文．亞隆回憶錄

姓名　　是否已加入書香家族？□是 □現在加入

電話（公司）　（住家）　手機

E-mail　生日　年　月　日

地址 □□□

服務機構／就讀學校　職稱

您的性別—□1.女 □2.男 □3.其他

婚姻狀況—□1.未婚 □2.已婚 □3.離婚 □4.不婚 □5.同志 □6.喪偶 □7.分居

請問您如何得知這本書？

□1.書店 □2.報章雜誌 □3.廣播電視 □4.親友推介 □5.心靈工坊書訊
□6.廣告DM □7.心靈工坊網站 □8.其他網路媒體 □9.其他

您購買本書的方式？

□1.書店 □2.劃撥郵購 □3.團體訂購 □4.網路訂購 □5.其他

您對本書的意見？

封面設計	□ 1.須再改進	□ 2.尚可	□ 3.滿意	□ 4.非常滿意
版面編排	□ 1.須再改進	□ 2.尚可	□ 3.滿意	□ 4.非常滿意
內容	□ 1.須再改進	□ 2.尚可	□ 3.滿意	□ 4.非常滿意
文筆／翻譯	□ 1.須再改進	□ 2.尚可	□ 3.滿意	□ 4.非常滿意
價格	□ 1.須再改進	□ 2.尚可	□ 3.滿意	□ 4.非常滿意

您對我們有何建議？

□ 本人＿＿＿＿＿＿（請簽名）同意提供真實姓名/E-mail/地址/電話/年齡/等資料，以作為心靈工坊聯絡/寄貨/加入會員/行銷/會員折扣/等用途，詳細內容請參閱：http://shop.psygarden.com.tw/member_register.asp。

加入心靈工坊書香家族會員
共享知識的盛宴，成長的喜悅

請寄回這張回函卡（免貼郵票），
您就成為心靈工坊的書香家族會員，您將可以——

⊙隨時收到新書出版和活動訊息

⊙獲得各項回饋和優惠方案

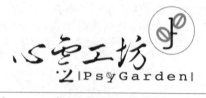